수업에 바로 쓰는
고전 토론 길잡이

일러두기
· 외래어와 외국어는 외래어표기법에 따라 표기했습니다. 다만 일부 작품 속 등장인물 등은 국내 출간된
  도서의 표기를 따른 경우도 있습니다.
· 다양한 번역본이 출간된 고전 작품의 특성상 출판사와 옮긴이 등을 따로 구분하여 표기하지 않았습니다.

차례

서문　6
책의 구성과 활용법　9

1부. 고전 수업, 어떻게 할까?

고전 수업이 어려운 이유　14
책 선정 시 고려할 것　19
다양한 읽기 유형　22
수업 준비에서 마무리까지　27
고전의 슬기로운 활용법　31

2부. 고전 수업, 시작합니다

지킬 박사와 하이드 씨 _로버트 루이스 스티븐슨　36
노인과 바다 _어니스트 헤밍웨이　54
도리언 그레이의 초상 _오스카 와일드　72
위대한 개츠비 _스콧 피츠제럴드　92
변신 _프란츠 카프카　110

수레바퀴 아래서 _헤르만 헤세	128
파리대왕 _윌리엄 골딩	150
동물농장 _조지 오웰	168
호밀밭의 파수꾼 _제롬 데이비드 샐린저	190
멋진 신세계 _올더스 헉슬리	208
페스트 _알베르 카뮈	230

3부. 고전 수업, 한걸음 더

발문에 따라 달라지는 활동지 유형	254
경쟁 토론을 위한 활동지	260
폐지를 활용한 책 띠지 만들기	263
고전 깊이 읽기를 도와주는 생각노트	266
감정 낱말 모음집	270

서문

준비된 처방전

　학교도서관에 책을 대출하러 오는 학생 중에 가끔 읽고 싶은 책이 한 권도 없다고 말하는 학생을 만납니다. 사실은 읽고 싶은 게 없는 것이 아니라, 하도 책을 읽지 않아 어떤 책을 골라야 할지조차 모르는 것이었습니다. 사회가 발전하면서 눈으로도 귀로도 다양한 독서를 할 수 있게 되었습니다. 분명 예전보다 쉽게 책을 접할 수 있는데 왜 독서와 더 멀어지는 것일까요?
　이유야 많겠습니다만 몇몇 학생들의 답은 "책보다 재미있는 게 많아서"였습니다. 그 말에 "읽어야 재미가 있는지 없는지 알 수 있지 않겠니?"라고 되묻고 싶더군요. 책을 읽지 않는 학생과 도서관 운영자 사이에는 '재미'에 대한 생각이 서로 다르다는 것을 알았습니다.
　책을 읽지 않는 이유는 다르지만, 독서의 중요성을 물으면 대부분 같은 답이 돌아옵니다. 독서의 가치를 다들 잘 알고 있다는 뜻입니다. 그렇다면 독서에 의무와 책임을 더하면 되지 않을까요? 읽지 않아 모르는 재미를 읽혀서 느끼게 해 주는 것이지요.
　『수업에 바로 쓰는 고전 토론 길잡이』를 준비한 것은 바로 그러한 이유 때문입니다. 책을 읽지 않는 학생이 고전을 읽는 일은 거의 없습니다. 게다가 고전은 혼자 읽기에는 어렵다고 합니다. 여럿이 읽고 토론까지 더해야 고전에 담긴 의미를 제대로 해석할 수 있게 됩니다.

도서관 월별 고전 읽기 프로그램을 진행하면서 학생들과 여러 고전을 함께 읽었습니다. 많은 고전이 인간 본성에 대한 성찰을 담고 있었습니다. 고전을 열심히 읽는 사람이라면 누구보다 자기 삶을 가치 있게 살 것이라는 믿음이 생겨났습니다. 그리하여 교육 현장에 계시는 여러 선생님께서 고전 독서 교육에 앞장서 주셨으면 하는 바람을 갖게 되었습니다.

예기치 않은 감염병 사태를 겪으면서 마음을 소홀하게 나눈 것들은 쉽게 사라진다는 것을 알았습니다. 변하지 않고 남아 있는 것이야말로 소중하고, 삶을 이어가게 만드는 진짜라는 생각이 듭니다. 독서의 중요성은 알고 있으나 실천을 미룬 학생들이 선생님의 고전 수업에서 진짜를 만났으면 합니다.

'시대를 초월하여 높이 평가되는 예술 작품'이라는 고전의 정의를 알아차리기 위해서는 나이 듦에 따라 여러 번 읽는 게 좋다고 합니다. 하지만 수업으로 고전을 만나면 선생님과 친구들이랑 함께 읽으므로 여러 번 읽는 것과 비슷해집니다. 다섯 명이 토론하면 다섯 권의 책을 읽는 것과 마찬가지라는 얘기도 있으니까요.

그렇게 계속 고전을 읽다 보면 고전이 가지는 특별함을 만나게 됩니다. 왜 고전을 읽어야 하는가 하는 물음에 스스로 답을 찾게 되는 것이지요. 읽지 않고서는 절대 깨달을 수 없는 재미이자 감동입니다.

'하루라도 책을 읽지 않으면 입 안에 가시가 돋는다'라는 말이 진짜라면 얼마나 좋을까요? 그러면 수업이 아니더라도 밥을 먹는 일상처럼 책을 읽을 텐데요. 독서의 치유 능력으로 마음 아픈 청소년들이 줄어들 테고요. 읽을수록 맛있는 독서의 맛을 알아차릴 거고요······.

학생들의 독서 능력이 불꽃처럼 일어나려면 저희 책봄과 선생님들의 노력이 필요하다고 생각합니다. "책보다 재미있는 게 없어."라는 말이 나올 때까지, 책의 재미를 멀리, 널리 퍼트려야 하겠습니다.

　모쪼록 고전 수업을 준비하시는 선생님들께 『수업에 바로 쓰는 고전 토론 길잡이』가 적절한 처방이 되었으면 좋겠습니다. 아울러 '수업에 바로 쓰는' 시리즈가 3권까지 나올 수 있도록 격려해 주신 여러 선생님께 깊은 감사를 전합니다.

책의 구성과 활용법

이 책은 고전이 가진 가치를 찾아볼 수 있도록 구성한 다양한 발문이 수록되어 있습니다. 꼼꼼한 독서 토론 실용서로, 발문만 읽어도 책의 내용을 짐작할 수 있게 됩니다. 고전 독서 수업은 물론, 논술 수업과 토론 대회를 진행하는 데도 활용할 수 있습니다.

이 책에 담은 고전은 수업 대상 기준을 청소년으로 두고 선정했습니다. 학생들과 함께 읽은 고전 중에서 가독성, 부담스럽지 않은 페이지 수, 시의성이나 화제성을 고려했습니다. 그러므로 청소년의 눈높이에서 충분히 읽고 토론할 수 있는 책들로 학업과 진로, 사회 변화나 인간성의 문제를 고민할 수 있는 주제들이 담겨 있습니다. 고전을 처음 접하는 중학생이라도 무리 없이 읽을 수 있는 것부터 시작해, 뒤로 갈수록 학생들이 어렵다고 했던 책으로 구성하여 읽을수록 고전 독서력을 쌓아 갈 수 있게 했습니다.

책에 수록된 발문은 낱말 퍼즐을 제외하고는 정답이 따로 없습니다. 모두의 의견은 존중받아 마땅하며, 책을 통해 나온 의견 모두가 답이 될 수 있습니다. 그것이 독서 토론의 규칙이자 독서 토론의 참가치입니다. 가끔 엉뚱한 이야기를 하는 학생을 만나더라도 당황하지 마시고 기발한 생각이라고 맞장구를 쳐 주세요. 무궁무진한 생각들이 자유롭게 펼쳐지는 것, 그것이 바로 토론의 재미이자 유익함이니까요.

책 소개

해당 책의 내용을 간략히 소개했습니다. 약 봉투 이미지에 구성하여 고전을 친숙하게 느끼도록 했으며 독서가 가진 치유 능력을 자연스럽게 떠올리게 했습니다. 위로와 응원을 담은 〈오늘의 처방〉은 마음 책방이나 책 추천 행사 등에서 추천지 양식으로 별도 사용이 가능합니다. 책에서 찾을 수 있는 가치와 주요 키워드를 해시태그(#)로 첨가해 해당 책의 주제를 짐작할 수도 있습니다.

낱말 퍼즐: 내용을 떠올려 보아요

책의 내용을 되새길 수 있는 주요 단어로 퍼즐을 만들었습니다. 문해력 향상을 위한 사자성어는 덤입니다. 독서 토론을 하기 전 분위기를 환기하고 흥미를 유발하는 맛보기 시간으로 활용해도 좋고, 수업 시간을 고려해 개인별 또는 모둠별로 풀어 보면서 팀워크를 다지는 시간으로 활용해도 좋습니다.

인물 추적도: 등장인물을 파악해 보아요

주요 등장인물을 한눈에 파악하도록 했습니다. 읽기 전 미리 살펴보거나 읽고 나서 해당 인물을 연결해 봄으로써 사건 전개나 내용 흐름을 정리할 수 있을 뿐 아니라 미처 발견하지 못했던 내용을 깨달을 수 있습니다.

해석적 발문: 다양하게 생각해 보아요

책의 내용에 대한 다양한 의미를 해석하는 사고 확장형 발문입니다. 주로 '왜~'

라는 물음으로 시작하여 서너 개 이상의 다양한 대답을 유도합니다. 다섯 명이 토론했다면 다섯 가지 의견이 나올 수 있으므로 한 책을 여러 번 읽은 효과를 얻을 수 있습니다.

선택적 발문: 입장을 정해 보아요

독자의 입장을 선택하여 이유와 근거를 생각하게 하는 발문입니다. 주로 '~를 어떻게 생각하는가'라는 물음에 자기 입장을 선택합니다. 이때 입장 선택에 대한 이유를 논리적으로 드러내도록 하여 막연한 주장이 되지 않도록 해야 합니다.

사색적 발문: 생각을 넓혀 보아요

책을 읽고 나서 느낀 점이나 생각을 자신과 연결 지어 보는 발문입니다. 자신의 문제에 대한 해결 방법을 찾을 수도 있고, 시사적인 부분과 연관 지어 사회 문제를 바라보게도 합니다. '만약에~'라는 가정으로 책의 뒷이야기를 재구성할 수 있으며 관련 독후 활동으로 연결 지을 수도 있습니다.

북돋움 활동

책에 대해 깊이 있는 탐색이 가능한 독후 표현 활동입니다. 카드 뉴스, 인스타그램, 기사 글 작성, 모의재판 등 다양한 주제의 창의적인 독후 활동을 제시하여 독서력을 북돋웁니다. 주제 고전의 가치를 일깨우는 공통 발문과 각기 특색 있는 발문 두 유형으로 구성했으며, 독서 활동지로 따로 떼어 사용할 수도 있습니다.

1부

고전 수업, 어떻게 할까?

고전 수업이 어려운 이유

코끼리를 냉장고에 넣는 법을 알고 계시나요?

방법은 이렇습니다.

1번, 냉장고 문을 연다. 2번, 코끼리를 넣는다. 3번, 냉장고 문을 닫는다.

아주 간단하지만, 당장 실천하기에는 어려울 것 같습니다. 하지만 생각을 달리하면 실현 가능성을 찾을 수 있습니다.

1번, 코끼리가 들어갈 만한 크기의 냉장고를 만든다. 2번, 냉장고 문을 연다. 3번, 코끼리를 넣는다. 4번, 냉장고 문을 닫는다.

또 다른 방법도 있습니다.

1번, 이름 없는 숲에 '냉장고'라는 이름을 붙인다. 2번, 코끼리를 냉장고에 넣는다.

방법을 달리했더니 순서가 늘어나기도 했고 줄어들기도 했습니다만 여하튼 코끼리를 냉장고에 넣는 데는 성공했습니다.

이렇게 엉뚱하다 싶게 '코끼리 냉장고 넣기'를 나열한 이유는 '고전과 수업'을 코끼리와 냉장고처럼 막막한 조합으로 여기는 선생님들을 위해서입니다. 이제까지 고전 수업을 어렵다고 생각하셨다면 여러 방법이 있으니 일단, 시작하라고 권합니다. 시작하면 미처 생각지 못했던 방법이 떠오르기도 하고 새로운 길이 보이기도 할 것입니다. 그러니 고전 수업을 시작하겠다는 마음을 먼저 준비하세요! 고전 수업이 어려운 이유와 함께 방법을 찾아 드릴 터이니.

　고전 수업이 어렵다고 여기는 데에는 몇 가지 이유가 있을 것으로 생각합니다.
　첫째, 학생들이 고전을 읽지 않는다는 점을 들 수 있습니다. 읽지 않은 학생들과 독서 수업을 한다는 것은 코끼리를 냉장고에 넣어 보라는 말처럼 막연할 수밖에요. 특히 고전은 요약본이나 줄거리만 읽어서는 그 가치를 제대로 알아내기 어렵습니다. 완독이 어려울 것이라는 생각이 드니 고전 수업을 해야 하나 망설여지는 건 당연합니다. 그러나 학교나 학원 등 대부분의 교육에서 100% 달성을 기대하기는 어렵습니다. 모둠 또는 한 반을 대상으로 고전 토론 수업을 진행한다면, 한 명은 읽어 올 것이고 다른 한 명은 수업을 통해 읽어야겠다는 생각을 할 수도 있습니다. 또 다른 학생은 수업으로 책을 접하게 될 것이며 훗날 그 책을 읽으며 수업을 떠올릴지도 모르지요. 학생들이 고전을 읽지 않는 것, 그것이 수업 시작을 망설이는 이유가 될 수 있으나 시작을 하지 않는 이유여서는 안 됩니다. 선생님의 고전 수업이 누군가의 인생을 바꾸는 계기가 될지도 모르는 일입니다.
　둘째, 수업 진행 방법에 대한 고민을 들 수 있습니다. 앞서 나열한 코끼리를 냉장고에 넣는 법을 생각해 보세요. 필요가 발명품을 만든다고 했습니다. 코끼리보다 큰 냉장고, 숲에 이름을 붙이는 상상은 그래서 나온 것입니다. 그리고 무엇보다 참고할 수 있는 실용서가 있다면 더 좋겠지요. 주변에서도 고전 토론 수업을 하고 싶으나 어떻게 진행해야 할지 방법을 모르겠다는 말을 종종 듣습니다. 그것이 『수업에 바로 쓰는 고전 토론 길잡이』를 펴낸 이유이기도 합니다. 고전 수업이라고 해서 다른 독서 수업과 크게 다르지는 않습니다. 오히려 시간을 투자했을 때 더 많은 자료를 찾을 수 있다는 이점이 있습니다. 출간된 지 오래되다 보니 작가나 책에 대한 정보가 더 많기 때문입니다. 찾은 자료를 바탕으로 활동지를 만들거나 꼭 다루고 싶은 발문 몇 가지를 준비하고 나머지는 토론 참여자들에게 맡겨 보세요. 학교 현장에서 토론 수업을 진행해 본 경험을 말씀드리자면, 학생들은 생각보다 훨씬 훌륭하게 해냅니다. 학생들이 가지고 있는 기발한 생각, 새로운 의견을 참고로 하시면 다음 수업은 더 나아질 것입니다. 아홉에 하나를 더해 열을 만드는 일은 처음 하나를 새로 만드는 것보다 훨씬 수월합니다.

셋째, 선생님께서 고전의 가치를 전달해야 한다는 책임 또는 의무감을 느끼는 점을 들 수 있습니다. 함께 근무한 국어 선생님과 있었던 일입니다. 굉장히 열정적이고 실력 있는 국어 선생님이셨던 그분은 유독 토론 수업에는 자신 없어 하셨습니다. 한번은 토론에 관해 이야기를 나누게 되었는데 교사로서의 직업병 때문에 힘들다고 하시더군요. 본인이 책에 대해 잘 알고 있어야 하며 그것을 수업처럼 가르쳐야 한다는 게 부담스럽다고요. 토론 수업이 책임 또는 의무감으로 느껴질 수도 있다는 걸 그때 처음 알았습니다. 토론(여기서 말하는 토론은 비경쟁 토론을 말합니다.)을 '책을 읽고 나누는 다양한 이야기' 정도로 정의하면 어떨까요? 문제를 풀이해 주듯이 책의 주제나 그 가치를 굳이 설명하지 않아도 됩니다. 고전의 가치를 깨닫게 하는 것은 토론할 때 얻은 여러 생각과 의견이지 누구 한 사람의 가르침이 아니니까요. 또 정답을 찾는 일도 아니며 정해진 주제도 없습니다. 만약에 교과 수업 시간에 코끼리를 냉장고에 넣는 법을 가르친다면 과학적인 분석과 수학적인 계산 등이 필요할 것입니다. 하지만 독서 수업에서는 "생각해 보세요." 또는 "상상해 보세요."라고 하면 됩니다. 생각이나 상상을 끌어내는 데 책임이나 의무감을 가질 필요는 없습니다.

넷째, 수업을 위한 도서 선정이 어려운 점을 들 수 있습니다. 정해진 출판사에서 출간되는 단행본과 달리 고전은 여러 출판사에서 약간씩 다른 번역으로 출간되기도 합니다. 그러다 보니 어떤 책을, 어떤 출판사 것으로 결정해야 할지부터 막막합니다. 그렇다고 전부 읽어 볼 수도 없는 일이지요. 토론 길잡이 책을 펴내기 위해 여러 고전을 출판사별로 살펴보았습니다. 그 결과 등장인물의 이름과 내용 서술이 약간 달랐습니다만 고전이 가진 가치를 훼손할 정도는 아니라는 답을 얻었습니다. 그러므로 참여자들이 서로 다른 출판사의 고전을 읽더라도 수업에 크게 지장을 줄 정도는 아닙니다. 고전을 전집으로 소장하고 있는 학생들도 있으므로 출판사는 개의치 마시고 수업 주제 방향에 맞는 도서로 선정하면 됩니다.

다섯째, 수업 대상의 수준에 적합한 고전 선정이 어려운 점을 들 수 있습니다. 수업 대상자가 중고등학생이라면 가독성이나 페이지 수를 고려합니다. 학생들은 글 양이 많은 두꺼운 책은 완독에 대한 부담을 크게 느끼는 경우가 많았습니다. 학생의 호기심과 궁금증을 이용하여 TV나 SNS에 소개된 책을 선정하는 것도 괜찮습니다. 일부 소개 영상을 보여 주고 관심과 흥미를 유발할 수도 있습니다. 사실 글을 읽을 줄 알면 책을 읽는 것에는 무리가 없습니다. 그러므로 수준에 맞는 책을 선정한다는 것은 지극히 개인적인 판단이라고 볼 수도 있습니다. 모든 책이 모든 사람에게 좋은 책으로 남지 않듯이, 고전 또한 모두가 좋은 책으로 느끼지는 않습니다. 그러니 어떤 고전을 선정하든지 "이 책이 왜 고전일까?"라는 물음을 되새기며 읽도록 해야 합니다. 수업을 통해 고전의 가치를 깨닫고 알아 가는 것이 중요하기 때문입니다.

고전을 정의하는 말 중에는 '누구나 알고 있지만, 누구나 읽지 않는 책'이라는 우스개 같은 말도 있습니다. 누구나 알고 있다는 것은 그만큼 가치를 가지고 있다는 말과 같습니다. 몇십 년에서부터 많게는 몇백 년의 시대를 뛰어넘는 고전의 가치를 일깨우는 수업은 그래서 더 귀합니다. 어떤 책보다 완독 후 성취감을 느낄 수 있는 것이 고전이고, 읽다 보면 생각보다 어렵지 않다고 여기게도 됩니다. 다만 혼자 읽기보다 여럿이 읽는 것이 좋습니다. 고전 수업이 어려운 이유는 결국 어떻게 읽히고 제대로 가치를 찾게 할 것인가 하는 물음을 품고 있어서라고 생각합니다. 그에 대한 해답을 『수업에 바로 쓰는 고전 토론 길잡이』에서 찾으시길 바랍니다.

책 선정 시 고려할 것

학생들이 고전을 읽기 싫어하는 이유는 많습니다. 그렇지만 입에 쓴 약이 몸에는 좋은 법입니다. 읽기 싫어도 읽어야 할 이유가 많은 것이 고전입니다. 고전을 계속 읽다 보면 '이래서 고전이구나.' 하고 절로 고개가 끄덕여지는 순간이 옵니다. 고전의 가치를 깨닫기 위해서는 일단 읽어야 한다는 것이지요.

쓴 약을 먹일 때 쓴맛을 잊게 하려고 사탕을 준비하기도 합니다. 그처럼 고전 수업에 필요한 도서를 선정할 때도 몇 가지 사항을 고려해야 합니다. 달콤한 사탕에 미치지는 못하겠지만 적어도 읽지 않겠다고 우기지는 못하게 해야겠지요. 도서 선정 조건이 독서의 목적이나 이유가 될 수 있습니다.

교과 연계성

온 책 읽기나 수업 주제에 적합한 고전을 선정하면 책을 읽어야 하는 당위성이 커집니다. 독서를 통해 수업 목표를 달성할 수 있으므로 독서와 학습이 함께 이루어지기도 합니다. 좋은 독서 습관은 곧 좋은 학습 습관이 됩니다.

시의성과 화제성

읽고 싶은 책을 읽고 싶을 때 읽게 하면 좋으나, 수업 시간은 정해져 있으니 어떻게 읽고 싶은 마음이 들게 할까가 고민입니다. TV나 페이스북에 소개된 책은 호기심이나 궁금증을 유발합니다. 현재 이슈나 현실을 반영한 것이라면 독서의 필요성을 느끼게도 됩니다. 코로나 상황에서 감염병 이야기를 다룬 『페스트』가 관심을 끈 이유입니다.

수업 대상자의 문해 정도

책을 읽는 것은 책의 세계와 나의 세계가 만나는 일이라고 합니다. 단순히 글자를 읽는 것과 내용을 제대로 받아들이는 것은 다릅니다. 같은 고전이라도 초등학생에게는 명작 형태의 동화가 자연스럽고 중고등학생에게는 원작에 충실하되 요약된 것으로 권하기도 합니다. 최근 청소년 눈높이에 맞춘 고전이 새롭게 출간되는 추세이므로 출판사별 출간 취지와 내용을 살펴보는 것도 도움이 됩니다.

페이지 수

중학교에 입학한 학생들이 학교도서관에 방문하면 맨 먼저 책이 두꺼워졌다고 말합니다. 그림책을 주로 접했던 초등학교 때와 달리 페이지 수가 많은 책을 보면 언제 다 읽을까 걱정된다고 합니다. 페이지 수는 독서를 해야 하는 시간과 비례하므로 수업 도서를 선정할 때 미리 확인해야 합니다.

가독성과 흥미도

등장인물이 또래이거나 자신과 비슷한 상황에 놓여 있으면 내용에 더 몰입하게 됩니다. 먼저 내용을 살펴보고 수업 대상자가 어느 정도 공감할 것인가를 생각해 봅니다. 쉽게 공감이 가는 이야기를 선택했을 때 가독성과 흥미도를 끌어올릴 수 있습니다.

독서 성취감

한 책을 일부 읽은 것과 전체를 읽은 것은 성취감이 다릅니다. 게다가 고전은 다른 책보다 더 큰 독서 성취감을 줍니다. 누구나 풀 수 있는 문제 말고 수준 높은 문제를 해결했을 때 느끼는 만족감에 비유할 수 있겠습니다. 독서 성취감은 어렵다는 선입견을 버리고 고전을 읽을 만한 것, 읽고 나니 좋은 것, 읽고 싶은 것으로 여기게 할 것입니다. 수업 도서 선정 시 학생들이 경험할 성취감의 정도를 고려해야 할 이유입니다.

다양한 읽기 유형

'말을 물가까지 끌고 갈 수는 있으나 물을 마시게 할 수는 없다.'라는 말이 있습니다. 아무리 좋은 고전이라도 억지로 읽힐 수는 없습니다. 어떻게 하면 물을 마시고 싶은 마음이 들게 할까를 고민하며, 고전의 종류와 상황에 따라 학생들과 함께 해 본 고전 읽기 방법 몇 가지를 소개합니다.

소개한 읽기 유형은 독서 동아리나 온 작품 읽기, 한 학기 한 권 읽기 수업에 활용할 수 있습니다. 이 외에도 선생님들의 노하우가 담긴 여러 읽기 방법이 있을 줄 압니다. 읽기 유형만 달리해도 색다른 독서 수업을 기대할 수 있습니다. 읽기의 형태와 방법은 다르더라도 고전 독서를 통해 얻는 가치는 같을 것입니다.

마음속으로 읽기

마음속으로 읽기는 혼자 읽기에서 가장 많이 사용하는 방법입니다. 혼자서 책을 꾸준히 읽는 일은 쉽지 않습니다. 이럴 땐 날짜별로 분량을 나누고 매일 읽고 '생각노트'를 활용하여 기록해 가면 책 한 권을 거뜬히 완독할 수 있습니다. 도서와 독서 기간을 정했다면 생각노트를 만들어 보세요. 생각노트는 A4 한 장에 출력하여 반으로 접어서 사용합니다. 1면에는 주제 도서명, 독서 기간, 학번, 이름을 적고 숙지해야 할 간단한 주의 사항을 넣습니다. 2~3면에는 날짜별로 독서 분량을 나누고 감상을 적을 수 있는 칸을 만듭니다. 매일 꾸준히 읽고 감상과 새로 알게 된 점, 마음에 드는 구절 등으로 부담 없이 작성할 수 있습니다. 마지막 4면에는 독서 수업에 참여해 자신이 성장한 점과 소감을 적습니다. 교사는 생각노트를 수업 시간마다 확인해도 되고, 중간 점검일을 정해 확인할 수도 있습니다. 이렇게 하루하루 적은 생각노트는 학생들에게도 토론과 발표 그리고 감상문을 작성할 때 유용한 자료가 됩니다. 생각노트에 대한 자세한 사항은 부록을 참고하시기 바랍니다.

손으로 읽기

손으로 읽기는 필사를 말하며, 책을 베껴 쓰는 방법입니다. 그래서 '손으로 읽는 독서', '느린 독서법'이라고도 합니다. 필사는 단기적으로 마음이 차분해지고 집중력이 향상되는 효과가 있습니다. 장기적으로는 문장 구조를 파악하고 문장을 곱씹으며 읽기 때문에 깊이 있는 독서가 가능해집니다. 필사 주제 도서는 분량을 고려해서 선택하는 것이 좋습니다. 분량이 많은 책은 중도에 포기하기 쉽습니다. 만약 분량이 많은 책을 선택했다면 발췌해서 필사하는 것도 좋은 방법입니다.

책 한 권을 전부 필사해야 한다고 하면 부담스러울 수도 있습니다. 마음에 드는 문장을 따라 쓰기만 해도 됩니다. 많이 써야만 필사 효과를 얻는 것은 아니니까요. 필사할 때는 일반 노트에 적어도 되고, 필사용 도서로 출간된 것을 활용해도 좋습니다. 수업 일수를 고려하여 필사할 분량을 정해 줍니다. 기억에 남는 문장 표시하기, 쓰면서 느낀 감상 적기, 새로 알게 된 단어 뜻 적기 등을 병행하면 단순히 따라 쓰는 필사보다 훨씬 풍성한 경험을 할 수 있습니다.

소리 내어 읽기

소리 내어 읽기는 참여자들이 돌아가면서 읽고 싶은 만큼 낭독하는 방법입니다. 청소년기의 아이들은 글을 소리 내어 읽는 경우가 별로 없습니다. 그래서 틀리게 발음하거나 잘못 읽어도 교정하지 못하고 지나칩니다. 글을 제대로 이해하지 못하면 문장을 의미 단위로 끊어 읽지 못하는데 이는 학업 성취와도 연결됩니다. 소리 내어 읽으면 뇌를 활성화하여 읽은 내용을 오래 기억하게 할 뿐 아니라 발표력도 향상됩니다.

독서 수업에서의 소리 내어 읽기는 4~5명씩 한 모둠을 구성해서 진행합니다. 인원이 많아 읽지 않는 시간이 길어지면 산만해질 수 있습니다. 모둠별로 리더를 한 명씩 뽑고 리더가 읽기부터 모둠 발표까지 진행합니다. 리더의 진행에 따라 모둠별로 돌아가면서 읽고 싶은 만큼 소리 내어 읽습니다. 한 줄을 읽어도 좋고 한 페이지를 읽어도 좋습니다. 학생들이 읽고 싶은 만큼 읽으면 됩니다. 자기 차례를 기다리며 눈으로 따라 읽는 모습을 보면 청소년기 아이들도 소리 내어 읽는 것을 은근히 즐긴다는 것을 느낄 수 있습니다.

온라인 도구를 활용한 함께 읽기

온라인 도구를 활용한 함께 읽기는 다른 사람들의 생각을 엿보고 의견을 나누기에 적합한 읽기 방법입니다. 온라인 도구로는 패들렛과 띵커벨 보드가 대표적입니다. 손글씨 쓰는 것을 불편해하는 학생들도 핸드폰만 있다면 언제, 어디서든 작성할 수 있다는 장점이 있습니다. 또한, 하나의 온라인 작업 공간에 입장한 사람들이 메모지를 붙이는 형식으로 자신의 기록을 올려 서로의 글을 읽고 공유할 수 있습니다.

특히 패들렛의 '셀프'와 띵커벨 보드의 '그룹형' 양식은 학생 개인에게 공간을 줄

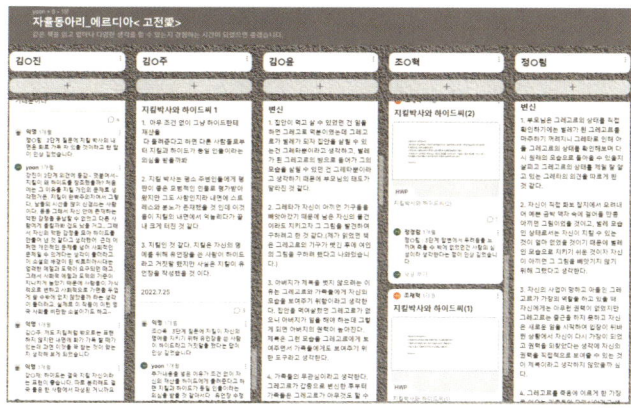

온라인 도구인 패들렛을 활용해 고전을 함께 읽고 기록한 동아리 사례.

수 있고 매일매일 읽은 내용을 기록하기 좋습니다. 그 양식을 활용하여 교사가 날짜나 회차별로 발문을 제시해 놓으면 학생들은 자신의 칼럼(패들렛에서 개인이 글을 작성할 수 있도록 생성되는 메모 창 단위)에 발문과 관련한 생각과 느낌을 작성합니다. 참여자들은 올린 글에 댓글을 달면서 서로 생각을 나눌 수 있는데, 특히 띵커벨 보드는 그룹별로 배경색을 달리할 수 있어 찬반 토론에 활용하기 좋습니다.

패들렛과 띵커벨 보드는 거의 모든 기능이 비슷하지만 몇 가지 차이점이 있습니다. 패들렛은 동영상, 음성 파일도 올릴 수 있지만 띵커벨 보드는 한글이나 사진 파일만 올릴 수 있다는 점, 패들렛은 중간에 양식을 바꿀 수 없지만 띵커벨 보드는 보드의 유형을 중간에 바꿀 수 있다는 점, 패들렛은 무료 계정이 교사는 5개까지 가능하지만 띵커벨 보드는 교사 인증만 하면 무료로 무제한 사용할 수 있다는 점이 다릅니다.

역할 나눠 읽기

역할 나눠 읽기는 느낌과 감정을 살려 소리 내어 읽는 방법입니다. 소리 내어 읽기의 확장형이며 대사 글이 많은 소설이나 희곡을 읽을 때 활용할 수 있습니다. 5~6명씩 모둠을 나누고 모둠 안에서 읽기의 역할을 정합니다. 이때 작품 개요, 내가 맡고 싶은 역할과 이유를 설명하면서 자연스럽게 모둠별 토론이 됩니다. 작품의 특성상 등장인물이 많을 때는 한 명이 여러 역할을 맡을 수도 있습니다.

읽기의 역할을 나누었다고 해서 처음부터 배우처럼 감정을 실어서 읽으라고 하면 대부분은 몹시 당황합니다. 처음엔 유치원 아이들에게 동화책을 읽어 준다고 생각하고 천천히 정확한 발음으로, 의미 단위로 끊어 읽도록 지도합니다. 이렇게 읽는 것에 익숙해지면 자연스럽게 느낌을 살려 읽게 됩니다. 소심하고 부끄럼을 많이 타는 아이들은 해설이나 지문을 맡아 함께 참여할 수 있습니다. 역할 나눠 읽기를 하다 보면 등장인물의 성격과 상황을 목소리로 표현하기도 하고 참여자들 나름대로 해석을 담기도 하여 여느 읽기 방법보다 활기찬 독서 수업이 가능합니다.

수업 준비에서 마무리까지

학교도서관에 근무하다 보면 고전 도서는 읽기 어렵고 따분한 내용이라고 오해하는 학생들을 자주 만납니다. 그나마 제목이라도 들어 본 게 다행스럽게 생각될 정도로 고전 독서에 관심이 적은 편입니다. 그러나 고전의 가치는 시대가 지나도 변하지 않고 다양한 작품에 모티브가 되며 사회를 이해하는 열쇠가 되기도 합니다. 어떻게 하면 고전을 쉽게 읽히고 이해하게 할까 고민하던 중에 단계적 발문을 활용한 활동지 작성 중심의 고전 토론 수업을 시작했습니다. 선택한 도서『호밀밭의 파수꾼(J.D. 샐린저)』은 대학 진학의 중압감을 가진 아이들과 공감대를 형성하기에 충분한 책이라고 생각했습니다.

준비 작업

우선, 학생 개인의 활동지를 넣을 수 있는 L자 파일을 준비했습니다. 이 파일에 매 차시에 사용할 활동지를 담아 수업 시간에 배부했다가 다시 회수하여 도서관에 보관했습니다. 개인 파일 표지에 학생의 학번과 이름을 붙여 두면 학생들도 자기 파일을 찾기 쉽고, 교사도 학생 이름 외우는 데 도움이 됩니다. 그리고 반별 구분이 쉽도록 이름표 색깔을 달리했습니다. 이후에 크롬북을 활용하기도 했는데,

구글 클래스에 활동지를 탑재하면 학생들의 작성 상황과 제출 여부를 바로 확인할 수 있어서 효율적입니다.

활동지를 만들 때 학번과 이름을 적는 첫 줄에 자신의 희망 진로 칸도 추가했습니다. 같은 책을 읽더라도 자신이 꿈꾸는 희망 진로나 삶의 가치관에 따라 생각과 느낌을 정리하기 위해서입니다. 이렇게 하면 수업을 마친 후 교사가 생활기록부에 활동 사항을 기록할 때 학생의 감상과 희망 진로를 연관하여 참고할 수 있습니다.

수업 진행

먼저 독서 기간과 차시 구성에 따라 읽을 분량을 정합니다. 수업에 활용한『호밀밭의 파수꾼(J.D. 샐린저)』은 총 280쪽(민음사 기준)으로 출간되었는데, 총 분량을 10등분 하니 매 차시 30쪽 남짓을 읽고 활동지 작성으로 완성하는 10차시 수업안이 나왔습니다.

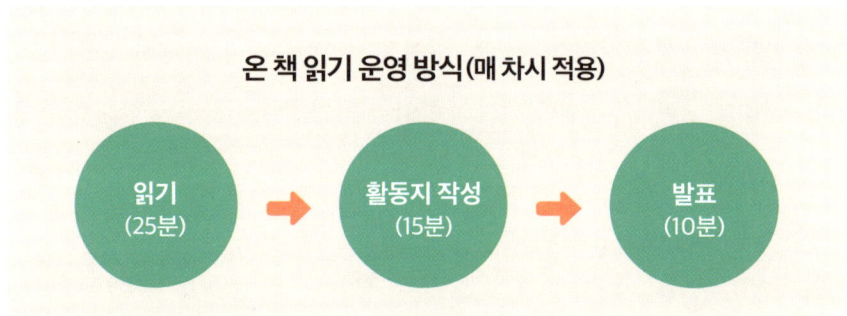

읽기: 책은 미리 읽어 오는 것이 아니라 수업 시간에 함께 읽습니다. 개인 독서 능력과 책의 편집 유형에 따라 다소 차이는 있으나 제가 수업했던 고등학생의 경우는 대략 25분간 30쪽 남짓의 텍스트 읽기가 가능합니다. 중학생은 그보다 적은 쪽수 분량으로 정해야 하며, 독서 능력이 떨어지는 학생에게는 수업 이외의 시간

에도 읽어 올 수 있도록 합니다. 독서 능력이나 학년을 고려하여 도서를 선택하거나 읽을 수 있는 쪽수에 맞추어 수업 차시를 정하면 됩니다.

활동지 작성: 활동지는 한 페이지가 넘지 않도록 제작했고, 발문은 다음의 단계별로 사고를 확장하도록 골고루 구성했습니다. 이 단계별 발문에 관한 자세한 설명은 본 책 10~11쪽에 수록했습니다.

사실적 발문 (낱말 퍼즐)	책을 읽고 퀴즈를 풀면서 내용을 점검해 보는 방식으로 정답은 책 내용에 분명히 있다.
해석적 발문	다양한 각도로 생각해 볼 수 있는 방식으로 정답은 따로 없어 자유롭고 창의적인 해석을 할 수 있다.
선택적 발문	찬성/반대 또는 옹호/반박 등으로 대립하는 논제에 대해 입장을 선택하여 그 이유를 들어 주장하는 방식이다.
사색적 발문	자신이나 사회의 문제 해결에 접목하거나 문제를 제기하여 사고를 확장하는 방식이다.

발표: 학생들이 작성한 활동지 내용을 공유하는 것은 소극적 의미의 토론 활동이라고 할 수 있습니다. 교사는 학생들이 활동지를 작성하는 동안 학생들 사이를 돌아다니며 점검하여 독창적이거나 함께 공유하면 좋을 내용을 미리 찜해 둡니다. 자발적으로 발표하겠다는 학생의 내용을 먼저 듣고 지원자가 더 없을 때 미리 찜해 둔 학생을 지목하여 발표 내용을 보충합니다. 학생들의 말에 따르면 이 시간이 제일 좋았다고 합니다. 다른 아이들은 어떻게 생각하는지 궁금했는데 자신과 같은 내용에 동질감이 느껴지기도 했고, 자신이 미처 발견하지 못한 부분을 들으면서 속으로 탄성을 터뜨리기도 했다는군요. 만약 팬데믹 상황이 아니라면 각자 작성한 활동지를 바탕으로 모둠별로 토론하면 더 좋았겠다는 아쉬움이 들었습니다.

마무리

독서를 통해 인생의 보물을 쌓는다고 표현합니다. 당장 눈앞에 그 보물이 어떻게 쌓였는지 볼 수 있다면 독서 활동은 더 효과적일 것입니다. 학생들에게 그 보물을 쌓는 창고는 학교 생활기록부라고 할 수 있습니다. 학교에서 이루어지는 독서 활동 내용은 생활기록부에 기록이 가능합니다. 교과 수업 시간을 바탕으로 하여 독서 심화 과정이 이루어진 것은 교과 세부 특기사항에, 학교도서관 프로그램에 참여하여 활동한 것은 자율 활동에, 진로 교육 시간에 수행한 것은 진로 활동에 입력할 수 있습니다. 주로 학생의 독서 활동 과정을 관찰한 내용과 학생이 희망하는 진로와 연결한 내용 또는 가치관을 중점적으로 기술합니다.

여러 날에 걸친 수업에 참여한 아이들은 책 속 주인공과 함께 고민하고 성장했습니다. 어렴풋이 고전 독서의 중요성을 알아 가고 고전에 담긴 가치를 깨닫기도 했습니다. 더불어 교사가 좋은 발문이 담긴 활동지를 준비한다면, 고전 수업에 날개를 달 수 있다는 것을 실감한 시간이었습니다.

고전의 슬기로운 활용법

학교도서관을 방문하는 학생 이용자들은 각양각색입니다. 그냥 심심해서 들렀다는 아이부터 자신의 관심 분야를 파고들기 위한 자료를 구체적으로 찾는 아이까지 다양합니다. 사서 교사는 이용자의 요구에 적합한 자료를 연결해 주는 역할을 하는데, 도서관의 수많은 자료 중에서도 고전은 아이들의 다양한 요구 조건에 적절하게 사용할 수 있는 매력적인 자료입니다.

에피소드 1. 노인과 바다

"선생님, 생기부에 넣을 책 좀 추천해 주세요."

급한 마음으로 헐레벌떡 달려온 A가 이렇게 원색적인 요구를 합니다. 밑도 끝도 없이 생기부에 넣을 책이라니요. 아마도 자신의 학생생활기록부를 살펴보니 독서 관련 활동의 내용이 부족했던 모양입니다. 아무리 급해도 A의 상황을 살펴보고 추천해야겠지요. 희망하는 진로나 관심 분야, 보충하고 싶은 교과 등 대화를 나눠 보았더니 A는 자신의 진로를 아직 뚜렷하게 정하지 못한 상태였습니다. 무엇을 해야 할지 결정하기까지의 시간을 꾸려야 할 A에게 망망대해에서 오롯이 85일간을 견딘 노인을 소개했습니다. 몇 주 뒤에 만난 A는 젊은 어부들에게 비웃음을 당하고 애써 잡은 청새치를 잃었을 때는 노인에게 희망이 없어 보였는데 끝까지 포기하지 않은 것을 보니 대단하게 생각된다는 감상을 들려주었습니다. 그러면서 자신도 시간이 걸리더라도 진로에 대해 고민하겠다고 했습니다.

에피소드 2. 지킬 박사와 하이드 씨

"선생님, 생윤 책 좀 주세요."

쉬는 시간에 급한 걸음으로 도서관을 찾은 B가 던진 암호 같은 말입니다. '생윤'은 고등학교 교과 '생활과 윤리'를 줄여서 부르는 말로, 인간 생활과 윤리에 관해 배우는 고등학교 도덕 교과입니다. 수능 사회 탐구 영역에서 학생들이 가장 많이 선택하는 과목이기도 하지요. 그 생활과 윤리 수업 시간에 교과 주제와 관련한 온책 읽기를 하는데 그때 읽을 책을 찾는 것이었습니다. 인간의 보편적 진리와 윤리를 다루는 교과 특성에 맞는 여러 고전 문학 중에서 지킬 박사를 골라 소개해 주었습니다. 처음에는 많이 들어 본 제목이라서 이미 읽었던 것으로 착각했던 B는 시큰둥한 반응이었습니다. 그러나 수업 시간에 완독한 B는 막연하게 알고 있었던 책 내용을 이번에 제대로 알게 되었고, 인간의 본성과 이성에 관한 감상문을 작성하여 교과 선생님께 칭찬받았다고 알려 주었습니다.

에피소드 3. 수레바퀴 아래서

"선생님, 진로 관련 문학책을 읽고 싶은데 어떤 책이 좋을까요?"

문학 교과 시간에 자신의 진로 관련 문학책 읽기를 하는데 그때 읽을 책을 추천해 달라는 C의 요청입니다. 중등 교사를 꿈꾼다는 C는 교육과 관련한 비문학 책은 많이 읽었으나 문학책은 어떤 책을 읽어야 할지 고민이라고 했습니다. 청소년기에 대한 이해와 교육 제도에 대해 생각해 보기에는 『수레바퀴 아래서』만큼 적절한 고전 소설이 있을까요. 다행히 C는 아직 읽지 않은 것이라며 이번 기회에 읽어 보겠다고 책을 안고 돌아갔습니다. 몇 주 후 책을 반납하러 온 C는 120여 년 전에 쓰인 작품 내용이 현재 상황과도 비슷한 면이 많아 놀랐으며, 나중에 교사가 되면 학생들과도 함께 읽어 보겠다는 소감을 들려주었습니다.

에피소드 4. 변신

"선생님, 우리 넷이서 독서 토론 모임을 하고 싶은데요, 모두 희망 진로가 달라서 어떤 책을 골라야 할지 모르겠어요."

스스로 꾸린 독서 토론 모임에 대해 이렇게 아름다운 고민을 하는 학생들이라니요. 네 명의 학생은 경찰관, 심리상담가, 간호사, 사회복지사 등 각기 다른 진로를 품고 있었습니다. 이왕 독서 토론을 하는 김에 각자의 진로 탐색에 도움이 되었으면 하는데 교집합에 해당하는 책 선정이 어렵다고 합니다. 그들에게 어느 날 갑자기 벌레로 변한 그레고르를 소개해 주며, 책을 다 읽고 논제를 추린 후 각자 희망하는 진로 분야의 입장으로 토론하면 어떻겠냐고 제의했습니다. 아이들은 미처 생각하지 못했던 방식이라며 흔쾌히 받아들였습니다. 나중에 아이들이 들려준 후기에 따르면 우선 책 내용이 짧았던 것이 좋았고, 각자가 꿈꾸는 직업인의 시선으로 작품을 바라보니 이전과는 다른 독후 감상이 펼쳐져서 신기했다고 합니다.

에피소드 5. 파리대왕

"선생님, 영어 원서와 같이 읽을 만한 고전 도서 좀 소개해 주세요."

영문학과 진학을 희망하는 D의 요구 사항입니다. D는 방학 동안 영어 원서를 읽으면서 우리말로는 어떻게 번역되었는지 번역본과 비교하고 싶다고 합니다.

고전 소설은 다양한 출판사에서 각기 다른 번역가들의 번역으로 출간했는데, 유독 『파리대왕』은 우리말 번역본이 적은 편입니다. 그래서 D에게 책 내용을 간략하게 들려주고, 내가 번역가라면 달리 해석할 부분은 어떤 것인지 살펴보는 건 어떻겠냐고 권했습니다. 흥미로운 제안이라며 D는 『파리대왕』의 영어 원본(『Lord of the Flies』)과 우리말 번역본을 함께 안고 갔습니다. 방학이 끝나고 다시 만난 D는 『파리대왕』 영어 원본과 해석본을 읽은 내용으로 독서 심화 보고서를 작성했고, 담당 교사로부터 진로와 잘 연결한 활동으로 평가받았다는 소식을 들려주었습니다. 훗날 어느 날엔가 D가 번역한 책을 출판 시장에서 볼 수 있지 않을까 기대해 봅니다.

흔히 요모조모 쓰임새가 많고 모든 일을 다 잘하거나 해결하는 것을 두고 '만능'이라고 표현합니다. 인간에 대한 보편적 가치를 담고 있어 시대를 초월하여 아직도 읽히고 있는 고전 소설에도 그 표현이 적절할 것 같습니다.

2부

고전 수업, 시작합니다

마음을 마음대로
다스리지 못해 힘든 너에게

『지킬 박사와 하이드 씨』

지킬 박사와 하이드 씨

로버트 루이스 스티븐슨

#선과악 #본성과이성 #절제 #이중인격자 #도덕성

오늘의 처방

- ☑ 때로는 의도와 다른 결과를 얻는 일도 있습니다.
- ☑ 선과 악으로 구분할 수 없는 인간의 감정도 존재합니다.

책 속으로

지킬은 자기 안의 선한 마음과 악한 마음을 분리하기 위한 연구를 거듭한 끝에 하이드로 변하는 데 성공합니다. 존경받는 의사인 지킬로 지내는 낮과 달리 밤이 되면 악을 행하는 하이드로 변해 이중생활을 이어 갑니다. 하이드의 악행이 만천하에 드러나자 더는 하이드로 변하는 약을 먹지 않겠다고 다짐하지만 이미 약을 먹지 않아도 하이드가 지킬의 육체를 뚫고 나오는 지경이 되어 버렸습니다. 결국 그는 하이드의 몸에 지킬의 얼굴을 하고 죽습니다.

낱말 퍼즐 — 내용을 떠올려 보아요

1①					2	②			3	③
			4	④				⑤		
		⑥ 식				5 드	레			
6⑦		스								
		펜					7⑧			
		8 스	⑨		⑩					
	⑪					9				
10⑫		⑬		11	⑭			⑮		⑯
			⑰		12					
		13						14		
					15					

정답

가로: 1. 뚝배기 2. 윤회 지옥 3. 자장 4. 벗김 5. 드레 6. 댓바지 하루 7. 늘 수수로 8. 스크롤링 9. 마이더로(마이더 가리) 10. 물리기 11. 아뢰 12. 저품 13. 이동인지자 14. 이팝이 15. 효도사

세로: ① 뚝뚝 ② 지원도 인쇄트 ③ 자장 지팡 ④ 기름 ⑤ 웨더드르 ⑥ 시스펜스 ⑦ 덴트 ⑧ 스테이크 ⑨ 묘두주 ⑩ 왈상되어 ⑪ 머리어 ⑫ 자랑이자 ⑬ 눈감자 ⑭ 인기 인자 ⑮ 감페이 ⑯ 동인자

가로

1. 노신사 살인 사건을 조사하는 경감의 이름.

2. 어터슨의 친구이자 하이드와 한 몸인 의사의 성과 이름.

3. 선과 악을 분리하고자 했던 지킬이 하이드가 되어 느낀 것. 외부적인 구속이나 무엇에 얽매이지 않고 자기 마음대로 할 수 있는 상태.

4. 래니언은 하이드가 친구인 지킬로 바뀌는 과정을 눈앞에서 지켜봄. 몸의 모양이나 성격 등을 바꿈.

5. 인격적으로 점잖은 무게.

6. 템스강 변에서 하이드에게 살해당한 정치인의 이름.

7. 하이드와 부딪친 소녀를 진료해 준 의사.

8. 지킬이 런던에 정착하기 전에 살았던 곳. 영국을 이루는 네 구성국 중 하나. 잉글랜드, 북아일랜드, 웨일스, ○○○○○.

9. 지킬의 집 마당에 있는 실험실의 뒷문과 연결된 거리 이름. 하이드가 소녀를 밀쳐 다치게 한 곳.

10. 지킬은 '늙은 선원의 노래'라는 시에 등장하는 늙은 선원이 자신과 비슷하다고 함. '늙은 선원의 노래'를 지은 영국의 시인.

11. 물고기의 눈은 구슬같이 보이나 구슬이 아니라는 뜻으로 가짜를 비유적으로 이르는 말.

12. 지킬과 하이드가 하나의 몸으로 충돌하는 상태. 서로 격렬하게 맞부딪침.

13. Jekyll and Hyde가 비유하는 사람의 유형. 겉과 속이 다른 사람을 뜻함.

14. 나이 든 어터슨에게 남은 고객은 옛 친구이거나 ○○○으로 만났다 친구가 된 사람임. 남에게 어떤 일을 맡긴 사람.

15. 어터슨의 직업. 소송 당사자나 관계인의 의뢰나 법원의 명령에 따라 피고나 원고를 변론하고 법률에 관한 업무에 종사하는 사람.

세로

① 하이드가 저지른 살인 사건은 런던을 뒤흔든 충격적인 소식이 됨. 새로운 소식을 뜻하는 외래어.

② 어터슨의 사촌의 성과 이름. 하이드가 소녀를 다치게 한 일을 목격하고 어터슨에게 전한 사람.

③ 지킬이 하이드에 관한 내용을 포함해 다시 작성한 것. 유언의 내용을 적은 문서.

④ 공중에 떠 있는 누각이라는 뜻. 홀연히 나타나 짧은 시간 동안 유지되다 사라지는 아름답고 환상적인 일이나 현상을 말함.

⑤ 살인 사건이 일어난 후, 하이드의 집을 찾아갔을 때 그의 방에 걸려 있던 유명한 미술 작품 중 어터슨이 이름을 언급한 작가. 빛과 어둠의 마술사로 불리는 네덜란드의 화가.

⑥ 하이드가 주문한 술의 종류 때문에 주인과 실랑이를 벌였던 술집. 그로트 앤드 ○○○○.

⑦ 깔끔하고 세련되게 차려입는 패션 용어.

⑧ 고기를 굽거나 튀겨서 익히고 소스를 얹은 서양 요리의 하나. 비프, 립, 티본, 설로인 등의 종류가 있음.

⑨ 무대에서 시대나 인물의 역할을 나타내는 의상을 뜻하는 말. costume.

⑩ 컴퓨터 시스템을 감염시켜 접근을 제한하고 몸값을 요구하는 악성 소프트웨어의 한 종류.

⑪ 일이나 사건을 풀어 나갈 수 있는 계기.

⑫ 호텔이나 음식점에서 개인이 가지고 온 주류를 개봉하거나 잔을 제공하는 대가로 받는 요금.

⑬ 어터슨이 지킬에게 선물한 것. 하이드가 노신사를 살해한 도구로 이용됨.

⑭ 케이트는 템스강 변 정치인 살인 사건의 ○○○. 어떤 일을 눈으로 직접 본 사람.

⑮ 지킬 전에 살았던 집주인의 직업. 수술하여 병, 기형, 손상 등을 치료하는 의사. ↔ 내과 의사.

⑯ 하이드가 술집에서 맨 먼저 주문한 술의 종류. 축배용으로 많이 사용됨.

⑰ 사람을 죽인 사람.

인물 추적도 — 등장인물을 파악해 보아요

헨리 지킬	주인공의 또 다른 모습으로, 자유로움을 만끽하며 거리낌 없이 범죄를 저지르는 인물. 본래 모습보다 왜소하며 흉악한 외모로 시간이 지날수록 악의 본성이 점점 강해짐.
에드워드 하이드	자신이 좋아하는 취미도 절제할 정도로 지기 관리가 뛰어나며, 상대방에게 예의 바른 태도로 대화에 집중하는 변호사. 주인공의 미심쩍은 부분을 눈치챘으나 고객과의 약속을 중요하게 여겨 비밀을 지킴.
가브리엘 존 어터슨	똑똑하고 능력 있는 의사 출신으로 사회적으로 인정받고 싶은 욕망과 쾌락을 즐기고 싶은 욕구 사이에서 갈등함. 인간 내면의 본성과 이성을 분리하는 실험에 성공하여 이중적인 생활을 즐김.
리처드 엔필드	주인공이 약물을 이용하여 또 다른 인격체로 변하는 모습을 직접 지켜본 주인공의 친구. 그 비밀을 지키겠다고 굳게 약속했으나 마음에 심한 갈등을 겪음.
헤이스티 래니언	길거리에서 부딪친 소녀를 살펴보지도 않고 떠나려던 주인공을 붙잡은 계기로 그를 의심하기 시작함. 그가 내민 수표의 서명을 수상하게 여겨 친척인 변호사에게 이야기함.
폴	신망 높은 정치인이었으나 산책길에서 만난 낯선 남자에게 느닷없이 살해당함. 그 사건을 목격한 하녀의 증언과 범인이 두고 간 지팡이를 단서로 하여 수사망을 좁힐 수 있었음.
댄버스 커루	주인공의 집에서 일하는 대표 집사. 성실하게 집안일을 돌보며 주인공을 보필하나 주인공이 이중생활을 하고 있다는 것을 눈치채지는 못함. 주인공의 마지막 모습을 연구실에서 발견함.

해석적 발문 — 다양하게 생각해 보아요

1 작가는 지킬 박사가 사는 집을 사람의 얼굴처럼 묘사합니다. 그의 집은 자못 엄격하고 딱딱한 표정을 짓고 있으며, 아이들의 장난을 정확하게 파악하지 못해 화난 선생님의 얼굴 같다고 합니다. 그러나 겉모습과는 달리 집 안은 꽤 평온한 편이라고 합니다. 여러분은 지킬 박사의 집에 대한 묘사가 이야기에서 어떤 효과를 가진다고 생각하나요?

2 하이드는 길거리에서 부딪힌 소녀를 살펴보지도 않고 바로 자리를 떠나려고 했습니다. 이를 본 엔필드가 하이드를 붙잡았고 의사를 불러와 소녀를 진찰하게 되었습니다. 처음에는 모른 척 지나치려 했던 하이드는 순순히 진찰비를 지불하겠다고 합니다. 처음의 태도와 달리 백 파운드나 되는 큰돈을 선뜻 내겠다고 한 하이드의 진심은 무엇이라고 생각하나요?

3 하이드가 합의금으로 소녀에게 준 수표에는 지킬의 서명이 있었습니다. 이를 보고 엔필드는 지킬이 하이드에게 협박을 받고 있을 것이라고 짐작합니다. 엔필드는 자신의 짐작을 어터슨에게 얘기해 보지만 어터슨은 지킬이 친구이자 고객이기 때문에 비밀을 유지해야 한다고 합니다. 어터슨이 말해 줄 수 없다는 지킬의 비밀은 무엇이라고 생각하나요?

4 하이드는 술집에서 들려오는 온갖 소음을 온몸이 짜릿할 정도로 기분 좋게 듣고 있습니다. 그 소리가 사람들이 자신의 삶을 망가뜨리는 소리라고 생각하기 때문입니다. 하이드는 왜 삶을 망가뜨리는 소리라고 느끼면서 이를 기분 좋게 여기는 것일까요?

5 하이드가 샴페인을 주문하자 술집 주인은 이곳은 그런 술을 팔지 않으며 지체 높은 신사양반들이 오는 곳이 아니라고 비아냥거립니다. 하이드는 주인의 말을 듣고 높은 톤으로 괴이하게 낄낄대며 웃었습니다. 지킬이 하이드로 바뀌고 나서 감정 표현에 더 자유로워지는 이유는 무엇이라고 생각하나요?

6 어터슨은 자신의 고객인 지킬 박사의 유언장을 떠올립니다. 유언장에는 자신의 모든 재산을 하이드에게 물려주겠다는 내용 외에 별도로 추가된 내용이 있었습니다. 지킬 박사는 왜 유언장에 새로운 내용을 추가한 것일까요?

> **추가 내용**
> 지킬이 어느 때건 아무런 해명 없이 석 달 이상 종적을 감추거나 부재할 경우, 지킬이 소유한 모든 재산은 하이드가 상속받는다.
>
> **이유:**

7 어터슨은 하이드를 만나고 나서 하이드가 지킬을 해칠 것 같은 불안에 휩싸였습니다. 하이드가 자신의 신분을 감추지 않고 오히려 당당하게 자기를 노출했기 때문입니다. 여러분은 하이드가 아무렇지도 않게 자신을 노출하는 이유가 무엇이라고 생각하나요?

8 지킬은 어터슨에게 언제든지 하이드를 없앨 수 있다고 했으나 진심이 아니었습니다. 자신은 과학자이고, 과학자는 새 지식을 찾아내는 것이 의무라고 생각하기 때문입니다. 그러나 지금 알고 있는 것을 십 년 전에 알았더라면 하는 아쉬움이 있습니다. 지킬이 십 년 전으로 돌아가고 싶어 하는 이유는 무엇일까요?

9 술집에서 나온 하이드는 길을 비키지 않았다는 이유로 기분 좋게 인사하는 노신사를 해칩니다. 자신 안에 가득 찬 분노 때문에 폭행을 제어할 수가 없었습니다. 여러분은 하이드 안에 가득 찬 분노의 근본적인 원인이 무엇이라고 생각하나요?

10 경찰은 살인 사건의 용의자로 지목된 하이드를 본 적이 있는 사람들을 만납니다. 그런데 그들은 하나같이 악마를 만난 듯한 공포를 느꼈다고만 할 뿐 인상착의를 또렷하게 말하지 못합니다. 사람들은 왜 하이드를 만났으면서도 어떻게 생긴 사람인지 제대로 설명하지 못할까요?

11 어터슨은 사라진 하이드가 지킬에게 남긴 편지를 금고 안에 두었습니다. 지킬이 살인자인 하이드에게 약점을 잡혀 편지를 위조했다고 생각하면서도 경찰에 신고할지 고민에 빠집니다. 여러분은 어터슨이 신고를 망설인 이유가 무엇이라고 생각하나요?

12 방탕한 생활에 빠져 있던 지킬은 새로운 과학 연구에 몰두하면서 과거의 자신을 잊습니다. 그러다가 쾌락을 즐기던 자신이 정말 사라졌는지 의심하곤 합니다. 과거의 일을 잊고 착

실하게 살아가면서도 때때로 지킬이 자신을 의심하는 이유는 무엇이라고 생각하나요?

13 지킬은 자신의 악한 마음과 선한 마음을 분리하기 위한 연구를 하다가 마침내 실험에 성공합니다. 하지만 실험 끝에 하이드로 변하기까지 여러 가지 부작용을 겪었습니다. 여러분은 실험의 부작용이 무엇이라고 생각하나요?

14 하이드는 자신이 지킬로 변하는 모습을 래니언에게 보이고 싶지 않습니다. 그러나 영문을 모르는 래니언은 하이드가 무슨 일을 벌이는지 지켜보려고 합니다. 하이드가 지킬로 변하는 모습을 본 래니언은 어떤 감정이 들었을까요? 〈감정 낱말 모음집〉에서 단어를 한 개 고르고, 그 이유를 말해 보세요.

> 예시) 허무하다
> 지킬이 하이드의 협박을 받는 상황이라고 생각했는데, 하이드와 지킬이 같은 사람이었다니…….
> 자신의 추리가 어긋난 것이 허무하게 느껴질 것 같다.

15 지킬은 하이드로 변할 때 더 젊어지지만 의외로 몸집은 작아집니다. 대부분은 늙을수록 젊을 때보다 몸집이 작아지기 마련입니다. 그런데 왜 하이드로 변할 때는 젊어지면서 더 작아지는 불균형이 일어나는 것일까요?

16 지킬의 비밀을 알게 된 래니언은 두 사람이 살아 있는 동안에는 절대 비밀을 발설하지 않겠다고 약속했습니다. 마음으로는 당장이라도 약속을 깨야 한다고 생각했지만 차마 용기가 나지 않았습니다. 여러분은 래니언이 지킬의 비밀을 발설하지 못하는 이유가 무엇이라고 생각하나요?

17 지킬은 더는 하이드로 변하는 약을 먹지 않겠다고 약속했습니다. 그러나 약을 먹지 않아도 하이드가 아무 때나 지킬의 육체를 뚫고 나오는 지경에 이르렀습니다. 약을 먹지 않아도 하이드로 변한다는 것은 어떤 의미라고 생각하나요?

18 지킬의 죽음을 확인한 어터슨은 놀라우리만치 감정의 동요가 없습니다. 그러면서 죽은 것은 지킬과 하이드가 아니라 지킬을 좋아하고 존경했던 마음이라고 합니다. 여러분은 어터슨의 말에 담긴 의미가 무엇이라고 생각하나요?

| 선택적 발문 | **입장을 정해 보아요** |

1   지킬이 하이드로 변할 때는 외모가 달라집니다. 존경받는 의사 지킬은 잘생기고 키도 크고 멋진 사람으로, 악을 대표하는 인물인 하이드는 흉측하고 키도 작고 못생긴 사람으로 묘사됩니다. 외모가 훌륭하면 선하고, 흉측하면 악할 것이라는 작가의 설정에 대해 여러분은 어떻게 생각하나요?

☐ 공감한다.   ☐ 공감하지 않는다.

이유:

2   커루 경이 살해된 후, 현장에 있던 지팡이를 보고 범인을 짐작한 어터슨은 곧바로 지킬을 찾아갑니다. 그러고 나서 지킬의 집에 하이드가 있는지, 유언장에 터무니없는 조항을 쓰게 한 사람이 하이드인지를 따져 묻습니다. 이에 지킬은 하이드가 떠났으며 유언장을 쓰게 한 사람이 하이드가 맞다고 답합니다. 여러분은 유언장을 작성한 인물이 누구라고 생각하나요?

☐ 지킬   ☐ 하이드

이유:

3   지킬은 어쩔 수 없이 자신이 하이드로 변하게 된 이유와 과정을 래니언에게 털어놓습니다. 그러면서 인간 내면에 가지고 있는 악한 본성을 몰아내고 선한 마음만 가지고 살기를 기대한다고 밝혔습니다. 여러분은 인간의 여러 감정 중에서 선한 마음만 가지고 살기를 기대하는 지킬의 생각에 공감하나요?

☐ 공감한다.   ☐ 공감하지 않는다.

이유:

4 지킬은 하이드로 변했을 때 온몸의 감각마저 달라집니다. 고약한 냄새는 향기롭게 느껴지고, 소음은 노랫소리처럼 들리며, 추악한 모습은 아름답게 보입니다. 심지어 생명이 '악'으로 느껴지기까지 합니다. 여러분은 지킬이 하이드가 되었을 때 그의 위험한 행동을 저지하기 위해 맨 먼저 되돌려야 할 감각은 무엇이라고 생각하나요?

☐ 시각   ☐ 청각   ☐ 후각   ☐ 촉각   ☐ 그 외(   )

이유:

5 어터슨은 지킬의 모습 변화가 본능의 자유로움에 중독된 결과라고 생각합니다. 본능이 원하는 대로 하기 위해 이성과 본능의 분리를 시도했던 것입니다. 반면, 지킬과 하이드로 나누어지는 것을 선과 악의 대비로 해석하는 사람들도 있습니다. 인간의 내면에 공존하는 선과 악의 분리로 보는 것입니다. 여러분은 지킬과 하이드의 상징에 대해 어느 쪽에 더 공감하나요?

☐ 본능과 이성의 대비   ☐ 선과 악의 대비

이유:

6 지킬의 실험실로 들어간 어터슨과 폴은 바닥에 쓰러져 죽어 있는 사내를 발견합니다. 죽은 사내는 하이드의 얼굴에 지킬의 몸을 가졌습니다. 여러분은 죽은 사람이 누구라고 생각하나요?

☐ 지킬   ☐ 하이드   ☐ 그 외(   )

이유:

> **사색적 발문** 생각을 넓혀 보아요

1 어터슨과 엔필드가 자주 산책하던 런던 번화가의 좁은 거리는 성공한 상인들이 외부 장식을 화려하게 해 놓고 더 크게 성공하려는 욕심을 드러내고 있었습니다. 이처럼 잘하고 싶은 마음이나 성공하고 싶은 마음 때문에 무언가를 더 과장한 적이 있으면 이야기해 보세요.

2 어터슨은 자신에게는 엄격하나 남들에게는 더할 나위 없이 자상한 변호사입니다. 포도주를 좋아하면서도 자주 입에 대지는 않았고, 오페라 관람을 좋아하면서도 극장을 자주 찾지는 않았습니다. 그러나 주위에 불행한 사람이 있을 땐 망설임 없이 도와주었고, 모임에서 끝까지 타인의 말에 귀를 기울이는 유일한 사람이기도 합니다. 여러분이 어터슨에게 배워서 자신에게 적용하고 싶은 점이 있다면 소개해 주세요.

3 어터슨은 산책길에 엔필드에게 들었던 말을 떠올려 봅니다. 하이드는 '무서운 눈빛'을 가지고 있고 '상대방의 피를 얼어붙게 만드는 무언가'가 있는 얼굴이라고 합니다. 게다가 왜소한 체격에 냉혹하고 사악한 표정을 짓고 있다고 했습니다. 엔필드가 하이드의 모습을 묘사한 것처럼 여러분도 자신의 모습을 소개해 보세요.

하이드	무서운 눈빛과 상대방의 피를 얼어붙게 만드는 무언가가 있는 얼굴
예시	상대방을 따뜻하게 바라보는 눈빛을 가진 보름달 같은 내 얼굴
나	

4 지킬은 자신의 의식 속에 선한 마음과 악한 마음의 두 가지 본성이 다투고 있다는 것을 깨달았습니다. 여러분도 자신 안에서 양가감정이 갈등하다가 어느 한쪽의 감정이 더 크게 표출된 적이 있었다면 그 상황을 이야기해 보세요.

선한 감정이 더 표출된 경우	악한 감정이 더 표출된 경우

5   래니언은 지킬에게 두 사람 모두 살아 있는 동안에는 그의 비밀을 발설하지 않겠다고 약속했습니다. 당장에라도 약속을 깨고 싶었으나 용기가 나지 않아 결국 자신이 죽은 뒤에 다른 사람들이 볼 수 있도록 글을 남기기로 했습니다. 만약 여러분이라면 어떤 방법으로 진실을 알리겠습니까?

6   지킬은 낮과 밤이 다른 생활을 하는 삶이 점점 부담스러워졌습니다. 낮에는 착실하고 신뢰받는 의사이지만, 밤에는 거리와 술집을 떠도는 방종한 청년이었습니다. 그래서 내면에 존재하는 이중성을 선과 악으로 분리하게 되었습니다. 책 속 내용을 참고하여 밝을 때와 어두울 때 두드러지는 여러분의 모습을 한 문장으로 표현해 보세요.

구분	지킬 & 하이드	나
낮	지킬-착실하고 신뢰받는 의사	
밤	하이드-쾌락을 추구하는 방탕아	

7   죽음을 앞둔 래니언은 지킬과 하이드의 진실을 알리는 편지를 써서 어터슨에게 보냈습니다. 그러나 자신이 죽기 전까지는 열어 보지 말라고 당부했고, 어터슨은 래니언의 뜻에 따라 편지를 금고에 넣어 둡니다. 만약 여러분이라면 래니언의 편지를 어떻게 하겠습니까?

8   어터슨은 지킬에게 일어난 불행을 보며, 누구라도 자신이 원하는 것만을 하면서 살 수는 없다고 생각합니다. 여러분이 원하는 일과 해야만 하는 일을 구분하여 정리해 보세요.

원하는 일	해야만 하는 일

9   어터슨은 지킬의 죽음 이후 지킬이 마지막으로 남긴 편지를 읽고는 불태워 버립니다. 지킬의 마지막 편지에는 어떤 내용이 들어 있었을지 상상해 보세요.

10 '지킬 박사와 하이드'라는 말은 이중생활의 대명사로 굳어졌고, 다양한 문화 매체에서 재사용되면서 이제는 집단 무의식에 자리한 하나의 개념이 되었습니다. 책을 다 읽은 여러분은 앞으로 어떤 사람이나 상황을 두고 '지킬 박사와 하이드'로 표현할 것 같나요?

11 『지킬 박사와 하이드 씨』는 외부적인 요인으로 무서움을 다루었던 이전의 소설과는 달리 처음으로 인간의 내면에서 무서움을 찾은 소설입니다. 여러분이 이 책에서 느낀 내면의 공포 또는 무서움은 어떤 것이었나요?

12 하이드를 만났던 사람들은 그의 분위기가 두려웠다고만 할 뿐 정확하게 얼굴을 표현하지 못합니다. 여러분이 하이드의 얼굴을 글로 묘사해 보세요.

13 술집에서 나온 하이드는 우연히 마주친 노신사에게 지팡이를 휘두르고 폭행하여 결국 죽이고 맙니다. 우리 사회에서도 하이드가 저지른 범죄와 비슷한 '묻지 마 폭행' 사건들이 종종 일어납니다. 여러분이 알고 있는 '묻지 마 폭행'을 찾아보고 그 사건의 원인과 결과를 분석해 봅시다.

사건	
원인	
결과	

북돋움 활동 1

1 『지킬 박사와 하이드 씨』는 로버트 루이스 스티븐슨의 대표작입니다. 작품이 쓰인 배경과 작가를 조사해 보세요.

작품 배경	
작가 조사	1. 2. 3.

2 '고전'이란 오랫동안 많은 사람에게 널리 읽히고 모범이 될 만한 문학이나 예술 작품을 일컫는 말입니다. 이 작품이 쓰였던 당시와 오늘날은 차이가 있지만 『지킬 박사와 하이드 씨』가 시대를 넘어 오늘날에도 의미 있는 작품으로 꼽히는 이유는 무엇일까요?

북돋움 활동 2

지킬은 자신의 실험실에서 하이드의 얼굴과 지킬의 몸을 한 채 숨을 거둡니다. 만약 죽기 전에 지킬을 체포하여 법정에 세웠다면 그에게 어떤 판결을 할 것인지 모의재판을 열어 봅시다. 우선 모둠별로 어떤 점을 들어 지킬을 재판할 것인지에 대한 사건 개요를 정합니다. 각자 역할을 선택하고 그 역할에 적합한 주장 글을 작성합니다. 그다음에는 모의재판을 열어 서로의 주장을 들으며 〈모의재판 기록지〉를 정리해 보세요.

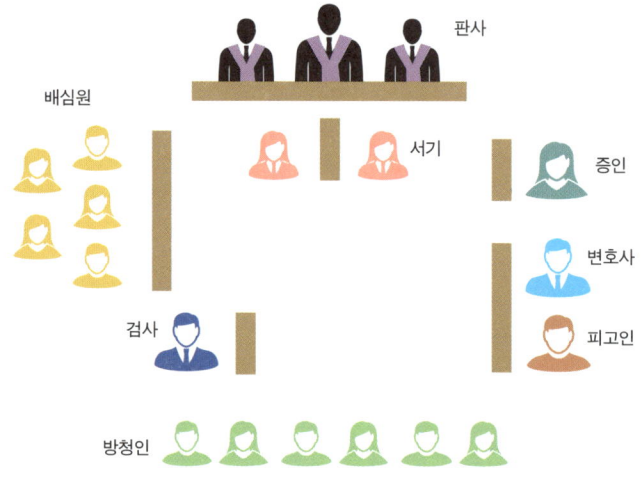

검사 공소 제기	검사는 범죄 사실을 수사하고 공소를 제기하여 판결의 집행을 감시하는 일을 합니다. 지킬에게 어떠한 죄가 있는지 상세하고 논리적으로 따져 적절한 형량을 구형하세요.
변호사 변론	변호사는 피고인의 무죄를 주장하거나 형벌이 적어질 수 있도록 변호해 줍니다. 지킬의 사정을 모두 살펴보아 지킬을 위해 가능한 모든 주장을 펼쳐 보세요.
피고인 변론	피고인은 형사 소송에서 공소가 제기된 사람으로 변호사의 도움을 받아 무죄를 적극적으로 주장합니다.
배심원 의견 및 판결	검사와 변호사 양측의 주장을 꼼꼼하게 정리하여 이를 근거로 내린 자신의 판결을 다른 학생들에게 읽어 주세요. 단순히 유죄 또는 무죄 판결만 하는 역할에서 벗어나는 것이 좋습니다.
판사의 최종 판결	판사는 재판을 진행하며 변호사와 검사의 논쟁, 변호사와 피고의 진술을 듣고 논리적으로 판단합니다. 그리고 사건 증거 등 재판에 관련된 자료를 검토하고 법률에 근거하여 판결합니다.

모의재판 기록지	
참석자: 판사, 검사, 변호사, 피고인, 배심원	
사건 개요	
검사 공소 제기	
변호사 변론	
검사 반론	
변호사 반론	
피고인 변론	
배심원 의견 및 판결	
최종 판결	

에필로그

『지킬 박사와 하이드 씨』는 선과 악, 이중적인 인간성에 관한 대표작으로 알려져 있습니다. 주요 등장인물인 '지킬과 하이드 Jekyll and Hyde'는 '이중인격자'라는 영어 관용어로 굳어졌을 정도입니다. 그래서인지 수업 참여자 대부분은 이 책을 읽기도 전에 결말과 주제를 모두 알고 있다고 했습니다. 그러나 실제 책 읽기와 토론을 하자 학생들은 색다른 해석을 내놓았습니다.

첫 번째 해석으로, 지킬과 하이드가 선과 악의 대비로 나누어지는 것이 아니라 지킬이 자신의 욕망을 남들 모르게 분출하기 위해 하이드를 만들었다는 것입니다. 사회적으로 성공하고 존경받는 한 인간이 욕망을 절제하지 못하고 본능이 원하는 대로 살고자 했던 이기심을 기발하게 찾아낸 것이지요.

두 번째는, 지킬이 하이드로 바뀔 때 함께 변하는 외모에 관한 지적입니다. 존경받는 의사 지킬은 잘생기고 키도 크고 멋진 사람으로, 악을 대표하는 인물인 하이드는 흉측하고 키도 작고 못생긴 사람으로 묘사됩니다. 이것은 외모가 훌륭하면 선하고, 못생겼으면 악할 것이라는 인간에 대한 전형적인 편견이라고 했습니다. 사실 저도 학생들과 토론하기 전까지 지킬과 하이드의 외모를 묘사하는 부분이 문제가 있다는 걸 인식하지 못했습니다. 당연한 건 아니지만 으레 그러려니 하고 넘어갔던 것 같습니다. 읽는 우리가 문제의식을 깨닫지 못하면 알아채기 어려운 부분입니다.

세 번째 색다른 해석은, 지킬의 완벽주의 성격이 하이드를 만들어 낸 이유이며, 이것은 지극히 개인적인 문제라는 것입니다. 그동안 『지킬 박사와 하이드 씨』는 당시 영국 사회를 비판한 작품으로 자주 소개되었습니다. 작품이 발표되었던 빅토리아 시대는 영국 역사상 가장 화려한 시대고 산업 혁명으로 경제 성장을 이루었지만, 사회적 예절과 도덕의 기준이 지나치게 높았습니다. 그래서 본능적인 욕망조차 죄악시하고 부정했기 때문에 사람들은 가식적으로 변했고 사회적 가면을 두껍게 쓰게 됐습니다. 이 부분만 강조되었던 것에 대해 아이들은 지킬의 개인적인 책임까지 생각한 것입니다.

들어 본 것과 실제로 읽어 본 것은 이렇게 차이가 큽니다. 거기에다가 토론까지 곁들이면 생각까지 공유할 수 있으니 금상첨화이지요. 다만, 『지킬 박사와 하이드 씨』는 출판사별로 내용이 제법 달랐습니다. 독서 토론은 글의 뉘앙스에 따라 다른 의견이 나올 수 있는데, 뉘앙스가 아니라 내용 자체가 달라지면 토론하는 데 어려움이 생깁니다. 그러므로 『지킬 박사와 하이드 씨』는 반드시 같은 출판사의 책을 읽고 토론하기를 권합니다.

②

실패가 두려워
시작을 미루는 너에게

『노인과 바다』

노인과 바다

어니스트 헤밍웨이

#고독 #집념 #꿈 #실패 #가능성 #성취

오늘의 처방

- ☑ 인간은 무한한 가능성을 가진 존재입니다.
- ☑ 오늘의 실패는 내일을 위한 준비 과정일 수도 있습니다.

책 속으로

지극히 단순한 이야기 구조 안에 인간의 집념과 불굴의 의지를 담아냈습니다. 84일 동안이나 물고기를 잡지 못한 노인에게 보상이라도 주는 듯 그의 낚싯줄에 엄청나게 큰 물고기가 걸립니다. 천신만고 끝에 물고기를 잡았지만, 피 냄새를 맡은 상어의 공격을 받습니다. 노인은 다시 상어와 사투를 벌이고 결국 항구에 도착했을 때는 물고기의 앙상한 뼈만 남았습니다. 물고기를 잡았다고도 잡지 못했다고도 할 수 없는 상황이지만 노인은 '인간은 파멸할 수는 있어도 패배하지는 않는다.'는 혼잣말을 스스로 지켜 낸 것이었습니다.

낱말 퍼즐 — 내용을 떠올려 보아요

	1 문	① 경	지	교			2 ②		③	
④				3		⑤				
4			⑥		5					
				6					⑦	
	7 ⑧		⑨				⑩			
			8			9				
10 ⑪										
		11				12 ⑫				
	⑬			⑭						
13	⑮	⑯		14				⑰ 덴		
		15					16	투		
							17 소			

정답

가로: 1. 문경지교 2. 시든 파뿌리 3. 은둔 4. 망원단체에 5. 쌍용어리 6. 광주리 7. 아리리가 8. 사자 9. 추기등은 10. 사나이 11. 다음아 12. 쇠이끼 13. 피오 14. 디지사오 15. 무리미 16. 사돈 17. 소성

세로: ① 경남대 ② 사드이고 ③ 무오리 ④ 문득 ⑤ 숫양국 ⑥ 동중체 ⑦ 해치지 ⑧ 대공동화 ⑨ 시인음경가 ⑩ 끄기었어 ⑪ 사간은 ⑫ 자도인 ⑬ 호르 ⑭ 아쿠 ⑮ 머디트 ⑯ 미쉴 지켜드 ⑰ 덴투소

가로

1. 노인과 소년은 세대를 초월한 친구 사이 같음. 친한 사이를 뜻하는 사자성어. ≒관포지교, 문경지우.

2. 스페인어로 브리사. 시원하고 부드럽게 부는 바람. ≒무역풍.

3. 바다로 나간 노인은 이것을 보고 육지와 거리를 짐작함. 등에 켠 불. ≒등대.

4. 노인이 낚싯줄에 걸린 거대 물고기를 상대로 사투를 벌인 바다 한가운데. 한없이 넓고 큰 바다를 뜻하는 사자성어.

5. 노인이 잡은 물고기를 공격한 첫 번째 상어의 종류. 몸빛이 짙은 푸른색이고 성질이 사나운 것이 특징.

6. 운동 경기나 공연을 관람하는 사람.

7. 노인이 소년 시절에 갔던 곳. 아시아 대륙에 이어 두 번째로 큰 대륙.

8. 노인의 꿈에 자주 등장하는 동물.

9. 신앙심이 깊지 않은 노인이 물고기를 잡게 해 주면 열 번이라도 외우겠다고 한 것. 예수가 제자들에게 직접 가르쳐 준 기도문.

10. 노인은 젊고 혈기 왕성할 때 덩치 큰 흑인과 밤새도록 팔씨름을 함. 한창때의 젊고 씩씩한 남자.

11. 소년이 미끼로 사용하라고 노인에게 준 물고기.

12. 단행본으로 출간되기 전에 『노인과 바다』가 처음 실렸던 잡지.

13. 전작이 비평가와 독자의 냉대를 받자, 헤밍웨이는 ○○○○하여 『노인과 바다』를 발표함. 몹시 분하여 이를 갈며 속을 썩인다는 뜻의 사자성어.

14. 노인이 힘들 때마다 떠올리는 메이저리그의 야구 선수 이름. 56경기 연속 안타를 기록함.

15. 물고기 배 속에 들어 있는 공기주머니.

16. 노인이 물고기를 노리는 상어와 죽을힘을 다해 싸우는 것.

17. 물고기가 상하지 않게 절이는 짠맛이 나는 백색의 결정체.

세로

① 배를 타고 나간 노인이 돌아오지 않자 해안○○○가 바다를 수색함.

② 주인공 노인의 이름.

③ 미끼를 끼워 물고기를 잡는 낚싯대 끝에 있는 뾰족한 쇠. 낚싯○○.

④ 소년은 유능한 어부가 될 가능성이 있음. 어떤 분야에서 발전 가망성이 큰 사람. ≒샛별.

⑤ 물고기를 잡아 돌아가는 노인 앞에 나타난 상어처럼 청하지 않았는데도 방문한 손님이라는 뜻.

⑥ 노인은 바다거북이 이것을 잡아먹는 모습을 보는 것을 좋아함. 아구아 말라(나쁜 물)로 불리며, 촉수의 독이 피부에 닿으면 두드러기와 발진이 생김.

⑦ 대중을 대상으로 생산되고 소비되는 문화.

⑧ 쿠바의 수도.

⑨ 노인은 젊었을 때 이곳의 한 술집에서 몸집이 큰 흑인과 팔씨름을 했음. '하얀 집'이라는 뜻을 지닌 모로코의 항구 도시.

⑩ 낚시나 그물로 물고기를 잡는 것.

⑪ 노인이 물고기를 잡아서 집으로 돌아오는 데 걸린 시간. 3일을 뜻하는 순우리말.

⑫ 노인이 미국 프로야구에 관한 소식을 듣는 매체. 전파를 이용하여 수신기를 가진 청취자에게 뉴스와 오락 및 교양 프로그램 등을 방송하는 통신 활동.

⑬ 노인의 직업. 물고기 잡는 일을 직업으로 하는 사람.

⑭ 바다를 좋아하는 사람들이 스페인어의 여성형 '라'를 붙여 바다를 부르는 말. ↔엘 마르.

⑮ 큰 물고기와 혈투를 벌이다 손에 상처를 입은 노인은 멕시코만의 바닷물이 세상에서 가장 훌륭한 ○○○이라고 함. 병이나 상처를 다스려 잘 낫게 해 주는 약.

⑯ 소년은 노인을 대신해 미끼 고기를 준비하고 커피도 사 옴. 남이 시키는 일이나 부탁받은 일을 함.

⑰ 큰 이빨을 가진 사나운 상어를 말하는 스페인어.

| 인물 추적도 | 등장인물을 파악해 보아요 |

헤밍웨이 •   • 84일 동안 고기를 잡지 못했으나 다음 날 또 바다로 나가서 결국에는 커다란 청새치를 잡는 데 성공한 집념의 노인. 끊임없이 혼잣말로 물고기와 대화하며 자신의 감정을 드러내기도 함. 고기잡이 중간중간에 사자가 나오는 꿈을 자주 꿈.

산티아고 •   • 소년이 노인을 보살피는 데 필요한 음식을 나눠 주는 이웃 사람. 마을 카페 주인으로 이야기에 뚜렷하게 등장하지는 않으나 노인에게 친절하다고 언급됨.

마놀린 •   • 제1차 세계 대전 때 종군한 경험을 바탕으로 현실과 용감하게 싸우다 패배하는 인간의 모습을 간결하고 힘찬 문체로 표현한 미국의 소설가. 대표작으로 『무기여 잘 있거라』, 『누구를 위하여 종은 울리나』 등이 있으며, 『노인과 바다』로 노벨 문학상을 받음.

마르틴 •   • 노인이 힘들 때마다 떠올린 미국의 프로 야구 선수. 베이브 루스의 뒤를 이은 뉴욕 양키스의 레전드 타자이자 1930~40년대 미국 대중문화의 상징적인 인물. 이후, 부상을 당했을 때도 딛고 일어나서 뛰어난 활약을 펼쳤고 1936년에 본격적으로 메이저리그에 데뷔함.

디마지오 •   • 노인에게 고기잡이를 배우고 함께 다녔던 소년. 노인이 배를 타러 가기 전에 노인을 위해 미끼에 쓸 정어리와 음식을 구해 오고, 노인이 돌아왔을 때 잠든 노인의 손의 상처를 보고 안타깝게 울면서 보살핌.

해석적 발문: 다양하게 생각해 보아요

1 노인과 함께 오두막에 도착한 소년은 노인에게 먹을 것이 있는지, 투망을 가져가도 되는지 묻습니다. 노인은 밥과 생선 요리가 있으며, 투망을 가져가도 된다고 대답합니다. 사실 먹을 것과 투망이 없는데도 노인과 소년은 이런 대화를 매일 되풀이합니다. 여러분은 두 사람이 같은 대화를 반복하는 이유가 무엇이라고 생각하나요?

2 소년은 유능한 어부가 더러 있어도 최고의 어부는 노인뿐이라고 합니다. 84일째 물고기를 한 마리도 잡지 못하고 있는데도 왜 노인을 '최고의 어부'라고 표현했을까요?

3 줄을 해류에 맡겨 늘어지게 하는 다른 어부와 달리, 노인은 원하는 깊이에 정확히 위치할 수 있도록 낚싯줄을 팽팽하게 내렸습니다. 기회가 왔을 때 놓치지 않으려는 노인의 성격이 드러나는 모습입니다. 다음 중에서 노인의 성격을 가장 잘 드러내는 단어를 선택하고 그 이유를 정리해 보세요.

섬세하다	전문적이다	깐깐하다	치밀하다
답답하다	고지식하다	용의주도하다	까다롭다
엄밀하다	엉성하다	정확하다	정밀하다
우직하다	어리석다	꼼꼼하다	면밀하다

4 84일째 고기를 잡지 못했으나 노인은 다음 날 또 바다로 나갑니다. 그러면서 오늘은 꼭 잡아야 한다고 마음을 다잡습니다. 계속해서 고기가 잡히지 않는데도 불구하고 노인이 고기잡이를 포기하지 않는 이유가 무엇이라고 생각하나요?

5 혼자 바다에 나간 노인은 줄곧 소년을 생각합니다. 고기잡이를 하는 순간에도, 물고기와 대치하여 사투를 벌이는 순간에도 소년이 함께 있었으면 좋겠다는 마음이 듭니다. 노인에게 소년은 어떤 의미라고 생각하나요?

6 노인은 물고기가 갑자기 수면 위로 뛰어오르는 것은 자신이 얼마나 큰지 보여 주기 위해서라고 생각합니다. 그러나 물고기에게는 수면 위로 뛰어오른 다른 이유가 있었을지도 모릅

니다. 물고기 전지적 시점에서 그 이유를 생각해 보세요.

7 바다 한가운데서 낚싯줄에 걸린 물고기와 여러 날 대치하고 있는 노인은 점점 현기증을 느낍니다. 게다가 손에는 마비 증상이 있고 어깨에 멘 줄로 인해 고통스럽기까지 합니다. 극한의 상황에서도 노인이 물고기와의 싸움을 포기하지 않는 이유가 무엇이라고 생각하나요?

8 노인은 자신의 배보다 더 큰 물고기를 잡았다는 것이 믿기지 않았습니다. 천신만고 끝에 잡은 물고기를 보며 노인이 느꼈을 감정은 무엇일지 〈감정 낱말 모음집〉에서 단어를 한 가지 고르고, 그 이유를 말해 보세요.

9 노인은 자신이 잡은 물고기를 향해 달려드는 상어를 죽인 후 죄책감에 혼잣말을 늘어놓습니다. 그러면서 물고기를 잡는 일은 자신을 살게 하지만 동시에 죽이기도 한다고 합니다. 노인에게 두 가지 마음이 함께 드는 이유는 무엇일까요?

10 거대한 물고기를 잡은 노인의 주위로 청상아리가 쫓아옵니다. 노인은 좋은 일은 오래가지 못하는 법이라며 낙담합니다. 이와 같은 상황을 사자성어로 '호사다마(好事多魔)'라고 표현할 수 있습니다. 호사다마의 뜻을 찾아 보고, 노인의 상황을 빗대어 풀이해 보세요.

호사다마 (好事多魔)	사전적 의미	
	노인의 상황 해석	

11 노인은 자신이 잡은 물고기에게 달려드는 상어 떼와 끈질긴 싸움을 이어 갑니다. 그러면서 "인간은 파멸할 수는 있어도 패배하지는 않는다."라고 말합니다. 여러분은 노인의 말에 담긴 의미가 무엇이라고 생각하나요?

12 거대한 물고기를 잡았다는 기쁨도 잠시, 피 냄새를 맡은 상어들과 싸움이 시작되었습니다. 공격하는 상어들을 차례차례 해치울 때마다 무기로 사용했던 낚시 도구의 손실이 점점 늘어납니다. 게다가 처음에 온전한 모양이었던 청새치는 노인이 상어와 싸우는 동안 그 크기가 점점 줄어들어 결국에는 뼈만 남게 되었습니다. 그 과정을 되짚어 보고 다음 표를 완성해 보세요.

잡은 청새치 크기	공격하는 상어	노인이 손실한 전투력
온전한 모양 ↓	-	-
20kg 감소	청상아리	작살, 줄 잃음
	길라노싱이, 삽날고싱이	칼날 부러짐
반쪽짜리 크기	갈라노상어 떼	
뼈만 남음	-	-

13 상어의 습격으로 물고기가 뜯겨 나가자 노인은 배가 가벼워졌다고 합니다. 그리고 다친 손에서 피를 흘렸으니 쥐가 나지 않게 되었다고도 합니다. 언제나 위기와 고난의 순간을 긍정과 희망으로 바꿔 표현하는 노인에게도 부족한 점이 있습니다. 다음 고기잡이 준비를 위해 채워야 할 노인의 태도나 자세는 어떤 것일까요?

14 노인은 광활한 바다에서 기나긴 싸움을 마치고 항구로 돌아왔습니다. 노인이 물고기들과 싸운 장면을 두 개의 라운드로 구분하여 각각의 의미를 정리해 봅시다.

구분	싸움의 대상	결과	의미
1라운드	거대한 물고기(청새치)		
2라운드	상어 떼		

15 결국 노인은 뼈만 남은 거대한 물고기와 함께 항구로 돌아왔습니다. 소년은 기진맥진한 채 누워 버린 노인을 보고 울음을 터뜨리며 지극정성으로 보살핍니다. 이웃에게 노인을 깨우지 말라고 여러 번 알리고는 기력을 회복할 만한 음식도 구해 옵니다. 게다가 앞으로는 노인과 같이 고기를 잡으러 다니며 배울 것이라고 말합니다. 소년에게 노인은 어떤 의미일까요?

16 『노인과 바다』에는 '사자'가 자주 등장합니다. 노인은 고기잡이 중간중간 사자 꿈을 꾸었으며, 청새치와 사투를 벌여 지쳐 있을 때도 사자 꿈을 꾸고 싶어 합니다. 그리고 이야기는 노인이 사자 꿈을 꾸는 것으로 마무리됩니다. 『노인과 바다』에서 '사자'가 의미하는 것은 무엇일까요?

선택적 발문 — 입장을 정해 보아요

1 노인은 언제나 바다를 '라 마르(la mar)'라고 생각했습니다. 라 마르는 바다를 좋아하는 사람들이 스페인어의 여성형 '라(la)'를 붙여 바다를 부르는 말입니다. 바다가 늘 한결같이 혜택을 주고, 달이 여성에게 영향을 끼치듯 바다에 영향을 준다고 생각하기 때문입니다. 그러나 몇몇 젊은 어부들은 남성형 '엘(el)'을 붙여 바다를 '엘 마르(el mar)'라고 부르기도 했습니다. 그들은 바다를 경쟁 상대 또는 싸워야 하는 곳, 심지어 적으로 생각하기도 합니다. 만약 여러분이 노인이 사는 시대에 함께 살았다면 바다를 어떤 이름으로 부르고 싶은가요?

☐ 라 마르(la mar)   ☐ 엘 마르(el mar)

이유:

2 고기를 잡는 동안 노인은 큰 소리로 혼잣말을 합니다. 혼잣말하는 습관이 언제부터 생겼는지 기억나지 않지만, 소년이 배를 떠나고 난 뒤부터일 것으로 짐작합니다. 노인이 혼잣말을 계속하는 것에는 다양한 이유가 있을 것입니다. 그중에서 여러분이 가장 공감이 되는 이유를 선택하여 설명해 보세요.

☐ 외로움을 달래기 위해서   ☐ 소년이 그리워서   ☐ 세상과 소통하는 방법으로
☐ 적막함이 두려워서   ☐ 그 외 (   )

설명:

3 노인은 정오 무렵에 미끼를 문 물고기와 밤이 되도록 실랑이를 벌이고 있습니다. 배는 점점 항구에서 멀어져 가고 밤은 깊어 갑니다. 게다가 소년이 옆에 있었더라면 결판을 지었을

것 같은 아쉬움도 있습니다. 만약 여러분이 노인의 입장이라면 이런 상황에서 어떤 결정을 내리겠습니까?

☐ 날이 새더라도 물고기를 낚을 때까지 버틴다.
☐ 날이 새기 전에 물고기를 놓아주고 항구로 돌아간다.
☐ 그 외 (   )

이유:

4 노인은 물고기와 대치하면서 마음속으로 갈등을 겪습니다. 품질 좋은 낚시 도구를 먼저 아낄지, 물고기를 잡는 일을 우선으로 할지 고민하는 노인에게 전할 응원의 말을 골라 보세요.

☐ 품질 좋은 낚시 도구를 우선 챙기고, 다음에 다시 도전하세요.
☐ 낚시 도구를 망가뜨리더라도 이 물고기를 꼭 잡으세요.
☐ 그 외 (   )

이유:

5 오랫동안 물고기를 잡지 못해 어부로서의 생명을 잃어 가던 노인은 끈질기게 버틴 덕분에 결국 엄청나게 큰 물고기를 잡았습니다. 그러나 뜻하지 않은 상어의 습격으로 물고기의 뼈만 가지고 돌아옵니다. 이 결말은 물고기를 잡았다고도 잡지 못했다고도 할 수 없습니다. 여러분은 노인이 어부로서 성공했다고 생각하나요?

☐ 그렇다.   ☐ 그렇지 않다.

이유:

> **사색적 발문** 생각을 넓혀 보아요

1 40일이 지나도록 물고기를 잡지 못하자 소년의 부모는 노인을 '살라오'라고 부르며 소년을 다른 배로 보냈습니다. '살라오'란 지독히도 운이 없다는 뜻입니다. 여러분도 노인처럼 살라오를 경험한 적이 있다면 이야기해 주세요.

2 노인은 자신이 잡은 물고기에게 미안함을 느낄 정도로 감성적이면서도 지치지 않는 체력과 끈기가 있는 사람입니다. 만약 노인에게 어부 외의 다른 직업을 추천해 준다면 어떤 직업이 어울릴까요?

3 낚싯줄에 걸린 물고기와 대치 중인 노인은 제대로 잠을 자지 못했습니다. 한 손으로 낚싯줄을 붙잡고 있느라 끼니도 겨우 때웠습니다. 낚싯줄을 잡은 손은 저려서 펴지지도 않고 쓸려서 피도 나는 상황입니다. 심지어 끼니 해결을 위해 잡은 생선은 보관하기 어려워 배가 고플 때마다 작은 물고기를 따로 잡아야 합니다. 이런 열악한 상황에 놓인 노인에게 한 가지 선물을 할 수 있다면 여러분은 무엇을 주고 싶나요?

4 고기를 잡으러 바다 멀리까지 나온 노인은 새삼스레 자신이 외톨이가 되었다고 깨닫습니다. 여러분도 노인처럼 망망대해에 혼자 있는 기분을 느낀 적이 있다면 언제였는지 이야기해 보세요.

5 고기를 잡지 못한 지 85일 만에, 드디어 노인의 낚싯줄에 청새치가 걸렸습니다. 그러나 만만치 않은 청새치와의 싸움에 지친 노인은 이것만 잡는다면 주기도문을 열 번이라도 외겠다고 말합니다. 혹시 여러분도 뜻대로 되지 않는 일을 겪으며 스스로 다짐이나 기약했던 일이 있나요?

> 예시) 이번 시험을 잘 보면 앞으로는 복습을 미루지 않겠어.

6 노인은 작은 항구 카사블랑카의 술집에서 팔씨름하던 때를 떠올립니다. 부둣가에서 가장 힘이 세고 덩치가 큰 흑인을 이겼던 그때의 기억은 노인에게 새로운 기운을 줍니다. 여러분도 노인의 기억처럼 어려운 상황에서도 포기하지 않고 이겨 내어 스스로 자랑스럽게 여기는 일이 있다면 소개해 주세요.

7 노인은 오른손을 고정하여 큰 물고기를 견제하고, 왼손으로는 작은 낚싯줄로 끼니로 사용할 물고기를 잡습니다. 이런 노인의 모습은 궁극적인 목표를 이루기 위해 작은 목표들을 하나씩 처리하는 것을 보여 줍니다. 여러분이 이루고 싶은 큰 목표와 그것을 위해 해결해 가는 작은 목표들을 정리해 보세요.

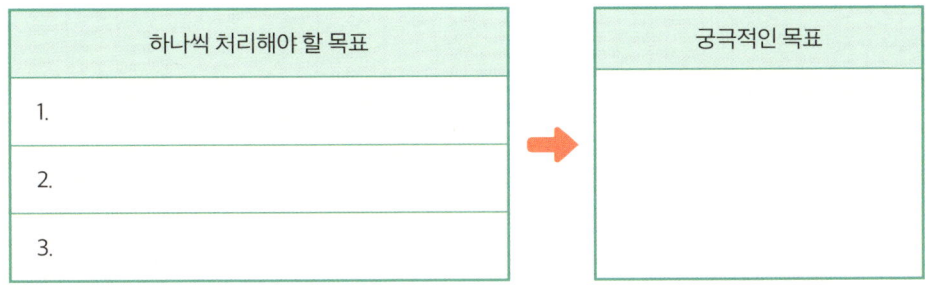

8 물고기와의 싸움에 지쳐 가면서도 노인은 여전히 긍정적입니다. 달이나 해, 별을 죽이지 않아도 된다는 것만으로도 다행이라고 생각할뿐더러 하다못해 낚싯줄에 걸린 물고기를 친구라고 생각합니다. 객관적으로 보아 노인의 성격 중에 본받을 점과 비판할 점을 구분하여 보세요.

본받을 점	비판할 점

9 노인은 큰 물고기와 사투를 벌이는 중에 발뒤꿈치 부상으로 고생하는 뉴욕 양키스의 디마지오 선수를 떠올립니다. 디마지오가 자신보다 더 힘든 상황에서도 선수 생활을 하고 있다고 생각하면 위로가 되기 때문입니다. 여러분도 힘든 상황에 놓였을 때 힘을 얻기 위해 떠올리는 인물이 있다면 소개해 주세요.

10 고된 사투 끝에 청새치를 잡은 노인은 그것을 팔아 돈을 벌 생각으로 기대에 찹니다. 만약 여러분이 노인이라면 청새치를 팔아 번 돈으로 맨 먼저 무엇을 하고 싶나요?

11   노인에게 고기잡이는 자신을 살아가게도, 죽이기도 하는 것이라고 합니다. 이처럼 여러분에게도 기쁘게 하는 동시에 슬프게도 하는 것이 있다면 소개해 주세요.

12   노인이 물고기를 죽이는 것은 오직 먹고살기 위해서만이 아니고 어부의 긍지를 위해서라고 합니다. 여러분도 당연히 해야 하는 일을 하면서도 자신의 긍지를 내세우는 일이 있나요?

> **예시)** 학생으로서 수학 숙제를 당연히 해야 하는데, 누가 시키지 않았어도 특별히 색깔 펜으로 그래프를 그리면서 정리했다.

13   힘들게 물고기를 잡은 노인에게 또 다른 시련이 닥칩니다. 바로 물고기의 피 냄새를 맡고 나타난 상어입니다. 그러나 노인은 상어와의 싸움에서도 포기하지 않습니다. 인간은 패배하라고 태어난 게 아니라는 노인의 말을 여러분의 다짐으로 바꾸어 보세요.

> **인간은 파멸할 수는 있어도 패배하지는 않아.**
> ⇨ 나는 (   )할 수는 있어도 (   )하지는 않아.

14   상어의 공격을 받는 노인은 이제 기도할 힘조차 없을 정도로 지쳤습니다. 행운을 파는 곳이 있다면 물고기의 반쪽을 내어주고 나머지 반쪽만이라도 가져갈 수 있는 행운을 사고 싶다고 합니다. 만약 여러분이 행운을 살 수 있다면 가진 것 중에서 무엇을 주고, 어떤 행운을 사고 싶나요?

15   노인과 대치하던 물고기가 드디어 모습을 드러냈습니다. 배의 아래쪽으로 시커먼 그림자가 지나가는 시간이 오래 걸릴 정도로, 도무지 물고기라고는 믿을 수 없을 만큼 컸습니다. 그러나 상어의 습격을 받은 노인이 항구에 가져온 물고기는 앙상한 뼈만 남았습니다. 만약 여러분이 노인이라면 이 상황을 소년에게 어떻게 설명하겠습니까?

16   노인은 숱한 위험한 상황에서 혼잣말로 자신을 위로하고 격려합니다. 노인이 한 혼잣말 중에서 가장 마음에 드는 한 문장을 골라 보세요.

북돋움 활동 1

1 『노인과 바다』는 미국 현대 문학의 개척자라 불리는 어니스트 헤밍웨이의 대표작입니다. 작품이 쓰인 배경과 작가를 조사해 보세요.

작품 배경	
작가 조사	1.
	2.
	3.

2 '고전'이란 오랫동안 많은 사람에게 널리 읽히고 모범이 될 만한 문학이나 예술 작품을 일컫는 말입니다. 이 작품이 쓰였던 당시와 오늘날은 차이가 있지만 『노인과 바다』가 시대를 넘어 오늘날에도 의미 있는 작품으로 꼽히는 이유는 무엇일까요?

북돋움 활동 2

노인은 믿을 수 없을 정도로 큰 물고기를 잡았지만 돌아오는 길에 상어의 습격을 받았습니다. 항구로 돌아왔을 때 물고기는 앙상한 뼈만 남았습니다. 이를 본 주민들과 여행객은 그 크기에 놀라고, 물고기를 상어로 착각해 꼬리가 아름답고 멋지다고 감탄합니다. 여러분이 주민이나 여행객이 되어 자신의 SNS에 소개해 보세요.

예시

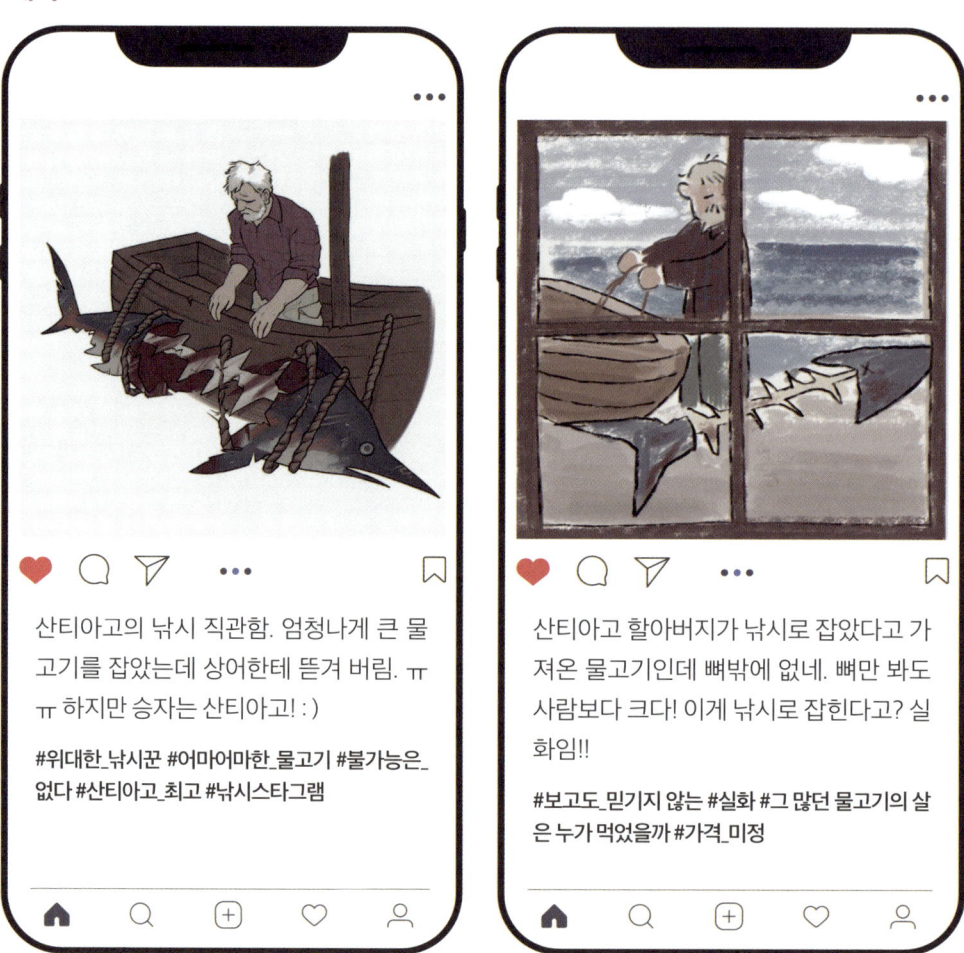

다른 배에서 고기 잡던 동료 어부

근처 가게에서 일하던 점원

SNS 활동지

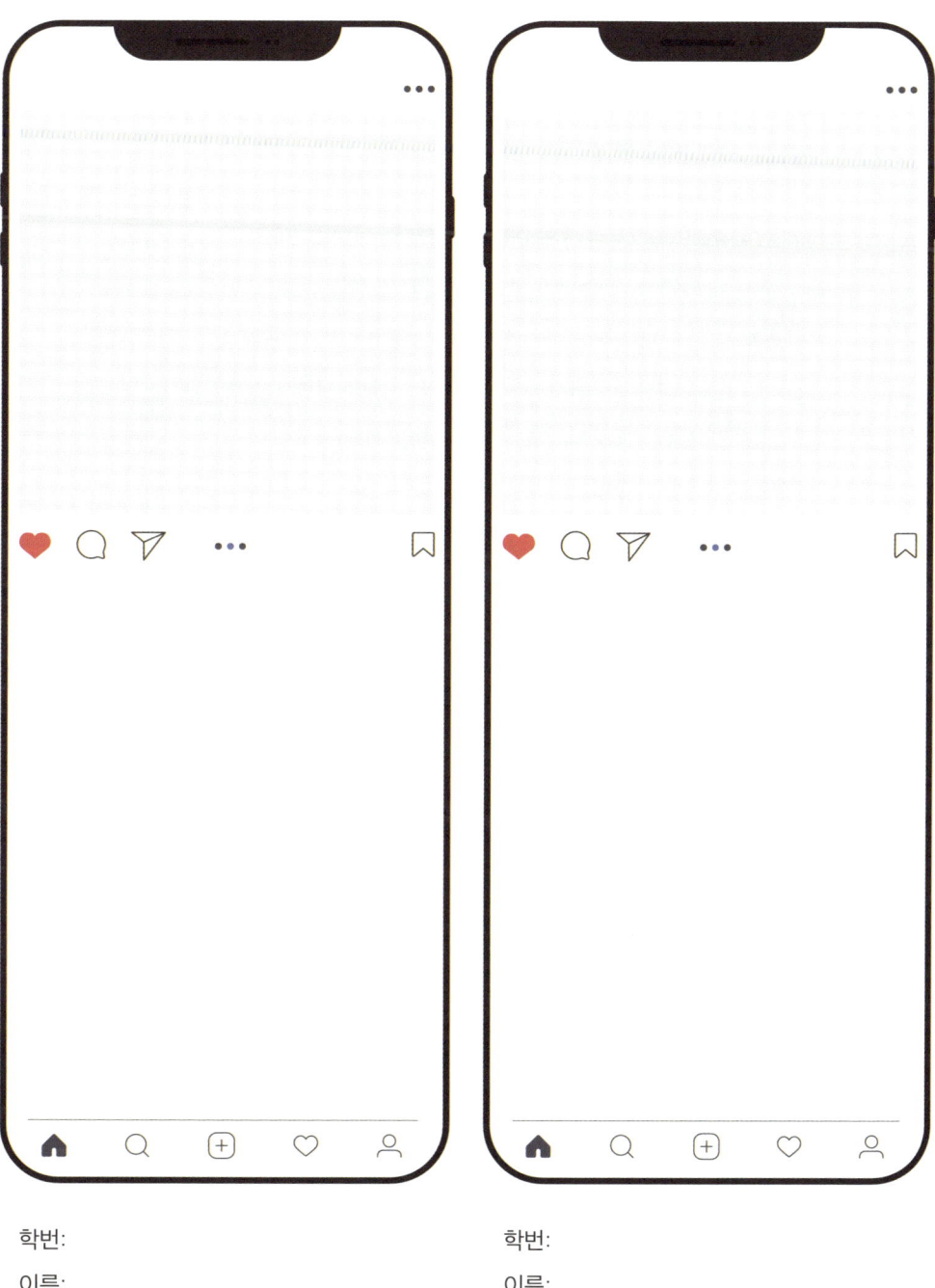

학번:

이름:

학번:

이름:

에필로그

한 학기 동안 『노인과 바다』를 필사하고 토론하자는 말에 학생들은 생각만 해도 지루하다고 격하게 답했습니다. 물론 『노인과 바다』는 지루하리만큼 단순한 내용일 수 있습니다. 그런데 이 소설이 1952년 〈라이프〉 잡지에 실렸을 때 이틀 만에 5백만 부가 팔렸다고 합니다. 이 단순한 이야기에 사람들은 왜 그렇게 열광했을까요? 다양한 이유가 있겠지만 그중에 하나는 상황을 글로 장황하게 설명하지 않고, 그림책처럼 여백을 독자의 몫으로 남겨 두기 때문이 아닐까 싶습니다.

기자로도 일했던 헤밍웨이는 친구가 겪은 일을 소설로 쓰면서 주인공 이름에 기독교적인 의미를 담았습니다. 이미 지루할 것이라는 편견을 가진 학생들에게 이름에 담긴 의미를 들려주며 호기심을 자극해 보았습니다.

"산티아고Santiago는 영어식으로 표현하면 세인트 제임스St. James야. 예수의 12사도 중 한 명인 성 야곱의 스페인식 이름이고, 마태복음 4장을 보면 야곱도 어부였다는 것을 알 수 있어."

여기까지 이야기했는데 한 학생이 "어? 선생님, 산티아고 티 입으신 거예요?"라며 제 옷을 가리켰습니다. 평소에 줄무늬를 좋아해서 산 티셔츠인데 왼쪽 팔에 산티아고의 영어식 이름이 붙어 있는 줄은 몰랐습니다. 나중에 안 사실이지만 이 브랜드가 처음에 어부들과 선원의 작업복으로 시작해서 다양한 색의 줄무늬 티셔츠로 유명해졌다고 합니다. 학생들은 『노인과 바다』가 우리 생활에 영향을 미칠 줄은 몰랐다며 호들갑을 떨었습니다. 그 덕분에 함께 수업한 학생들 사이에서 줄무늬는 산티아고를 뜻하는 표현이 되었습니다.

작품의 뒷이야기를 들려주었더니 학생들이 『노인과 바다』에 조금은 애정이 생긴 모양입니다. 이 소설을 세 번째 읽었다는 학생은 '중학교 때는 이 책을 1.25배속으로 읽었는데, 필사하면서는 0.5배속으로 읽게 됐다. 지루해서 대충 읽고 넘겼던 부분을 필사하면서 제대로 이해하게 됐고, 이제는 노인이 왜 고기를 잡는지 조금은 알 것 같다.'는 소감을 전했습니다. 필사하자는 말에 강하게 거부감을 보였던 학생도 '책을 읽었을 때까지만 해도 노인이 융통성 없는 답답한 사람이라고 생각했지만 필사하고 토론하면서 생각이 바뀌었다. 노인이 84일 동안 허탕 치고도, 다음 날 또 고기를 잡으러 가는 이유는 그 상황에서 하루하루 자신이 할 수 있는 일을 한 것이라는 생각이 들었다. 그리고 이제는 노인이 혼잣말하는 마음도 알 것 같다.'고 했습니다.

한 학기 동안 『노인과 바다』를 필사한 학생들은 긴 시간 물고기를 잡지 못한 노인의 마음을 헤아려 보기도 하고, 망망대해에서 청새치와 사투를 벌이며 혼잣말하는 마음에도 가닿아 보았습니다. 헤밍웨이의 간결하고 절제된 문장을 제대로 느끼고 싶다면 원서로 읽어 보길 권합니다.

3

예쁜 것이 좋고
예뻐지고 싶은 너에게

『도리언 그레이의 초상』

도리언 그레이의 초상

오스카 와일드

#외모고민 #아름다움 #행복 #젊음 #진정한가치

오늘의 처방

- ☑ 나이 듦은 자연스러운 것이며 지혜로워지는 것입니다.
- ☑ 진정한 아름다움은 내면을 가꾸는 것입니다.

책 속으로

도리언은 자신의 출중한 외모를 격찬하면서 그 아름다움이 눈 깜짝할 사이에 사라지고 말 거라는 헨리의 말을 듣고 크게 동요합니다. 그 뒤 도리언은 바질이 그려 준 초상화를 보며 그림 속 자신이 대신 늙어 간다면 영혼이라도 바치겠다고 생각합니다. 이때부터 도리언의 초상화에서 신비한 현상이 일어납니다. 도리언 자신의 젊음과 아름다움은 그대로였으나 초상화가 흉측한 모습으로 변하기 시작한 것입니다. 배신과 살인 등 악행을 저지르는 도리언의 죗값은 초상화가 짊어진 듯 보였지만 도리언의 삶 또한 행복하지는 않습니다.

낱말 퍼즐 — 내용을 떠올려 보아요

(퍼즐 격자: 일부 칸에 글자 표시)
- 5⑦ 타
- 개
- 책
- 13⑯ 카
- 논

가로
1. 골다공 2. 코미오 옹심이 3. 기억 4. 틀 5. 스타카토 6. 제임스 7. 드리오 그레임 8. 홍성훈
9. 롤아가지 10. 신형 11. 쓸롬리아 12. 공자서 13. 가거라 14. 인터리 15. 지배계 16. 강재질

세로
① 앉이 ② 드리잉 ③ 글푸린 ④ 쿨개표 ⑤ 진들 ⑥ 숙자 ⑦ 타가계 ⑧ 체계지 ⑨ 에이드리안
⑩ 도쥘이 ⑪ 파이어니드 ⑫ 타르트 ⑬ 균형률 ⑭ 율당 ⑮ 오페라 ⑯ 시고계 ⑰ 방지 ⑱ 국수 ⑲ 배유

2부 고전 수업, 시작합니다

가로

1. 먼 거리를 보는 데는 적합하지 않으나 통이 짧고 휴대하기 편리해 연극이나 오페라 등을 자세히 보는 데 편리한 도구. 오페라○○○.
2. 도리언이 시빌 베인의 연기를 처음 본 작품. 셰익스피어가 쓴 비극적인 사랑 이야기의 두 주인공 이름. ○○○와 ○○○.
3. 기업과 같은 조직에서 문제 해결이나 의사 결정에서 핵심적인 역할을 하는 사람. 열쇠를 쥔 사람.
4. 비밀이나 잘못된 일이 드러남.
5. 바질이 헨리와 도리언에게 화실로 들어오라는 신호를 경쾌하게 보낸 방법. 악보에서 한 음 한 음씩 또렷하게 끊는 듯이 연주하는 기법.
6. 시빌 베인의 남동생. ○○○ 베인.
7. 아름다운 외모를 가진 이 책의 남자 주인공 이름.
8. 바질이 도리언을 그린 것. 사람의 얼굴이나 모습을 그린 그림.
9. 켈소 경은 도리언의 ○○○○. 아버지의 아버지를 이르는 말.
10. 시빌 베인의 남동생 직업. 배 안에서 임금을 받고 일하는 사람.
11. 도리언은 시빌 베인이 자신의 모든 연애의 여주인공들이 되어 준다고 함. 그때 언급한 희곡 『햄릿』에 등장하는 햄릿 왕자의 연인.
12. 관심을 끄는 일. ≒interest.
13. 사막이나 초원 등지에서 낙타나 말에 상품을 싣고 떼를 지어 먼 곳으로 다니며 장사하는 상인이나 그 무리.
14. 경기나 경연에 참여하는 사람들 또는 그들의 명단. entry.
15. 시빌이 공연하는 극장의 영업에 관한 모든 업무를 처리하는 권한을 가진 최고 책임자. 유대인 ○○○.
16. 어떤 물질의 구조와 성질이 바뀔 때 변화가 일어나는 시점.

세로

① 바질은 도리언의 외모를 극찬함. 훌륭한 것이나 위대한 것 등을 기리어 칭송함.
② 헨리의 숙부 퍼머 경이 지지하는 정당. 영국에서 17세기 후반에 생긴 보수 정당.
③ 헨리의 사촌 누이.
④ 바질은 도리언에게 그의 ○○○에 대해 해명하라고 함. 매우 충격적이고 부도덕한 사건 또는 불명예스러운 평판이나 소문.
⑤ 남녀 사이의 달콤한 사랑 이야기. 또는 연애 사건.
⑥ 이 책의 저자. ○○○ 와일드.
⑦ 바질을 죽인 도리언은 화학자 앨런에게 도움을 청함. 어려움이나 고난을 해결하여 길을 열어 나갈 방책.
⑧ 공작 부인의 오빠이며, 몰이꾼을 토끼로 착각해 총을 쏜 사람.
⑨ 도리언이 아편굴에서 만난 옛 친구.
⑩ 헨리의 부추김은 도리언이 타락하는 계기가 됨. 폭약이 터지도록 불을 붙이는 심지를 뜻함.
⑪ 피아노 연주를 직업으로 하는 사람.
⑫ 처음에 세운 뜻을 끝까지 밀고 나감을 뜻하는 사자성어. 初志一貫.
⑬ 도리언은 자신을 그린 바질을 미워함. 못마땅하게 여겨 불만을 품고 미워하는 마음.
⑭ 도리언이 시빌의 사망 소식을 듣고도 헨리와 그의 누이와 함께 공연을 보았던 곳. ○○○ 극장.
⑮ 상류 계층 사람들의 교제를 목적으로 이루어지는 사회를 뜻하는 말.
⑯ 이상적인 인체의 비례. 엄격한 모방의 원칙에 의한 대위법 음악 형식 및 작곡 기법. 가장 대표적인 예로 돌림 노래. canon.
⑰ 하인들이 비명을 듣고 초상화가 있는 방에 갔을 때 추악한 외모의 사내가 누워 있는 것을 봄. 손가락에 낀 이것을 보고 그가 도리언인 것을 앎.
⑱ 도리언은 바질을 죽임. 사람을 죽이는 것.
⑲ 시빌 베인의 직업.

| 인물 추적도 | 등장인물을 파악해 보아요 |

도리언 그레이 • • 주인공의 초상화를 그린 화가. 자신의 모든 예술혼을 담은 그 초상화를 타인에게 공개하기 꺼려 주인공에게 그림을 넘김. 훗날 초상화가 변한 것을 보게 되었으나 주인공에 의해 살해당함. 그의 시신은 주인공의 친구인 화학자에 의해 처리됨.

바질 홀워드 • • 초상화를 그린 화가의 친구. 초상화의 모델이 되는 것을 지루해하는 주인공에게 젊음과 미모에 대한 찬양을 들려준 탐미주의자. 그 후에 주인공과 어울리며 역설적인 풍자와 위트가 담긴 이야기를 들려주어 주인공의 타락에 일조함.

헨리 워튼 • • 완벽한 미모를 가진 청년. 탐미주의자의 말을 듣고 초상화가 대신 나이를 먹어 자신은 영원히 젊음을 유지하길 바람. 애인의 공연에 실망하여 이별을 고한 후 그녀가 자살하자 원인을 제공했다는 죄책감을 느낌. 그때부터 초상화가 변한다는 것을 알게 됨. 원하던 대로 영원한 젊음을 얻게 되자 초상화에 양심을 떠넘기고 점차 타락하게 됨.

시빌 베인 • • 주인공이 후반부에 만난 시골의 순박한 아가씨. 주인공이 자신은 사악한 사람이라고 얘기하자 그런 얼굴이 아니라며 믿지 않음. 주인공이 자신의 악행을 후회하게 만든 여자.

제임스 베인 • • 주인공이 천재로 인정했던 여배우. 그녀의 완벽한 연기에 반한 주인공이 청혼까지 했는데, 사랑에 빠진 그녀는 사랑을 연기하는 것을 주인공에 대한 모욕으로 여겨 연기가 형편없어짐. 이에 실망한 주인공이 결별을 요구하자 충격을 받아 자살함.

헤티 머튼 • • 주인공과 행복한 상상에 빠진 누나에게 정신 차리라고 일갈을 날린 여배우의 남동생. 선원 생활에서 돌아왔을 때 누나가 자살한 것을 알고는 주인공에게 복수할 기회를 노림. 그러나 세월이 지났어도 외모가 변하지 않는 주인공을 알아보지 못해 기회를 놓친 후 사냥터에서 오발 사격을 당해 허무하게 죽음.

해석적 발문 | 다양하게 생각해 보아요

1 바질은 에그뉴기 엄청난 가격을 부른 풍경화를 자신의 걸작 중 하나라고 여깁니다. 그 풍경화를 그리는 동안 도리언이 함께 있어 주었기 때문입니다. 여러분은 도리언이 바질에게 어떤 영향을 주었다고 생각하나요?

2 바질은 친구인 헨리에게 도리언을 보여 주고 싶지 않습니다. 어쩔 수 없이 소개할 상황이 되자, 도리언은 자신이 가장 소중하게 여기는 사람이니 도리언에게 어떤 영향도 끼치지 말고 망가뜨려서는 안 된다고 신신당부합니다. 이로 보아 바질은 헨리를 어떤 사람으로 생각하나요?

3 도리언은 바질의 집에서 만난 헨리에게 큰 호기심을 느꼈고 그와 나눈 대화도 즐거웠습니다. 헨리의 우아한 손짓과 나지막이 말하는 목소리에 압도되어 내면의 비밀스러운 감정을 들킨 것 같기도 했습니다. 도리언이 헨리에게 느낀 감정은 무엇이었을지 〈감정 낱말 모음집〉에서 단어를 한 개 고르고, 그 이유를 말해 보세요.

4 도리언은 지금껏 자신이 아름답다고 느낀 적이 없었기 때문에 바질과 주변 사람들의 숱한 찬사도 그냥 웃어넘겼습니다. 그런데 자신의 아름다움을 격찬하면서도 그 아름다움이 눈 깜짝할 사이에 사라지고 말 거라는 헨리의 말에는 크게 동요합니다. 여러분은 그 이유가 무엇이라고 생각하나요?

5 도리언은 시빌을 만나 사랑에 빠졌으나 사랑하기에도 벅차 결혼을 할 것 같지는 않다고 했습니다. 그런데 헨리에게 시빌에 대해 털어놓은 날 결혼을 약속했다는 전보를 보냅니다. 도리언의 마음이 금방 바뀐 이유는 무엇일까요?

6 헨리는 예술가와 그 작품에 대해 자신만의 시각이 있습니다. 아름다운 작품을 만든 예술가는 그 작품에 아름다움을 다 쏟았기에 실제로는 형편없는 사람이고, 이류 작품을 만든 예술가는 그 힘이 남아 있어 예술적 아름다움을 자기 생활로 보여 주는 매력적인 사람이라고 합니다. 여러분은 예술가와 그의 작품이 어느 정도 연관이 있다고 생각하나요?

0	10	20	30	40	50	60	70	80	90	100

이유:

7 헨리는 인간이 행복할 때는 언제나 선하지만, 선하다고 해서 반드시 행복하지는 않다고 합니다. 그리고 선하다는 것은 인간 스스로 조화를 이룰 때 나타난다고 합니다. 헨리의 말에 담긴 의미는 무엇이라고 생각하나요?

8 도리언의 결혼 소식을 들은 바질은 설명할 수 없는 상실감을 느꼈습니다. 그들 사이에 삶이란 것이 끼어들어 도리언이 자신을 예전같이 대해 주지 않을 것 같습니다. 바질이 표현한 바질과 도리언 사이의 '삶'은 어떤 의미일까요?

9 시빌의 엄마는 이름도 모르는 낯선 남자와 사랑에 빠졌다는 딸을 걱정하며 신중하게 결정하라고 합니다. 그러나 시빌의 동생인 제임스가 그 낯선 남자를 경계하자, 오히려 낯선 남자를 두둔하는 태도를 보입니다. 왜 시빌의 엄마는 시빌과 제임스에게 낯선 남자인 도리언의 평가를 달리하는 것일까요?

10 형편없는 연기를 펼친 시빌을 냉정하게 뿌리치고 집으로 돌아온 도리언은 자신의 초상화에서 이상한 점을 발견합니다. 잔인한 표정이 느껴지는 초상화 속 얼굴이 마치 거울 속 자신을 보는 것 같았습니다. 여러분은 도리언의 초상화가 변한 이유가 무엇이라고 생각하나요?

11 헨리에게서 시빌이 죽었다는 소식을 들은 도리언은 정원에 양귀비 씨앗을 뿌려야겠다고 합니다. 양귀비의 꽃말을 참고하여 도리언이 왜 양귀비를 선택했는지 의미를 부여해 보세요.

	꽃말	주황색(덧없는 사랑, 약한 사랑), 자주색(허영, 사치), 붉은색(위로, 몽상), 흰색(잠, 망각)
	의미	

12   도리언의 집을 방문한 바질은 자신이 그린 초상화가 가려져 있는 것을 보았습니다. 바질이 그 초상화를 보여 달라고 하자 도리언은 거절합니다. 도리언은 왜 초상화가 변한 것을 바질에게 솔직하게 말하지 않는 것일까요?

13   도리언은 신문을 훑어보다 붉은색 연필로 표시된 부분이 기사를 보았습니다. 그러고는 헨리가 이런 기사를 자신에게 보낸 것과 유독 그 부분을 붉은색으로 표시한 것을 불쾌하게 여겼습니다. 시빌의 검시 결과가 실린 기사를 붉은색으로 표시해서 보낸 헨리의 의도는 무엇일까?

여배우에 관한 수사 진행

오늘 오전 혹스턴 거리의 벨 테이번에서 지역 검시관 댄비의 주도하에, 홀번의 로열 극단과 최근 계약을 맺은 젊은 여배우 시빌 베인의 사체 검시가 이루어졌다. 검시 결과 사인은 사고로 밝혀졌다. 사체 부검을 맡은 바렐 박사의 증언을 듣고 또 직접 사건 경위를 진술하는 동안 큰 충격을 받은 고인의 어머니에게 심심한 조의를 표하는 바다.

14   초상화의 모습이 변한다는 사실을 알게 된 도리언은 누구도 초상화를 보지 못하게 단속합니다. 그러나 어느 날 밤, 우연히 바질을 만나 집으로 함께 와서는 그에게 초상화를 보여 줍니다. 여러분은 도리언의 마음이 바뀐 이유가 무엇이라고 생각하나요?

15   바질에게 흉측하게 변한 초상화를 보여 준 도리언은 주체할 수 없는 증오심이 끓어올랐고, 그 순간 책장 위 칼을 집어 들어 바질을 여러 차례 찔렀습니다. 도리언이 바질을 이토록 잔인한 방법으로 죽일 만큼 증오심을 가진 원인은 무엇일까요?

16   바질에게 초상화를 보여 준 도리언은 걷잡을 수 없이 미운 마음이 들어 바질을 죽이고 맙니다. 그러고는 이 모든 것을 해결하는 방법은 이것을 현실이 아니라고 생각하는 것이라고 합니다. 젊고 아름다운 청년이었던 도리언이 바질을 죽이게 되기까지의 삶에는 다양한 순간이 있습니다. 여러분이 생각하는 도리언의 인생에서 터닝 포인트와 티핑 포인트를 정리해 보세요.

터닝 포인트(turning point) 어떤 상황이 다른 방향이나 상태로 바뀌게 되는 계기	티핑 포인트(tipping point) 예상하지 못한 일이 한꺼번에 몰아닥치는 극적인 변화의 순간

17 바질을 살해한 도리언은 그 사실을 숨기기 위해 앨런에게 협박까지 해 가며 도움을 청했습니다. 왜 도리언은 평소에 자신을 지지해 주던 헨리에게는 도움을 청하지 않았을까요?

18 도리언은 복잡한 심경에서 벗어나기 위해 음습한 아편굴을 찾아갑니다. 망각을 위해 필요한 곳이라고 합리화하며 사흘만 지나면 자유롭게 될 것이라고 합니다. 도리언에게 '사흘'은 어떤 의미일까요?

19 헨리는 사촌 누이 글래디스가 도리언에게 호감을 보이자 매력적인 사람이니 조심하라고 합니다. 그동안 도리언에게 호감을 표현했던 헨리가 사촌 누이에게 부정적으로 말한 이유는 무엇일까요?

20 도리언은 시빌의 동생인 제임스를 만난 후부터 죽음의 공포에 시달립니다. 시빌을 죽음에 이르게 하고 바질을 살해하고는 막상 자신이 죽음의 위협에 맞닥뜨리자 두려워하는 것입니다. 다음은 이러한 도리언의 상태를 드러내는 사자성어들입니다. 하나를 골라 그 뜻을 알아보고, 도리언과 연결하여 해석해 보세요.

전전긍긍, 노심초사, 자승자박, 좌불안석, 결자해지, 인과응보, 사필귀정, 자가당착

예시) 자업자득: 자기가 저지른 일의 결과를 스스로 돌려받는다는 뜻. 도리언이 주변 사람들에게 저지른 살인의 공포를 자신이 돌려받게 되었다.

21 도리언은 스스로 착해지면 초상화도 변할 거라는 기대로 나름대로 선행을 베풉니다. 그러나 초상화는 변하기는커녕 오히려 더 흉측해졌습니다. 도리언의 초상화가 더 흉물스럽게 변하고 있는 이유는 무엇일까요?

22 도리언은 자신을 파멸시킨 것이 미모와 젊음이었다고 생각합니다. 그러나 그것은 스스로 원했던 것이었습니다. 여러분은 이 외에 도리언을 파괴한 것에는 어떤 것들이 있다고 생각하나요?

선택적 발문 | 입장을 정해 보아요

1 헨리, 바질과 함께 시빌이 출연하는 연극을 보러 간 도리언은 형편없는 시빌의 연기에 실망합니다. 그러나 시빌은 현실에서 도리언을 사랑하게 되었기 때문에 연극 속의 것들은 공허하고 거짓된 것이 되었다고 합니다. 예술성을 잃어버린 시빌을 사랑할 수 없다는 도리언과, 도리언을 사랑하게 되었기 때문에 제대로 연기를 할 수 없게 되었다는 시빌, 여러분은 누구에게 공감하나요?

☐ 도리언에게 공감한다.   ☐ 시빌에게 공감한다.
☐ 누구도 공감하지 않는다.   ☐ 둘 다 공감한다.
이유:

2 초상화가 변하기 시작하고부터 도리언은 죄의식에서 멀어집니다. 자신이 초상화를 그린 것도 아니니 그것이 추하고 혐오스럽더라도 상관없다고까지 생각합니다. 여러분은 초상화를 그린 바질과 초상화의 당사자인 도리언 중에서 초상화의 변화를 책임져야 하는 사람이 누구라고 생각하나요?

☐ 초상화를 그린 바질   ☐ 초상화의 당사자인 도리언   ☐ 그 외
이유:

3 헨리가 보낸 노란 책을 읽은 후, 도리언은 그 책의 영향에서 벗어나지 못했습니다. 오히려 벗어나려 애쓰지 않고 감각을 숭배하는 일에 집착하기 시작합니다. 향수를 제조하고, 기묘한 음악에 심취하고, 보석이나 자수를 수집하며, 심지어는 교회 예식과 관련된 물건과 의복을 탐하기도 합니다. 그가 이러한 행동을 일삼은 것은 오로지 '잊기 위해서'라고 합니다. 초상화가 압박하는 공포를 잊기 위해 더 기묘한 일을 이어 가는 도리언의 행동에 대해 어떻게 생각하나요?

☐ 공감한다.   ☐ 공감하지 않는다.

이유:

4 타락해 가는 자신의 영혼이 초상화에 드러나면서부터 현실의 도리언은 언제나 아름다움을 유지하게 되었습니다. 그래서 많은 사람은 자신들이 꿈꿔 왔던 전형적인 인물을 도리언으로 생각할 정도였습니다. 만약 여러분이 도리언처럼 영혼을 담는 초상화의 주인공이 된다면 초상화를 갖고 싶은가요?

☐ 초상화를 가질 것이다.   ☐ 초상화를 가지지 않을 것이다.

이유:

5 2013년에 개봉한 영화 〈도리안 그레이〉에서는 도리언과 사랑에 빠진 딸을 떼어 놓기 위해 헨리가 도리언의 비밀을 밝혀내고, 도리언이 스스로 죽음을 택하는 것으로 각색했습니다. 그리고 헨리는 친구도 가족도 모두 잃는 것으로 영화는 끝이 납니다. 여러분은 원작과 영화의 결말 중에서 어느 쪽에 더 공감하나요?

☐ 원작의 결말   ☐ 영화의 결말

이유:

6 『도리언 그레이의 초상』을 쓴 작가 오스카 와일드는 중심인물에 대해 이렇게 말했다고 합니다. "도리언 그레이는 내가 되고 싶었던 존재이며, 헨리 워튼 경은 사람들이 생각하는 나 자신의 모습이고, 바질 홀워드는 실제 나의 모습이다." 여러분은 세 인물 중 누구에게 가장 공감이 되는지 한 사람을 선택하고 그 이유를 들려주세요.

☐ 도리언 그레이   ☐ 헨리 워튼   ☐ 바질 홀워드

이유:

사색적 발문: 생각을 넓혀 보아요

1 헨리는 바질의 그림을 걸작으로 칭송하며 전시하라고 합니다. 그러나 바질은 그림 속에 자신을 투영했기 때문에 어디에도 내놓지 않을 것이라고 합니다. 예술가들은 자기 작품에 자신을 투영하는 일이 많습니다. 여러분은 어떤 일에서 자신을 가장 많이 드러낸다고 생각하나요?

2 시빌이 도리언을 사랑하는 이유는 도리언이 사랑 그 자체라고 느끼기 때문입니다. 그리고 초라한 자신을 도리언이 당당하게 만들어 준다고 합니다. 이처럼 사랑하는 사람들에게서 보이는 긍정적인 변화에는 어떤 것이 있나요?

3 시빌은 도리언의 이름조차 알지 못하면서도 그를 사랑하는 감정으로 마음이 설렙니다. 그런 딸에게 어머니는 신중하게 결정하라고 타이르기도 하고, 그를 조사해 보라고도 합니다. 만약 여러분이 시빌의 친한 친구라면 어떤 조언을 하고 싶은가요?

4 시빌의 남동생인 제임스는 배를 타고 호주로 떠나려고 합니다. 떠나기 전에, 어느 날 밤 우연히 엿들었던 말에 관해 어머니에게 물어보려고 했지만 차마 그러지 못합니다. 궁금함을 느끼면서도 제임스가 여러 달 동안 가슴에만 품고 있었던 이야기는 어떤 내용일까요?

5 도리언은 헨리와 바질이 시빌의 연기를 보고 자신처럼 경탄할 것으로 기대했습니다. 그러나 형편없는 시빌의 연기 때문에 뜻하지 않은 상황을 맞게 되었고 화가 난 나머지 이별을 선언합니다. 만약 도리언이 혼자 시빌의 연기를 보러 갔다면 뒷이야기는 어떻게 달라졌을까요?

6 헨리는 기존 질서에 반하는 자신만의 확고한 철학을 가지고 있습니다. 그것은 이웃 사람들이 나에게 이익이 될 거라는 믿음 때문에 그들에게 관대할 수 있다는 것입니다. 예를 들어, 계좌 잔액보다 더 많이 출금할 수 있을까 하는 기대로 은행원을 칭찬하고, 내 주머니만은 건드리지 않길 바라는 마음 때문에 노상강도에게서 장점을 찾는다고 합니다. 여러분도 헨리처럼 자신만의 생각으로 하는 행동이 있다면 소개해 주세요.

7 도리언과 헨리가 살았던 시대의 모습은 오늘날과 다릅니다. 시빌의 죽음을 알리고 도리언을 위로하기 위해 찾아온 헨리는 "책을 너무 많이 읽어서 바보가 되고, 너무 많이 생각해서 바보가 되는 시대에 살고 있다."라는 말을 합니다. 헨리의 말을 여러분의 모습이 담긴 문장으

로 새로 만들어 보세요.

> 책을 너무 많이 읽어서 바보가 되고, 너무 많이 생각해서 바보가 되는 시대에 살고 있다.
> → _____을 너무 많이 _____서 바보가 되고,
>   너무 많이 _____해서 바보가 되는 시대에 살고 있다.

8 헨리로부터 시빌의 죽음을 전해 들은 도리언은 자신이 시빌을 죽인 것이라고 자책합니다. 그러나 헨리는 특유의 능글거림과 뛰어난 말솜씨로 도리언의 마음을 바꾸어 놓습니다. 시빌의 죽음은 도리언의 탓이 아니라 그녀의 마지막 역할이었다고 말입니다. 만약 헨리가 아니라 바질이 소식을 전했다면 도리언의 마음이나 행동은 어떻게 달라졌을까요?

9 도리언은 미세하게 변한 초상화가 타락한 자신의 모습을 보여 주는 상징이라고 생각합니다. 그래서 초상화를 보기가 두려워 천으로 덮어 둡니다. 만약 여러분에게 자기 잘못을 깨닫게 하는 장치가 있다면 그것을 어떻게 처리하겠습니까?

10 바질은 시빌이 죽었다는 소식을 듣고 걱정스러운 마음에 도리언을 찾아왔습니다. 그러나 도리언은 시빌의 죽음이 이 시대의 가장 '낭만적인 비극'이라고 덤덤하게 표현합니다. 도리언은 어울리지 않는 두 단어를 조합해 자신만의 느낌을 표현했습니다. 여러분도 어울리지 않는 두 단어를 선택하여 새로운 뜻을 만들어 보세요.

> **예시)** 가난한 재벌: 물질적으로는 부유하나 마음이 가난한 사람.
>   따뜻한 아이스크림: 우울할 때 내 마음을 따뜻하게 만들어 주는 간식.

11 우리는 다른 사람의 말과 행동을 통해 그 사람을 파악합니다. 마음은 눈에 보이지 않기에 가식적인 행동을 한다 해도 본심을 알아차리기는 힘듭니다. 그런데 책 속의 도리언은 '가식은 각자의 개성을 돋보이게 하는 하나의 방법'이라고 했습니다. 도리언의 말처럼 '가식'을 좋은 면에서 생각해 보고, 삶에서 가식이 필요한 때를 이야기해 보세요.

12 바질은 모습이 변한 도리언의 초상화를 보고 악마의 눈이라고 표현했습니다. 그러자 도리언은 누구나 마음속에 천국과 지옥을 함께 갖고 있으며, 변한 초상화는 영혼의 얼굴이라고 합니다. 여러분이 만약 초상화를 그린다면 어떤 감정이 가장 잘 드러나게 표현하고 싶나요?

13 바질의 시체를 처리해 달라는 도리언의 부탁을 거절하던 앨런은 도리언이 써 준 쪽지를 본 후 생각을 바꿉니다. 도리언이 쓴 쪽지에는 어떤 내용이 담겨 있었을까요?

14 바질을 살해하고 해결 방법을 고심하던 도리언은 편지를 두 통 썼습니다. 한 통은 옛 친구 앨런에게 보내고, 한 통은 자신의 주머니에 넣었습니다. 주머니에 넣은 편지는 누구에게 보낼 어떤 내용의 편지라고 생각하나요?

15 예술에 관한 헨리의 의견은 지극히 주관적입니다. 그가 생각하는 예술은 '행동에 아무런 영향을 미치지 않으며 가장 영향력이 없는 것'이라고 합니다. 그렇지만 헨리의 말과 달리 예술은 인간의 삶 곳곳에 영향을 미치고 있습니다. 여러분이 헨리와 카톡으로 대화를 한다면 어떻게 반박하겠습니까?

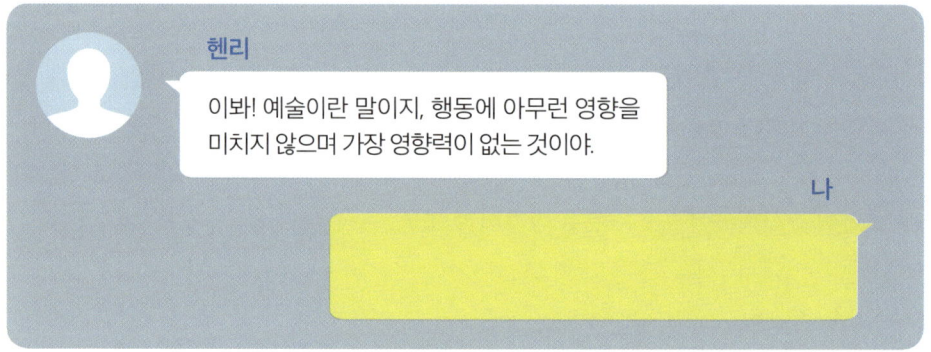

16 도리언의 파티에 온 헨리는 세상 만물의 이름을 새로 바꾸어 부르는 계획이 있다고 합니다. 이를 듣고 도리언은 헨리에게 '역설의 왕자'라는 이름을 붙여 줍니다. 만약 여러분이 헨리에게 적당한 별칭을 짓는다면 어떤 이름을 만들고 싶나요?

17 『도리언 그레이의 초상』이 오래도록 사랑받는 이유 중 하나는 작가의 묘사력이 뛰어나다는 점입니다. 책 속에서 가장 마음에 드는 문장을 골라 소개해 보세요.

예시) 만약 예술적으로 인생을 대하는 사람이 있다면 그의 뇌가 곧 심장일 거야.

18 『도리언 그레이의 초상』은 아일랜드의 작가 오스카 와일드의 유일한 장편 소설로 영국의 세기말 문학을 대표하는 작품입니다. 작품 속에서 인물이 나누는 대화를 보면 우리나라 문화와 다르다는 생각이 듭니다. 책 속에서 우리나라와 문화적 정서가 다르게 느껴지는 부분을 찾아 보세요.

북돋움 활동 1

1 『도리언 그레이의 초상』은 유미주의 예술가로 불리는 오스카 와일드의 작품입니다. 작품이 쓰인 배경과 작가를 조사해 보세요.

작품 배경	
작가 조사	1.
	2.
	3.

2 '고전'이란 오랫동안 많은 사람에게 널리 읽히고 모범이 될 만한 문학이나 예술 작품을 일컫는 말입니다. 이 작품이 쓰였던 당시와 오늘날은 차이가 있지만 『도리언 그레이의 초상』이 시대를 넘어 오늘날에도 의미 있는 작품으로 꼽히는 이유는 무엇일까요?

북돋움 활동 2

『도리언 그레이의 초상』에서 유래된 '도리언 그레이 증후군'은 늙어 가는 것을 받아들이지 못하여 젊음과 아름다움에 집착하는 현상을 말합니다. 이것을 해결하는 가장 좋은 방법은 자신을 있는 그대로 사랑하는 마음을 갖는 것입니다. 여러분이 가진 단점을 장점으로 바꿔 보는 자존감 향상 프로젝트를 해 봅시다.

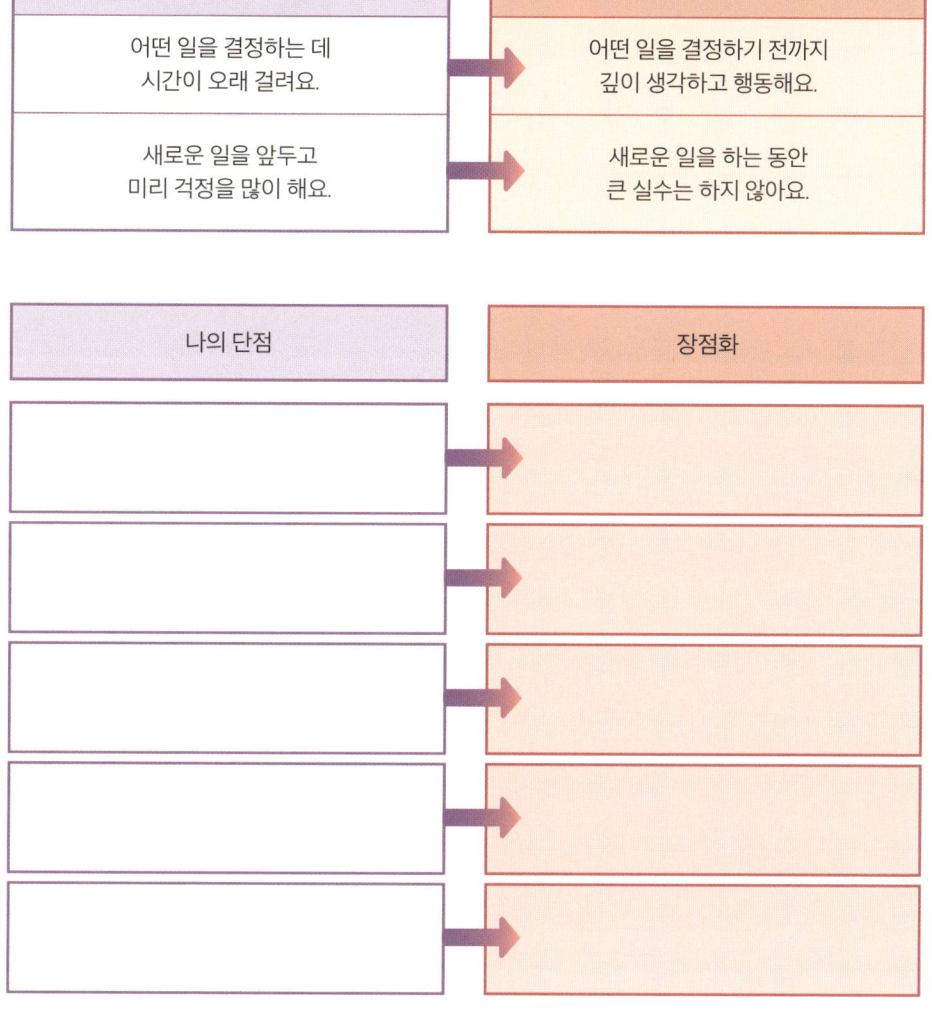

에필로그

고전을 계속 읽다 보면 어느 순간 고전의 가치를 알게 됩니다. '아! 이래서 고전이구나.' 하고 깨닫는 순간이 오는 거죠. 그러면 그때부터 고전 읽기에 탄력이 붙습니다. 어렵다는 편견이 사라질뿐더러 페이지 수가 많은 책도 즐겁게 넘기기 시작하지요.

고전 독서만큼 완독 성취감을 느끼는 책도 없을 것으로 생각됩니다. 많이 거론되기도 하고 고전이라고 하니까 있어 보이기도 하지요. 그래서 고전 읽기 프로그램의 참여자를 모집할 때 고전은 읽어 두면 재산이 된다는 말을 꼭 합니다. 시대를 뛰어넘어 가치를 가지는 것이니 마음속에 쟁여 두는 보물이라는 표현을 하기도 합니다.

마음속에 보물이 많은 사람이라면 겉모습과 상관없이 빛나지 않을까 싶습니다. 그래서 특히 외모 고민이 많은 청소년기의 학생들이 고전을 많이 읽고 내면을 아름답게 가꾸길 바라는 마음이 큽니다. 물론 외모까지 멋지다면 더할 나위 없겠지만 내면을 소홀히 여기고 외적인 아름다움만 추구하는 어리석음을 갖지는 않았으면 좋겠습니다.

그래서 학생들에게 특별히 추천하는 책이 있습니다. 바로 너무나 아름다운 청년이었던 도리언의 이야기,『도리언 그레이의 초상』입니다.

『도리언 그레이의 초상』을 읽고 느낀 점은 대개 비슷합니다. 외적인 아름다움보다 내면이 중요하다는 것이지요. 그런데 한참 외모 지상주의 얘기를 하던 모둠에서 다른 고전 제목이 들려와서 바짝 귀를 기울여 보았습니다.

"『멋진 신세계』를 쓴 올더스 헉슬리도『도리언 그레이의 초상』을 읽었나 봐. 알파 계급의 외모를 몹시 신경 써서 표현했었잖아."

세상에! 열심히 고전 읽기에 참여한 학생이 고전과 고전의 내용을 연결해 내었습니다. 그 학생의 내면에 보물로 쌓이고 있는 고전들이 절로 얼굴빛을 빛나게 하는 것처럼 보였습니다.

　이성적이고 이론적으로, 외면보다 중요한 것은 내면이라는 것을 학생들도 잘 알고 있습니다. 그러나 어디 내면이 눈에 보이나요? 당장 눈에 보이는 것은 외면이고 그것이 그 사람을 판단하는 기준이 되기도 하니 열심히 거울을 볼 수밖에요.

　하지만 내면보다 외면을 가꾸는 일에만 몰두한다면 결과가 좋지 않습니다. 도리언 그레이의 이야기를 마치고 학생들에게 물었습니다.

　"내적인 아름다움이 소중하다는데 그럼 내면을 가꾸려면 어떻게 해야 할까?"

　이 물음에 역시나, 책을 많이 읽어야 한다는 답이 빠지지 않습니다. 고전 독서 토론으로 독서의 목적을 찾은 것이나 다름없습니다. 원하는 답을 준 학생들을 뿌듯하게 바라보며 한마디를 덧붙여 주었습니다.

　"겉모습이 예쁜 사람을 찾기는 쉬워. 그러나 내면이 아름다운 사람을 알아보는 것은 결국 너희들의 마음에 있는 눈이야. 독서를 통해 진정한 아름다움을 발견해 내는 눈을 가졌으면 해."

4

사랑하고 싶지만
사랑이 힘든 너에게

『위대한 개츠비』

위대한 개츠비

스콧 피츠제럴드

#사랑 #위대함 #진실 #비극 #사회고발 #이상과현실

오늘의 처방

- ☑ 모든 것에는 이면이 있듯이 사랑도 그렇습니다.
- ☑ 사랑은 위대하지만 사랑 때문에 자신을 해쳐서는 안 됩니다.

책 속으로

무료로 호화로운 파티를 여는 개츠비를 두고 소문이 무성하지만 '나'는 그 이유를 알고 있습니다. 과거의 사랑을 잊지 못한 개츠비는 데이지의 집이 마주 보이는 건너편에 저택을 사고 데이지가 와 주기를 바라면서 파티를 열고 지내는 것입니다. 그러다 데이지의 사촌인 '나'를 통해 데이지와 재회하게 되고, 다시 예전의 사랑을 꿈꿉니다. 그러나 자동차 사고로 인해 오래된 개츠비의 사랑은 갑작스럽게 막을 내립니다. 운전 사망 사고의 범인으로 오해받아 죽은 개츠비의 장례식은 그가 열었던 화려하고 성대한 파티와 달리 쓸쓸하기만 합니다.

낱말 퍼즐

내용을 떠올려 보아요

[낱말 퍼즐 격자: 가로·세로 칸에 다음 글자들이 미리 채워져 있음]
- ②반, 2⑥목
- ⑪스, 9와, 스, 티, 14⑯카
- 8⑬ (빈칸)

가로: 1. 해시태그 2. 이넘고리 3. 플리 4. 소심이 5. 스위트룸 6. 카이트 7. 윷말 8. 풍료 잔수 9. 와이셔츠 10. 쥣닐 11. 테니스 12. 공주림 13. 사고지관 14. 시고지난 15. 자왕사노

세로: ① 타자 ② 반문 ③ 당파의 ④ 인도장 ⑤ 해바라기 ⑥ 목소리 ⑦ 스파게티 ⑧ 게네로 ⑨ 파이프 ⑩ 왕수상 ⑪ 솔파수상 ⑫ 플래키 ⑬ 공구잔가 ⑭ 배신감 ⑮ 사장 ⑯ 가지 ⑰ 녹투

정답

가로

1. 머틀의 여동생 이름.
2. 귀, 눈, 입, 코를 아울러 이르는 말.
3. 개츠비는 자신의 집을 방문한 데이지에게 옷장을 열어 다양한 ○○의 옷을 보여 줌. 색깔을 뜻하는 영어 단어.
4. 톰과 개츠비가 언쟁을 벌일 때 친구들이 개츠비의 편을 들자 톰이 느낀 감정. 남에게 따돌림을 당하여 멀어진 느낌.
5. 톰의 집에 방문한 손님들이 더위를 피해 함께 외출하여 플라자 호텔 ○○○○에서 머묾. 호텔에 욕실이 딸린 침실과 거실 겸 응접실이 하나로 붙어 있는 특별실.
6. 기사를 취사선택하고 검열하는 직책 또는 기능. 사전적으로는 문지기를 뜻함.
7. 공금이나 남의 재물을 불법으로 차지하여 가짐.
8. 데이지의 친구이자 '나'의 애인인 조던 베이커의 직업.
9. 개츠비가 이 옷을 데이지와 '나'가 있는 쪽으로 자랑하듯 던짐. 양복 바로 안에 입는 서양식 윗옷.
10. 머틀의 죽음 후, 톰은 데이지를 ○○하고 짐을 챙겨 떠남. 상대편이 이쪽 편의 뜻을 따르도록 깨우쳐 말함.
11. 클립스프링어가 개츠비 집에 전화해 보내 달라고 했던 신발. 중앙에 네트를 치고 양쪽에서 라켓으로 공을 주고받아 승부를 겨루는 경기에서 신는 것임. ○○○화.
12. '나'를 초대한 개츠비는 다음 날 함께 수상 ○○○를 타자고 제안함.
13. 1919년 미국에서 시행된 주류 단속법. 제1차 세계 대전 때 양조업에 종사하던 독일 이민자들에 대한 반감이 배경이 됨.
14. 개츠비의 아버지가 아들의 사망 기사를 본 신문 이름. 미국 제3의 대도시 이름을 넣어 만듦.
15. 톰은 개츠비의 죽음이 ○○○○이라고 함. 자기가 저지른 일의 결과를 자기가 받는다는 의미의 사자성어. 自業自得.

세로

① 노란 차는 머틀의 죽음을 밝히는 ○○가 됨. 어떤 일이나 사건 따위를 풀어 나갈 수 있는 실마리.
② 개츠비와 톰은 네이지를 사이에 두고 미워하고 대립함. 서로 시기하고 미워함.
③ 머틀의 남편이 일하는 곳.
④ 전쟁에 참가한 개츠비의 소식이 끊어지자 톰을 만난 데이지는 그에게 ○○○을 느껴 결혼함. 불안한 마음이 가시고 걱정이 없어 편안한 느낌.
⑤ 소설의 화자. 닉 ○○○○.
⑥ 달걀 모양의 지형이 동서로 마주 보고 있는 롱 아일랜드에서 톰과 데이지가 사는 동네의 이름. ↔웨스트 에그
⑦ 개츠비 스스로 자신이 ○○○○ 대학 출신이라고 함. 영국 잉글랜드의 템스강 상류에 있는 학술 도시 이름과 같은 유명한 대학.
⑧ 개츠비의 저택에서 파티를 즐기려고 온 사람들. 손님을 칭하는 외래어. guest.
⑨ 젊은 기자가 지하 ○○○라인을 통해 캐나다에서 미국으로 밀주가 들어온다는 소문에 연루된 개츠비를 취재하러 옴.
⑩ 개츠비와 데이지 사이를 눈치챈 톰이 감정이 격해져 이것저것 되는대로 말을 함.
⑪ 울프심이 운영하는 회사 이름. 나치의 상징.
⑫ 프랜시스 스콧 피츠제럴드가 지은 책의 제목. 『위대한 ○○○』.
⑬ 안과 의사 T.J. 에클버그의 광고판이 설치된 곳. 재의 ○○○.
⑭ 개츠비는 독일 스파이, ○○○○ 등의 소문이 있음. 몰래 술을 만들어 파는 사람.
⑮ 개츠비의 파티에 참석했던 많은 사람 중에 그의 장례식에 온 사람이 없다는 사실에 '나'가 느낀 감정. 믿음과 의리를 저버린 것에 대한 불쾌한 느낌.
⑯ 잘못된 것을 바로잡음.
⑰ 이익을 얻을 목적으로 자금을 대거나 정성을 쏟음.

인물 추적도 — 등장인물을 파악해 보아요

제이 개츠비 ● ● 부잣집에서 태어나 젊어서부터 부를 소유하여 승승장구했던 남자로 자신이 원하는 것은 쉽게 가짐. 자신의 부나 체력을 맹신하며 남들을 자기보다 못하다고 무시하는 듯한 인상을 줌.

닉 캐러웨이 ● ● 이 소설의 화자. 서부의 부잣집 아들이며, 예일대 졸업 후 주식 관련 일을 함. 주말마다 파티가 열리는 대저택의 옆집에 살며, 대저택 주인이 사랑하는 여자와 사촌지간임.

톰 뷰캐넌 ● ● 부잣집 딸인 첫사랑과 결혼하기 위해 막대한 부를 이루려고 노력한 남자. 이미 결혼한 그녀를 과거에 서로 사랑했던 때로 되돌리려 애썼으나 그녀의 교통사고를 대신 책임지려다 죽게 됨.

데이지 뷰캐넌 ● ● 많은 남자에게 호감을 받는 프로 골프 선수. 정직하지 못한 방법으로 경기에서 우승한다는 평판이 자자함. 친구의 연애 시절 이야기를 알고 있고, 그 친구가 주인공과 재회하는 일에 다리 역할을 함.

조던 베이커 ● ● 정비공의 아내이면서 부잣집 남자의 내연녀이기도 함. 육감적이고 생기가 넘치며 자기 삶에 충실하기보다는 호화로운 생활을 동경함. 내연남의 자동차를 발견하고 쫓아가다가 불의의 사고로 죽게 됨.

조지 윌슨 ● ● 부유한 집안 출신으로 많은 남자에게 관심과 사랑을 받음. 사랑하던 사람이 군대에서 소식이 늦어지자 경제적으로 안정적인 남자와 결혼한 여자. 자신이 저지른 일을 남이 처리하게 하고도 아무런 죄책감을 느끼지 않음.

머틀 윌슨 ● ● 자신의 아내가 바람이 난 줄 모르고 있다가 아내가 교통사고로 죽자, 사고 낸 사람에게 복수하러 총을 들고 찾아감. 그러나 엉뚱한 사람을 범인으로 오인하여 총을 쏘고는 자신도 자살함.

해석적 발문 — 다양하게 생각해 보아요

1 '나'가 어릴 적에 아버지가 들려준 말입니다. '나'는 이 말에 따라 판단을 유보하는 버릇이 생겼고, 특권을 지닌 시선으로 인간을 바라보지 않게 되었습니다. 아버지가 한 말의 뜻은 무엇이라고 생각하나요?

> "남을 비판하고 싶을 때면 이 점을 명심해라.
> 이 세상 모든 사람이 다 너처럼 유리한 입장에 놓여 있지는 않다는 걸."

2 '나'는 인생이란 단 하나의 창으로 바라볼 때 성공적으로 볼 수 있다는 말을 격언에 불과하다고 생각합니다. 그래서 증권가의 일을 하기로 마음먹고 관련 서적 외에도 다양한 책을 읽으려고 합니다. 책과 대학 시절의 경험을 녹여 전문가 중에서도 균형 잡힌 사람이 되기 위해서입니다. '나'가 되고 싶다는 '균형 잡힌 사람'은 어떤 사람을 의미한다고 생각하나요?

3 '나'가 사는 지역의 지형은 달걀이 서로 접한 모양으로 웨스트에그와 이스트에그로 나뉘어 있습니다. 두 곳에 사는 사람들은 비슷하면서도 다른 면이 많습니다. 두 지역에 사는 등장인물과 특징을 참고하여 지리적 배경이 주는 의미를 생각해 보세요.

지역 이름	웨스트에그	이스트에그
위치한 곳	서쪽	동쪽
부의 형태	신흥 부자 (금융이나 사업의 흥행으로 새롭게 부자가 된 사람들)	세습 부자 (부유함이 집안 대대로 이어져 온 사람들)
거주하는 등장인물	닉, 개츠비	톰, 데이지
지리적 배경이 주는 의미		

4 데이지는 매력적으로 웃으며 귓속말을 자주 합니다. 데이지의 목소리와 화법에 대한 묘사를 통해 여러분이 데이지에게 느끼는 매력 정도를 표시해 보세요.

| 0 | 1 | 2 | 3 | 4 | 5 | 6 | 7 | 8 | 9 | 10 |

이유:

5 개츠비는 데이지를 못 잊어 그녀의 집이 마주 보이는 곳에 집을 사서 살고 있습니다. 개츠비가 이렇게 오래도록 데이지를 사랑하는 이유는 무엇이라고 생각하나요?

6 톰과 결혼한 데이지는 그다지 행복해 보이지 않습니다. 딸을 낳은 날에도 톰은 연락조차 되지 않았습니다. 속이 상한 데이지는 갓 태어난 딸을 보며 "이 애가 커서 아름답고 귀여운 바보가 되면 좋겠어."라는 말을 합니다. 데이지의 말에 담긴 의미는 무엇이라고 생각하나요?

7 처음으로 톰과 데이지의 집에 다녀온 '나'는 그들이 엄청난 부자는 아니라는 생각이 들면서 혼란스럽기도 하고 기분이 언짢습니다. 오랜만에 만난 사촌의 집에서 '나'가 기분이 좋지 않았던 이유는 무엇일까요?

8 웨스트에그와 뉴욕시의 중간쯤에 있는 재의 골짜기는 눈앞을 가릴 정도로 재가 쌓여 늘 뿌연 공기로 가득 차 있습니다. 그곳의 한 건물 외벽에는 거대한 안경 그림이 생각에 잠긴 것처럼 그곳을 굽어보고 있습니다. 이 안경 그림은 무엇을 의미할까요?

9 데이지의 남편 톰에게는 애인이 따로 있다는 소문이 퍼져 있습니다. '나'와 함께 기차를 타고 가던 톰은 강제로 '나'를 내리게 하여 자신의 애인을 소개해 주겠다고 합니다. 톰은 왜 아내의 친척인 '나'에게 자신의 애인을 소개해 주겠다고 한 것일까요?

10 톰의 애인인 머틀은 정비사 윌슨의 아내입니다. '나'가 정비소에서 처음 보았던 머틀은 풍만한 몸이 육감적이었고 온몸에서 생기를 발산하는 느낌이었습니다. 반면에 뉴욕의 아파트에서 연회를 벌여 손님을 맞이하는 머틀은 정비소에서의 생명력보다는 거만함을 느끼게 했습니다. 정비사의 아내와 톰의 애인으로서 머틀의 삶은 어떻게 다른가요?

11 '나'는 데이지가 소개해 준 베이커와 데이트를 합니다. 골프 선수인 베이커는 경기에서 속임수를 쓰고 부정직한 방법으로 이긴다는 추문이 있습니다. 스스로 정직함이 미덕이라고 하는 '나'가 이런 추문이 있는 베이커와 계속 만나는 이유는 무엇일까요?

12 개츠비의 저택에서는 호화로운 파티가 자주 열립니다. 손님의 대부분은 초대받지 않고 그냥 참석하는 사람들이며, 주인에 대해 알지는 못해도 그가 베푼 성대한 음식과 유흥을 즐깁니다. 왜 사람들은 목적과 주인도 모른 채 파티에 참석하는 것일까요?

13 '나'는 개츠비의 환대를 받고도 정작 그가 누군지 모르는 사람들을 막연하게 지칭하는 것이 싫었습니다. 그래서 개츠비의 파티에 참석한 사람들의 명단을 작성하기 시작합니다. '나'가 명단을 작성한 또 다른 이유에는 어떤 것이 있을까요?

14 개츠비는 데이지와 자신의 인연을 베이커를 통해 '나'에게 전합니다. 개츠비가 '나'를 통해 데이지와 재회를 계획하면서도 데이지에 관한 이야기를 직접 하지 않은 이유는 무엇일까요?

15 닉과 데이지를 초대해 집 이곳저곳을 보여 주던 개츠비는 커다란 옷장을 열어 보였습니다. 그리고 셔츠를 하나씩 꺼내 닉과 데이지 앞으로 던졌습니다. 셔츠들은 테이블 위에 쌓였고 갑자기 데이지가 정말 아름다운 셔츠라고 말하며 울기 시작했습니다. 여러분은 데이지가 운 이유가 무엇이라고 생각하나요?

16 어느 날부터 개츠비에게 무엇인가를 알아내려는 기자들의 출입이 잦아졌습니다. 개츠비의 저택에서 파티를 즐겼던 사람들이 그의 과거에 대해 소문을 퍼뜨렸고, 그 소문이 부풀려져서 뉴스가 되기 직전입니다. 왜 사람들은 실컷 즐기고는 개츠비에 대해 나쁜 소문을 내고 다닐까요?

17 개츠비의 어릴 적 이름은 '제임스 개츠'였습니다. 그는 댄 코디를 만나 진정한 인생이 시작되었다고 느꼈던 열일곱 살 때 '제이 개츠비'로 이름을 바꾸었습니다. 그가 이름을 바꾼 것에는 어떤 의미가 있을까요?

18 정비소의 윌슨은 톰의 차를 매입하여 되판 수익금을 챙기면 머틀을 데리고 서부로 떠나려고 합니다. 한편 톰은 데이지가 개츠비를 다시 사랑하고 있다는 걸 눈치챘습니다. 자신의 소유라고 생각했던 아내 데이지와 애인 머틀이 손아귀에서 빠져나가려고 하자 톰은 심란함

니다. 이러한 톰의 상황이 드러나도록 아래의 속담을 사용하여 여러분만의 해석을 들려주세요.

- 간이 콩알만 해진다.
- 갈수록 태산이다.
- 내 코가 석 자
- 달면 삼키고 쓰면 뱉는다.
- 닭 쫓던 개 지붕 쳐다본다.
- 도둑이 제 발 저린다.
- 등잔 밑이 어둡다.
- 똥 묻은 개가 겨 묻은 개 나무란다.
- 빛 좋은 개살구
- 열 길 물속은 알아도 한 길 사람 속은 모른다.

예시) 톰은 자신만만하게 집 안에서도 머틀과 통화하고, 데이지에게도 좋은 남편은 아니었지. 그런데 정작 그 둘이 자신을 떠날 거라는 걸 깨달았으니 간이 콩알만 해졌을 것 같아.

19 데이지가 낸 사고의 책임을 대신 지기로 마음먹은 개츠비는 젊은 시절 이야기를 '나'에게 들려줍니다. 댄 코디와 함께 지낸 경험, 데이지를 처음 만나 사랑에 빠졌던 시간, 군대 시절 이야기 등 저택을 구매하기 전까지의 내용입니다. 그의 이야기를 다 듣고 집에 가던 '나'는 개츠비가 다른 사람들보다 훨씬 훌륭하다고 외칩니다. '나'는 개츠비의 어떤 점을 높이 평가하여 훌륭하다고 느꼈을까요?

20 '나'는 개츠비의 죽음에 대해 변명만 하는 톰에게 실망합니다. 그리고 자신들의 잘못을 다른 사람에게 떠넘기는 톰과 데이지를 무책임한 사람이라고 생각합니다. 마지막으로 톰과 악수하고 헤어지면서 '나'는 "촌스러운 결벽증에서 영원히 벗어났다."라고 말합니다. '나'의 말에 담긴 의미는 무엇이라고 생각하나요?

21 개츠비의 장례를 치른 후 '나'는 우연히 톰을 만났을 때, 사고 낸 자동차에 관해 그가 윌슨에게 어떻게 이야기했는지 물었습니다. 톰은 윌슨에게 머틀을 치고 달아난 노란 차의 주인이 개츠비라고 알려 주었으며, 자기가 그렇게 한 일은 정당하다고 말합니다. 여러분은 톰이 개츠비가 노란 차의 주인이라고 알려 준 것은 어떤 이유 때문이라고 생각하나요?

선택적 발문: 입장을 정해 보아요

1 자신의 저택에서 호화로운 파티를 무료로 여는 개츠비를 두고 소문이 무성합니다. 지나친 호의를 보이는 사람이라 수상한 구석이 있다고도 하고, 낭만적인 사람이라는 말도 있습니다. 만약 여러분이라면 이런 소문이 있는 개츠비의 파티에 참석하겠습니까?

☐ 참석할 것이다.   ☐ 참석하지 않을 것이다.

이유:

2 개츠비는 데이지와 다시 만날 생각에 엄청나게 긴장을 했습니다. 데이지를 향한 개츠비의 간절한 마음은 여러 장면에서 드러납니다. 그중에서 여러분이 가장 공감하는 장면을 골라 그 이유를 말해 보세요.

- ☐ 5년 동안 노력하여 저택을 마련한 것
- ☐ 만 건너편에 있는 데이지의 집에서 나오는 초록색 불빛을 바라보는 것
- ☐ 우연히라도 데이지가 오기를 바라며 무료 파티를 열었던 것
- ☐ 데이지를 초대한 '나'의 집을 대신 꾸며 준 것
- ☐ 자신의 저택에 데이지를 데려와 온갖 셔츠를 보여 준 것
- ☐ 그 외 (   )

이유:

3 무지한 농사꾼의 자식이었던 개츠비는 호숫가에서 댄 코디를 만난 후 인생이 바뀝니다. 광산업자인 코디는 부도덕한 사업으로 돈을 벌어 백만장자가 된 인물입니다. 그를 따라다니며 신뢰를 얻은 개츠비는 코디가 불미스럽게 사망하자 유산을 조금 받았고, 현재 개츠비의 면모를 서서히 갖추게 되었습니다. 개츠비가 코디를 만난 것은 행운이었을까요, 불운이었을까요?

☐ 행운이다.   ☐ 불운이다.

이유:

4 파티에 참석했던 데이지가 돌아간 후, 개츠비는 '나'에게 남아 달라고 부탁하고는 5년 전에 데이지와 만났던 이야기를 들려줍니다. 개츠비는 지금이라도 출발점으로 돌아가면 무언가를 찾을 수 있지 않을까 기대합니다. 여러분은 개츠비가 원하는 대로 데이지와 다시 연결되기를 바라나요?

☐ 개츠비와 데이지가 다시 연결되기를 바란다.
☐ 개츠비와 데이지가 다시 연결되기를 바라지 않는다.
☐ 그 외 (   )

이유:

5 뉴욕의 호텔에서 일행보다 먼저 출발한 개츠비와 데이지는 재의 골짜기에서 사고를 냅니다. 이 사고로 머틀이 즉사했으나 그들은 차를 멈추지 않고 달아났습니다. 당시에 데이지가 운전했는데도 개츠비는 자신이 한 것으로 뒤집어쓸 생각입니다. 여러분은 개츠비의 선택에 대해 어떻게 생각하나요?

☐ 공감한다.   ☐ 공감하지 않는다.

이유:

6 정비소의 윌슨은 자신의 아내를 죽인 범인을 추적합니다. 그러다 아내를 치고 달아난 노란 차의 주인이 개츠비인 것을 알아내고는 그의 집에 찾아가 개츠비를 죽이고 자신도 자살합니다. 개츠비의 비극적인 죽음은 누구의 책임이 가장 크다고 생각하나요?

☐ 개츠비 ☐ 톰 ☐ 데이지 ☐ 윌슨 ☐ 머틀 ☐ 그 외 (   )

이유:

| 사색적 발문 | **생각을 넓혀 보아요** |

1 '나'는 사람은 누구나 기본적인 덕목 중 적어도 한 가지는 갖추고 있다고 생각합니다. '나'에게도 그러한 덕목이 있으며, 스스로 얼마 안 되는 정직한 사람 중 하나라고 표현합니다. 여러분은 자신이 어떤 덕목을 가졌다고 생각하는지, 아래 표에서 골라 소개해 주세요.

기본 덕목 단어

감사	배려	유연성	창의성	결의	봉사
이상 품기	책임감	겸손	사랑	이해	청결
관용	사려	인내	초연	근면	상냥함
인정	충직	기뻐함	소신	자율	친절
기지	신뢰	절도	탁월함	끈기	신용
정돈	평온함	너그러움	열정	정의로움	한결같음

2 개츠비는 데이지가 파티에 우연히라도 오기를 기다렸으나 끝내 오지 않자 수소문 끝에 데이지의 친구인 베이커를 찾아냈습니다. 작가는 이러한 개츠비를 두고 '우연히 날아드는 나방들한테 별빛을 나눠 주면서 정작 자신은 남의 집 정원에 건너갈 수 있기만을 바란다.'라고 표현합니다. 이 말의 의미를 생각해 보고 데이지를 향한 개츠비의 마음을 다섯 글자로 표현해 보세요.

설명:

3 개츠비는 베이커의 도움을 받아 데이지를 '나'의 집으로 초대하는 작전을 짭니다. 베이커는 데이지의 삶에도 뭔가 있어야 한다고 생각하며 그 일에 동조합니다. 만약에 여러분이 이러한 제안을 받았다면 어떻게 행동을 하겠습니까?

4 데이지가 '나'의 집으로 오기로 한 날, 개츠비는 정원을 정리할 사람을 보내고, 거실을 장식할 수많은 화분도 배달시키고, 레몬 케이크를 열두 개나 보냅니다. 데이지를 만날 생각으로 가득한 개츠비의 마음을 표현할 단어를 〈감정 낱말 모음집〉에서 한 개 고르고, 그 이유를 말해 보세요.

5 데이지와의 재회를 간절히 바란 지 5년 만에 개츠비는 자신의 저택에 데이지를 초대하게 되었습니다. 집을 둘러보는 데이지의 반응 정도에 따라 자신의 모든 것이 재평가되는 것 같다고 느낍니다. 그래서 개츠비는 데이지를 다시 만난 지금, 자신이 이룬 부를 보여 주는 데에 주력합니다. 만약 여러분이 개츠비라면 자신의 진심을 어떠한 방식으로 전하겠습니까?

6 개츠비의 죽음 이후 우연히 톰을 만난 '나'는 사고 낸 자동차에 관해 윌슨에게 뭐라고 말했는지 묻습니다. 톰은 머틀을 친 차가 누구의 것인지 얘기하지 않았으면 윌슨이 자신을 죽였을 거라고 변명합니다. 그러면서 개츠비가 사람을 치고도 멈추지 않았으니 자업자득이라고 덧붙입니다. 머틀을 죽게 한 사람이 개츠비가 아니라 데이지였다는 사실을 알았다면 톰이 어떻게 행동했을 거라고 상상하나요?

7 '나'는 개츠비의 장례식을 치르기 위해 그의 지인들에게 연락합니다. 그러나 피살된 일에 연루되고 싶지 않다며 거절하는 사람이 대부분이었고, 야유회로 참석할 수 없으니 개츠비의 집에 두고 온 자신의 테니스화만 보내 달라는 사람도 있었습니다. 수많은 사람이 개츠비의 저택에서 파티를 즐겼지만 정작 장례식에 참석한 사람은 개츠비의 아버지 외에 개츠비의 서재에서 보았던 올빼미 눈 모양의 안경을 낀 남자가 유일합니다. 만약 여러분이라면 개츠비의 장례식에 참석하겠습니까?

8 '나'는 톰과 데이지를 두고 경솔한 인간이었다고 평합니다. 가지고 놀다가 부숴 버리고 난 뒤 자기들이 만들어 낸 쓰레기를 다른 사람들이 치우도록 하는 족속이라고도 합니다. 톰과 데이지를 사물에 비유한다면 어떤 것이 적절한지 예를 들어 설명해 보세요.

> **예시) 주사위**
> 6개의 눈으로 구성되어 다양한 경우의 수를 나타낸다. 톰과 데이지는 유흥이나 사교에서는 그럴듯한 관계를 유지하지만, 진실이 필요한 순간에는 경우에 따라 태도가 바뀐다.

9 저자는 책의 제목을 '위대한 개츠비'로 지었습니다. 만약 여러분이라면 개츠비 앞에 어떤 수식어를 붙이고 싶은가요?

위대한 개츠비 ⟶ (　　　　　) 개츠비

설명:

10 『위대한 개츠비』는 1920년대의 미국을 대변하는 소설로 손꼽힙니다. 제1차 세계 대전 종전 후 미국의 눈부신 성장으로 상류 계층은 재산을 늘릴 수 있는 최적의 시대였습니다. 반면 경제 호황의 그늘로 도덕적 타락과 부패가 대두되기도 했습니다. 겉으로는 우아하고 고상하지만 한 꺼풀 벗기면 탐욕과 이기심과 정신적 공허함이 드러납니다. 이러한 시대 상황이 잘 드러난 장면을 하나 골라 발표해 보세요.

11 책 속의 등장인물들은 겉으로는 화려하고 고상해 보입니다. 그러나 대부분은 행복하게 느껴지지 않습니다. 등장인물 중에서 가장 공감하는 인물과 속물적이라고 생각하는 인물을 골라 이유를 말해 보세요.

닉(나), 톰, 데이지, 베이커, 머틀, 윌슨, 캐서린, 울프심, 그 외

공감하는 인물	속물적인 인물

12 『위대한 개츠비』의 작가 F. 스콧 피츠제럴드는 '모든 작가는 자기 세대의 젊은이들, 다음 세대의 비평가들 그리고 그 뒤의 영원한 미래 세대의 교육자들을 위한 작품을 써야 한다.'라고 말했습니다. 작가가 위대한 개츠비를 통해 독자에게 전하고 싶은 메시지는 무엇이라고 생각하나요?

북돋움 활동 1

1 『위대한 개츠비』는 20세기의 가장 뛰어난 미국 소설로 꼽히는 스콧 피츠제럴드의 작품입니다. 작품이 쓰인 배경과 작가를 조사해 보세요.

작품 배경	
작가 조사	1.
	2.
	3.

2 '고전'이란 오랫동안 많은 사람에게 널리 읽히고 모범이 될 만한 문학이나 예술 작품을 일컫는 말입니다. 이 작품이 쓰였던 당시와 오늘날은 차이가 있지만 『위대한 개츠비』가 시대를 넘어 오늘날에도 의미 있는 작품으로 꼽히는 이유는 무엇일까요?

북돋움 활동 2

『위대한 개츠비』는 다양한 등장인물을 통해 1920년대 사람들이 꿈꾸었던 아메리칸드림 붕괴 과정과 황폐한 물질문명이 잘 드러납니다. 여러분은 개츠비를 어떻게 소개할 것인지 정리해 보세요. 개츠비 외의 등장인물을 선택해도 좋습니다.

개츠비 소개서

1. 여러분이 누군가에게 '개츠비답다'라고 말한다면 그것은 무슨 뜻인가요?
   '답다' 사전적 의미: '성질이 있음'의 뜻을 더하고, '특성이나 자격이 있음'의 뜻을 더하는 접미사.

2. 여러분이 개츠비를 소개한다고 생각하고, 개츠비를 떠올릴 때 가장 좋은 기억과 가장 안타까운 기억을 한 가지씩 소개해 주세요.

개츠비에 대한 좋은 기억	개츠비에 대한 안타까운 기억

3. 개츠비는 미처 모르고 있지만, 그가 가진 여러 가지 능력 중에서 괜찮은 것 한 가지를 골라 어떻게 사용할 수 있을지 개츠비에게 알려 주세요.

에필로그

　소설의 공간적 배경에는 또 다른 이야기가 숨겨져 있고 그것이 이야기 전체의 분위기를 이끌어 갑니다. 사건을 암시하기도 하고 주인공의 앞날을 예측하게도 합니다. 작가가 인물과 사건이 생생하게 느껴지도록 공간적인 정황을 구체적으로 묘사하기 때문입니다. 그래서 이야기 서두에 '이 이야기는 특정 지명과 무관합니다.'라는 문구가 적혀 있더라도 책을 읽기 시작한 독자는 어느새 공간적 배경을 상상하고 주제를 추측하려 애씁니다. 책을 다 읽은 독자는 그곳을 찾아 문학 기행이나 감성 여행을 떠나기도 하고, 어디에선가 같은 지명을 듣게 되면 아는 사람을 만난 듯 반가운 마음이 듭니다.

　공간적 배경은 작가가 허구로 만들어 내기도 합니다. 1960년대 김승옥 작가가 쓴 『무진기행』의 '무진'이라는 도시가 그러합니다. 작가는 몽환적이며 비현실적이고 일상에서 벗어난 세계를 상징하기 위해 안개가 가득한 무진시를 만들었습니다. 주인공인 윤희중이 무진시에 머무른 2박 3일간의 일정을 통해 한국 전쟁 직후의 무기력하고 무능한 현대인을 드러내기에 적합한 곳입니다. 이 작품이 발표된 후 사람들이 무진시행 기차표를 예매하려 한 해프닝이 있었고, 여러 소설과 드라마의 지명으로 오마주 되는 일이 종종 있었습니다.

　반면 『위대한 개츠비』의 롱아일랜드 마을처럼 지도에서 찾을 수 있는 공간적 배경도 있습니다. 뉴욕 근교에 있는 이 마을은 '웨스트에그'와 '이스트에그'라는 이름에서 알 수 있듯이 달걀 모양으로 튀어나와 서로 마주 보는 모양새입니다. 생김이 비슷하고 위치도 가깝지만 두 곳 사람들의 삶은 대조적입니다. 대대로 부자로 살아온 사람들과 새롭게 부자가 된 사람들로 구별

되며, 부의 형성 과정에 따라 그들이 거주하는 집의 형태도 다르게 묘사됩니다. 뉴욕에 더 가까운 웨스트에그에는 금융업이나 새로운 사업으로 신흥 부자가 된 사람들이 주로 삽니다. 주인공 개츠비도 그곳에 살며, 그의 저택은 노르망디 시청을 본떠 만들었습니다. 반면 이스트에그에는 대대로 부를 물려받은 톰과 데이지가 살고 있으며, 그들의 집은 식민지풍으로 지었습니다. 또한 두 지역은 가치관과 도덕적인 면에서도 대비됩니다. 첫사랑을 잊지 못하고 예전의 지고지순한 감정을 회복하는 것에 삶을 다 바친 사람이 있으며, 내연녀의 존재를 공공연히 떠벌리며 위기 상황에 몰렸을 때 다른 사람에게 죄를 덮어씌우는 사람도 있습니다. 개츠비의 저택에서 주말마다 무료 파티가 성대하게 열렸을 때, 이스트에그 사람들은 웨스트에그 사람들이 그곳에서 즐기는 것에 대해 복잡미묘한 감정을 드러냅니다. 유흥을 즐길 때는 서로 어울리는 것 같으나 어딘가 얕보며 굳이 다름을 찾아 구별 지으려 한다고 할까요.

작품의 공간적 배경지는 수십 년이 지나도 여전히 사람들이 방문하는 특별한 곳입니다. 작가가 전달하고자 하는 주제와 은유적 의미 파악의 묘미를 느끼고 싶기 때문일 것입니다. 롱아일랜드 마을 또한 영화 〈위대한 개츠비〉와 〈사브리나〉의 촬영지가 되었고, 숲과 호수 그리고 박물관이 어우러져 작품의 여운을 느끼고 싶어 하는 독자들을 맞이하고 있습니다.

5

힘들다는 내색이
오히려 어색한 너에게

『변신』

변신

프란츠 카프카

#가족 #사랑 #배신 #돈 #소통 #책임감 #존재의미

오늘의 처방

- ☑ 때로는 보이는 것이 전부가 아닐 수도 있습니다.
- ☑ 사랑은 사람을 무너지게 할 수도 일어서게 할 수도 있습니다.

책 속으로

그레고르는 집안의 경제를 책임진 가장이자 성실한 회사원이었습니다. 그런데 어느 날 아침 잠에서 깨었을 때 흉측한 갑충으로 변해 있는 자신을 발견합니다. 벌레로 변한 몸은 마음대로 움직일 수 없고 목소리조차 제대로 나오지 않습니다. 그를 본 가족은 몹시 놀라고 안타까웠으나 당장 생계를 꾸려 가야 할 어려움 앞에 갈등이 표출됩니다. 여동생과 어머니는 점차 그를 돌보는 것에 지쳐 가고 아버지는 그에게 폭력을 행사하기까지 합니다. 제대로 된 보살핌을 받지 못한 그레고르는 끝내 죽음에 이르고, 그가 왜 벌레로 변신했는지는 의문으로 남습니다.

낱말 퍼즐 — 내용을 떠올려 보아요

	① 양			②			③		②④	
	가		⑤		3	⑥				
	4 감						5	⑦		
6⑧	정				7					
		8⑨		⑩				9 감	쇠	⑪ 음
10	⑫			11		⑬		12⑭		⑮
			⑯		⑰		13			⑱
	14⑲				⑳			15		
16										
					17				18	

정답

가로: 1. 학용품 2. 하나도 3. 동물 4. 감정일기 5. 지배계층 6. 은잔 7. 수정 8. 무리 9. 감쇠음 10. 자식같이 11. 치즈 12. 양반 사람 13. 안주 14. 그레이트 15. 부패 16. 다듬이 17. 시종일관 18. 응집

세로: ① 양가감정 ② 늘봄 ③ 아버지 ④ 후속이 ⑤ 물놀이 ⑥ 불평 ⑦ 배나김 ⑧ 인테리어 ⑨ 무리수 ⑩ 부모님 ⑪ 음향효과 ⑫ 진돗 ⑬ 양질옷 ⑭ 반동물 ⑮ 시간 ⑯ 웅고리 ⑰ 족간 ⑱ 라이브링 ⑲ 그레테 ⑳ 자유동

가로

1. 주인공은 회사에 다니며 가족의 생계를 책임짐. 생활 능력 없는 사람의 생활을 돌봄.
2. 자신을 당장 해고해 달라며 주인공의 어머니에게 애원한 사람.
3. 이 소설의 ○○은 주인공이 죽는 것으로 서술됨. 계속된 일이나 현상의 맨 끝.
4. 특별한 지식이나 경험을 가지고 어떤 사물의 진위나 가치를 살펴서 판정하는 일을 담당하는 방.
5. 주인공이 출근하지 않자 이유를 확인하러 온 회사 관계자의 직책.
6. 바뀌어 달라지지 않고 평안한 상태를 유지함. ↔불안정.
7. 어떤 것에 흥미나 관심을 가지고 봄.
8. 주인공은 여동생과 어머니가 자신의 방을 치울 때 모피 모자를 쓰고 ○○ ○○○를 두른 여인의 그림을 마지막까지 지켜 내려고 함.
9. 줄어서 약해지는 소리.
10. 노인이 된 아버지는 5년째 아무 일도 하지 않았고 매사에 ○○○도 없음. 어떤 일을 스스로 충분히 해낼 수 있다고 믿는 마음.
11. 물품이나 사람의 이름 등을 일정한 순서로 적은 목록의 외래어. list.
12. 주인공의 직업. 영업에 관한 일을 맡아보는 직원.
13. 부부 또는 서로 관계를 맺게 되는 인연. 천생○○.
14. 주인공의 성과 이름.
15. 변신한 주인공이 캄캄한 곳에서 바깥에 무슨 일이 일어났는지 살펴보기 위해 서툴게 더듬거리며 사용한 곤충의 기관.
16. 주인공이 변한 것. 어떤 일에 열중하는 사람을 얕잡아 비유적으로 이르기도 함.
17. 처음부터 끝까지 한결같음을 뜻하는 사자성어. 始終一貫.
18. 남의 권리나 인격을 짓밟는 것. 인권 ○○.

세로

① 여동생은 모습이 바뀐 오빠에게 측은함과 귀찮음의 두 가지 감정을 가짐. 서로 반대되는 감정을 동시에 가지는 것을 뜻하는 사자성어.
② 특정한 신문사나 잡지사에서만 얻은 중요한 기사.
③ 주인공에게 폭력을 행사한 가족 구성원.
④ 방세와 식비를 내고 주인공 집에 머무는 사람.
⑤ 생각이나 행동에서 현실에 적극적으로 맞서기를 회피함.
⑥ 파출부 할멈이 주인공을 부르는 말.
⑦ 그레고르가 변신 후 가족에게 느꼈을 감정.
⑧ 아버지가 주로 쉬거나 잠들기도 한 가구.
⑨ 어머니가 여동생 대신 주인공의 방을 청소한 일 때문에 여동생이 느낀 감정. 깔보고 업신여김을 당하는 느낌.
⑩ 주인공은 가족의 대화를 들을 수 있지만 ○○○가 나오지 않아 그들과 대화할 수는 없음.
⑪ 겉모습이 바뀌기 전, 주인공은 음악을 좋아하는 여동생을 이곳에 보내려고 계획함.
⑫ 저녁에 아버지가 어머니나 여동생에게 읽어 주던 미디어 매체. 석간○○.
⑬ 공연히 조그만 흠을 들추어 불평하거나 말썽을 부림.
⑭ 변신한 주인공은 신선한 음식보다 상한 음식으로 삶을 유지함. 영양이 되는 성분.
⑮ 어머니가 변신한 주인공을 보고 기절하자 화가 난 아버지가 주인공을 향해 던진 과일.
⑯ 괴로움도 즐거움도 함께함을 뜻하는 사자성어.
⑰ 출장을 가야 하는 주인공이 새벽 기차를 놓친 이유.
⑱ 주인공은 여동생이 이 악기를 연주하는 모습을 보기 위해 거실로 나감.
⑲ 여동생의 이름.
⑳ 주인공이 출근을 위해 아침 일찍 울리도록 맞춰 놓은 시계.

인물 추적도 — 등장인물을 파악해 보아요

그레고르 • • 평소에 천식을 앓고 있으며 주인공이 벌레로 변했을 때 마음 아파하면서도 적극적으로 나서지는 않음. 주인공의 아버지가 폭력적으로 대응하자 그를 살려 달라고 애원함.

잠자 씨 • • 오 년간 잠옷 차림으로 무기력하게 지냈으나 주인공이 벌레로 변한 후 은행 안내원으로 취직하면서부터 집에서도 푸른 제복을 입고 지냄. 벌레로 변신한 주인공에게 오로지 엄격한 것이 적절한 대응이라고 여김.

어머니 • • 어느 날 갑자기 벌레로 변한 주인공. 집안에서는 경제적 가장 역할을, 회사에서는 출장 영업 사원 일을 충실히 했으나 벌레로 변한 뒤 방에서 주로 지내다가 쓸쓸히 죽음을 맞이함.

그레타 • • 주인공이 제시간에 출근하지 않자 그의 집을 방문한 회사 직원. 주인공의 회사 생활에 대해 질책과 의심을 쏟아 내다가 벌레로 변한 모습을 보자 줄행랑침.

하숙인 • • 주인공이 벌레로 변한 이후에 음식을 챙겨 주고 청소를 해 주며 보살핀 인물. 그러나 점점 그 일을 귀찮아하다가 급기야는 내쫓자고 주장함. 그러나 주인공의 죽은 모습을 보고 너무 말랐다고 안타까운 마음을 드러냄.

지배인 • • 벌레로 변한 주인공을 '말똥구리'라고 부르며 긴 빗자루로 찔러 보기도 함. 주인공이 죽자 가족들이 시키기도 전에 미리 치워 버리고 자랑스럽게 떠벌림.

파출부 할멈 • • 주인공의 가정 형편이 점점 곤궁해지자 방 한 칸에 들어와 거주하는 사람. 벌레로 변한 주인공을 발견하고는 방세를 내지 않겠다고 화냄. 결국에는 새로 직장을 구한 주인공의 아버지에 의해 쫓겨남.

해석적 발문 | 다양하게 생각해 보아요

1 어느 날 아침 그레고르가 잠에서 깨어났을 때 그는 자신이 흉측한 벌레로 변해 있는 것을 발견합니다. 그레고르가 벌레로 변한 이유는 무엇일지, 책을 읽기 전과 후로 나누어 생각해 보세요.

책을 읽기 전	책을 읽고 난 후

2 어느 날 아침부터 그레고르의 삶은 확연히 달라졌습니다. 그레고르가 벌레로 변하기 전, 가정과 직장에서 어떠한 삶을 살았는지 정리해 보세요.

가정에서의 삶	직장에서의 삶

3 그레고르가 출근을 하지 않자 회사 지배인이 집으로 찾아옵니다. 질책하는 지배인의 말에 그레고르가 해명을 하지만 그 소리는 동물 소리 같아서 지배인이 알아듣지 못합니다. 그레고르가 내는 동물 소리는 어떤 의미라고 생각하나요?

4 부모님은 그레타에게 쓸모없는 계집아이라며 걸핏하면 화를 냈습니다. 그런데 그레고르가 변한 후에는 그레타에게 그레고르의 상태와 회복 기미를 자세히 묻고 의견을 들었습니다. 그레타를 대하는 부모님의 태도가 달라진 이유가 무엇이라고 생각하나요?

5 그레고르가 기어 다니는 반경이 넓어지자 그레타는 가구를 옮겨 도움을 주려고 합니다. 그러나 방으로 들어온 어머니는 생각이 달랐습니다. 두 사람의 대화를 보고 그레고르에 대한 마음 씀씀이에 어떤 차이점이 있는지 말해 보세요.

> 어머니: 가구를 모두 치우면 병세가 나아졌을 때 혼자 내버려 둔 것 같지 않을까?
> 그레타: 그레고르가 기어 다니는 데는 가능한 한 넓은 공간이 필요해요.

6 그레타가 방에 있는 가구를 모두 치우려고 하자 그레고르는 자신이 아끼는 것들을 빼앗길까 봐 두려웠습니다. 무엇부터 먼저 구해야 할지 고민할 때 모피로 몸을 감싼 여인의 그림이 눈에 들어왔습니다. 그레고르가 그 그림을 구하려고 한 이유가 무엇이라고 생각하나요?

7 그레고르가 출근을 하지 못하게 되자 아버지는 새로 일을 시작했습니다. 아버지는 일터에서 집으로 돌아왔을 때도 제복을 벗지 않습니다. 여러분은 아버지가 제복을 벗지 않으려는 이유가 무엇이라고 생각하나요?

8 그레고르는 천장을 기어 다니다가 식탁 위로 뚝 떨어졌습니다. 때마침 집에 들어온 아버지는 화가 나서 그레고르를 향해 사과를 던졌습니다. 그중 한 알이 그레고르의 등에 쿡 박혀 버렸습니다. 그레고르는 그 사과로 인해 어떤 상처를 받았을까요?

9 그레타는 그레고르의 방 청소를 도맡아 합니다. 어느 날 어머니가 그레고르의 방 청소를 하자 몸부림을 치며 울음을 터트렸습니다. 그레타가 그레고르의 방 청소를 혼자서만 하려는 이유는 무엇일까요?

10 새로 들어온 파출부 할멈은 벌레로 변한 그레고르를 아무렇지도 않게 대합니다. 심지어는 긴 빗자루로 툭툭 치기도 하고 말똥구리라고 부르기도 합니다. 그러다가 그레고르가 죽자 가족들이 부탁하기도 전에 미리 그 '물건'을 처리했다고 자랑스럽게 말합니다. 파출부 할멈의 말에는 어떤 뜻이 숨어 있을까요?

11 벌레로 변한 초기에 게걸스럽게 음식을 먹던 그레고르는 점차 음식을 입에 대지 않습니다. 처음엔 식욕이 생기지 않는 것이 자신의 달라진 방에 대한 슬픔 때문이라고 생각했지만, 곧 방의 변화에도 적응하게 되었습니다. 그레고르가 더는 음식을 먹지 않게 된 이유는 무엇이라고 생각하나요?

12 그레고르 가족은 살림살이가 점점 곤궁해지자 방 한 칸을 비워 하숙인을 들였습니다. 부모님은 하숙인들에게 좋은 식사 자리를 내주고 무척 공손한 태도를 보입니다. 게다가 하숙인

들 앞에서 그레타의 바이올린 연주를 선보이기까지 합니다. 가족은 왜 하숙인들에게 지나치게 친절한 행동을 하는 것일까요?

13 그레고르는 그레타의 바이올린 연주 소리에 이끌려 거실로 나갑니다. 벌레 모습의 그레고르를 발견한 하숙인들은 놀라워하며 화를 냈다가 협박을 하기도 합니다. 다음에 정리한 하숙인들의 반응을 참고하여 하숙인들의 태도가 변한 이유를 발표해 보세요.

항의	요구	협박
· 왜 벌레를 못 보게 하느냐. · 벌레를 옆방에 두었는데도 몰랐다.	· 당장 나가겠다. · 그동안의 방세는 주지 않겠다.	· 손해 배상 청구도 고려하고 있다.

14 그레고르는 끝내 다시 인간의 모습으로 되돌아오지 못하고 죽음을 맞이합니다. 그레고르가 죽자 그의 가족은 살던 집을 팔고 이사합니다. 그레고르의 가족이 서둘러 이사를 한 이유는 무엇이라고 생각하나요?

15 그레고르가 벌레로 변한 후 그의 가족은 큰 혼란에 빠집니다. 그중에서도 그레타는 처음과 나중이 급격하게 변하는 인물입니다. 그레고르를 대하는 그레타의 태도 변화를 정리해 보세요.

벌레가 된 직후	
청소 후	
사과가 등에 꽂혔을 때	
살림살이가 점점 곤궁해졌을 때	
하숙인에게 들켰을 때	
죽었을 때	

16 그레고르는 성실하게 일하며 가족의 생계를 책임졌습니다. 그러나 어느 날 아침 갑자기 벌레로 변했고 더는 일을 할 수 없게 되었습니다. 변신한 모습으로 자기 방에 틀어박혀 살아가는 그레고르를 가장 변함없이 대한 인물은 누구라고 생각하나요?

17 그레고르는 누구보다 열심히 살았습니다. 그런데 어느 날 아침, 자신이 벌레로 변한 것을 발견했습니다. 여러분은 벌레로 변한 그레고르가 가장 크게 느낀 감정이 무엇이라고 생각하는지 〈감정 낱말 모음집〉에서 단어를 한 개 고르고, 그 이유를 설명해 보세요.

18 그레고르가 벌레로 변신한 후 가족의 삶은 바뀝니다. 그레고르가 변하기 전과 후, 등장인물의 태도 변화를 비교해 보세요.

인물	변신하기 전	변신한 후
그레고르		
아버지		
어머니		
그레타		

선택적 발문 — 입장을 정해 보아요

1 그레고르가 더는 직장 생활을 할 수 없게 되었다고 판단한 아버지는 가족에게 집안 재정 상태와 앞으로의 계획을 설명해 줍니다. 5년째 논벌이에 관심이 없던 아버지가 논을 남겨 두고도 가족들에게 미리 말을 하지 않았던 것에 대해 어떻게 생각하나요?

☐ 공감한다.   ☐ 공감하지 않는다.

이유:

2 그레고르의 몸은 벌레로 변신한 상태지만 가족을 걱정하고 여동생의 바이올린 소리를 듣고 감동하는 정신을 가졌습니다. 여러분은 몸과 정신이 다른 그레고르가 벌레와 인간 중 어디에 더 가깝다고 생각하나요?

☐ 벌레   ☐ 인간

이유:

3 이른 아침에 출근한 파출부 할멈은 죽어 있는 그레고르를 발견합니다. 그동안 음식을 먹지 않은 그레고르의 몸은 삐쩍 말라 있었습니다. 그레고르가 죽음에 이르게 된 이유는 다양한데, 여러분은 그중에서 가장 큰 이유가 무엇이라고 생각하는지 선택하고 설명해 주세요.

☐ 음식을 먹지 않은 그레고르의 선택
☐ 등에 박힌 썩은 사과로 인한 병세
☐ 가족들의 무관심
☐ 다시 인간으로 돌아갈 수 없다는 절망감
☐ 그 외 (   )

설명:

4 연구자들의 분석에 따르면 주인공 그레고르가 벌레로 변신한 것은 폭압적인 현실에 의해 인간의 존엄이 파괴되는 것이기도 하고, 그 현실에서 벗어나기를 바라는 간절한 소망이라고도 합니다. 여러분은 그레고르가 벌레로 변한 것에 누구의 책임이 가장 크다고 생각하나요?

☐ 개인　　　☐ 가족　　　☐ 사회

이유:

5 흉측한 모습으로 변한 그레고르를 가족으로 받아들이기 쉽지 않습니다. 그렇다고 벌레가 된 그레고르가 다른 존재가 된 것도 아닙니다. 여러분은 벌레로 변신한 그레고르를 가족으로 받아들여야 한다고 생각하나요?

☐ 그렇다.　　　☐ 아니다.

이유:

6 벌레로 변한 그레고르를 둘러싼 가족의 모습은 현대인의 소통 단절과도 연결됩니다. 우리 생활에서도 소통을 어렵게 하는 다양한 요인이 있습니다. 그중에서 여러분이 가장 영향력이 크다고 생각하는 요인을 선택하여 설명을 들려주세요.

☐ 전달하는 말을 알아듣지 못하는 것
☐ 행동반경을 제한하는 것
☐ 무엇을 필요로 하는지 궁금해하지 않는 것
☐ 더는 중요한 존재로 인식하지 않는 것
☐ 다른 사람에게 소개하기 꺼리는 것
☐ 그 외 (　　　　　　　　　　　　)

설명:

사색적 발문 — 생각을 넓혀 보아요

1 그레고르가 변신한 모습을 처음 마주했을 때 그레타와 어머니는 안타깝게 여기고 돌봐 주려고 했습니다. 그러나 시간이 지날수록 흉측한 그레고르의 모습과 곤궁한 살림살이에 지쳐 그를 돌보는 일에도 소홀해집니다. 그레고르를 대하는 가족의 태도를 보고 여러분은 가족 사이에서 무엇을 가장 중요하게 생각하는지 정리해 보세요.

중요하게 생각하는 것	
이유	

2 그레고르가 벌레로 변신한 것은 어쩌면 그의 의지였을 수도 있습니다. 살아가는 동안 여러분이 변신하고 싶었던 순간이 있었다면 언제인지, 무엇으로 변신하고 싶었는지 이야기해 보세요.

3 그레고르는 열심히 일해서 그레타를 음악원에 보내려고 합니다. 그것을 생각하면 그레고르는 마음이 잠시 행복해집니다. 삶에서 지치고 힘든 어느 때라도 행복을 찾을 수는 있습니다. 여러분이 생각하는 행복의 조건을 3가지 제시해 보세요.

내가 생각하는 행복의 조건

1	
2	
3	

4 그레고르는 가족의 말을 알아들을 수 있으나 그들과 대화를 나눌 수는 없습니다. 만약에 여러분이 그레고르의 동물 같은 소리를 유일하게 알아들을 수 있는 사람이라면, 그를 위해 무엇을 해 주겠습니까?

5 벌레로 변한 그레고르는 마음대로 몸을 움직일 수 없고 목소리조차 제대로 나오지 않습니다. 겨우 희미하게 내는 목소리는 동물 소리 같아서 알아들을 수도 없었습니다. 만약 몸은 벌레로 변했어도 인간의 목소리를 낼 수 있었다면 그레고르는 가족에게 어떤 말을 했을까요?

아버지	
어머니	
그레타	그레타야, 너를 음악원에 보내 주려고 모아 둔 돈이 책상 서랍에 있어.

6 그레고르는 평소 가족에게 자기 생각과 속마음을 털어놓지 않았습니다. 이는 그가 여동생을 음악원에 보내려고 혼자만 생각하고 있었던 것을 보아 짐작할 수 있습니다. 여러분은 자신의 상황을 다른 사람에게 어느 정도 보여 주고 있는지 아래 그래프에 표시해 보세요.

0	1	2	3	4	5	6	7	8	9	10

이유:

7 『변신』은 길지 않은 내용이지만 생각거리가 많습니다. 이 책을 관통하는 주제를 한 단어로 표현하고 그 이유를 정리해 보세요.

예) 배신
이유: 개인의 존재가 누군가에게 수단이 되지 않아야 한다. 그레고르는 아들로서 영업 사원으로서 돈벌이에만 사용되다가 결국 벌레로 사라지게 된 것에 배신감을 느꼈을 것이다.

내가 뽑은 주제 단어:
이유:

8 벌레로 변하기 전 그레고르는 다람쥐 쳇바퀴 도는 것 같은 일상을 살았습니다. 가족을 위해 돈을 벌어야 했으나 그의 삶은 힘들고 고달팠습니다. 만약 그레고르가 영업 사원의 일이 힘들어 그만두거나 이직을 했다면 어떻게 되었을까요?

9 그레고르의 죽음을 맨 먼저 알게 된 파출부 할멈은 가족들이 알아차리기도 전에 그레고르의 사체를 처리합니다. 만약 파출부 할멈이 없었더라면 그레고르의 가족은 죽은 그를 어떻게 했을 것으로 상상하나요?

10 그레고르는 가족의 생계를 책임지는 가장이자 업무에 시달리는 직장인이었습니다. 그는 힘들고 지친 생활을 이어 가는 일벌레나 다름없는 삶을 살았습니다. 그러나 하루아침에 진짜 벌레가 되어 버렸으므로 인간으로서 지고 살아온 삶의 무게를 벗어던지게 되었습니다. 과연 그레고르의 일생에서 가장 행복했던 순간은 언제였을까요?

11 그레고르는 끝내 인간의 모습으로 되돌아오지 못하고 벌레의 모습으로 죽음을 맞이합니다. 가족 구성원에서 그레고르가 빠진 후, 그의 가족은 어떻게 살아가게 될까요?

12 저자 프란츠 카프카는 주인공의 변신 모습으로 '벌레'를 선택합니다. 호감을 느낄 만한 것이 아니라 흉측한 모습을 택한 작가의 의도는 무엇이라고 생각하나요?

13 그레고르의 가족은 누구도 그레고르의 변신을 마음으로 받아들이지 못했습니다. 만약 여러분이 그레고르의 가족이라면 그를 어떻게 대했을 것 같은지, 책 속에서 가장 공감되는 인물을 선택하여 이유를 말해 보세요.

북돋움 활동 1

1 『변신』은 실존주의 문학을 대표하는 프란츠 카프카의 작품입니다. 작품이 쓰인 배경과 작가를 조사해 보세요.

작품 배경	
작가 조사	1.
	2.
	3.

2 '고전'이란 오랫동안 많은 사람에게 널리 읽히고 모범이 될 만한 문학이나 예술 작품을 일컫는 말입니다. 이 작품이 쓰였던 당시와 오늘날은 차이가 있지만 『변신』이 시대를 넘어 오늘날에도 의미 있는 작품으로 꼽히는 이유는 무엇일까요?

북돋움 활동 2

어느 날 아침, 그레고르 잠자 씨가 벌레로 변신한 사건이 벌어졌습니다. 작성 조건을 참고하여 이 사건을 뉴스 기사로 작성하고, 적절성을 체크하여 점검해 보세요.

작성 조건
- 기사 글에 등장인물 2명의 인터뷰를 포함할 것
- 8하원칙에 맞추어 작성할 것(누가, 언제, 어디서, 누구와, 왜, 누구에게, 어떻게 해서, 어떻게 되었나)

헤드라인:		

기사의 적절성 체크 별점: 위에 작성한 기사의 적절성을 체크해 보아요.

시의성	현시점에서 다루기에 어느 정도 적절한가요?	☆☆☆☆☆
영향성	나 또는 사회에 어느 정도 영향을 미칠까요?	☆☆☆☆☆
저명성	언급한 자료는 얼마나 유명하고 믿을 만한가요?	☆☆☆☆☆
갈등성	갈등 상황이 어느 정도 드러났나요?	☆☆☆☆☆
근접성	전달하고자 하는 목적에 어느 정도 가까운가요?	☆☆☆☆☆
신기성	어느 정도 신기하고 새로운가요?	☆☆☆☆☆

에필로그

『변신』을 읽은 학생들에게 줄거리를 제외하고 자신만의 감상을 이야기하라면 난감해하는 경우가 많습니다. 분량이 짧아서 읽기는 쉽지만, 그만큼 책에서 얻을 수 있는 정보는 제한적이기 때문입니다. 이럴 때 작가에 관해 알아보면 작품을 폭넓게 이해할 수 있습니다. 그래서 모둠별로 카프카의 가족과 그의 또 다른 직업을 조사해 발표하는 시간을 가졌습니다.

첫 번째 모둠에서는 카프카와 아버지의 관계를 이야기했습니다.
"자수성가한 아버지는 일방적이고 가부장적인 사람이었어요. 문학을 공부하고 싶어 하는 카프카에게 법학을 공부하도록 강요했고, 태생적으로 소심하고 예민했던 아들에게 폭력을 행사하기도 했대요. 이런 상황에서 카프카는 아버지의 기대에 부응하지 못한다는 죄책감에 시달리기도 했어요. 『변신』에서 그레고르와 아버지의 관계를 보면 카프카와 아버지의 관계를 유추할 수 있어요."

두 번째 모둠에서는 카프카와 어머니에 대한 조사 결과를 발표했습니다.
"권위적인 아버지와 달리 어머니는 매우 순종적인 사람이었어요. 아버지는 그런 어머니를 독점했고 자식들의 양육은 보모에게 맡겼대요. 그래서 카프카는 늘 어머니의 사랑을 갈구했지만 채울 수는 없었어요. 『변신』을 처음 읽었을 때 그레고르의 어머니가 아들과 일정한 거리를 두고 있다는 느낌을 받았는데, 아마도 카프카의 어머니와 카프카의 관계가 그랬을 것 같아요. 그레고르의 어머니는 늘 아버지와 여동생 뒤에서만 아들을 걱정하고 안타까워하는 것 같았거든요. 그리고 카프카는 세 번 약혼했지만 모두 파혼하고 결국 결혼은 하지 못했대요. 어릴 때부터 어머니와의 애착 관계가 제대로 형성되지 못했던 것이 아마도 연애와 결혼에 자신이 없었던 이유인 것 같아요."

다른 모둠은 카프카의 또 다른 직업에 대해 들려주었습니다.

"카프카는 처음부터 작가만 했을 줄 알았는데 의외로 재해보험국에서 15년이나 근무했어요. 낮에는 직장인으로 밤에는 작가로 활동하면서도 회사에서 중간 관리까지 승진도 했대요. 그때 카프카는 산업 재해와 관련된 업무를 하면서 노동력을 상실한 사람들이 사지로 내몰리는 현실을 많이 봤을 거예요. 당시 독일은 경제 능력에 따라 인간의 가치가 결정됐던 시대니 그 사람들의 상황이 얼마나 비참했겠어요. 이것이 『변신』을 쓰게 된 이유 중 하나가 아닐까 싶어요."

모둠별로 카프카에 대해 조사한 내용을 발표하고 나니 너도나도 『변신』이 다르게 보인다고 했습니다. 그다음에 토론으로 이어 가니 수업이 훨씬 수월하게 진행되었습니다

학생들은 작품 속에서 작가의 삶을 유추하려고 합니다. 그래서인지 작가와의 만남을 진행해 보면 작가에게 가장 많이 질문하는 것이 '작품 속 일 중 작가님이 경험한 것은 무엇인가요?'와 '등장인물 중에서 작가님은 누구를 가장 많이 닮았나요?'입니다. 작가의 작품과 삶이 궁금해지면 작가의 다른 작품을 찾아 읽기도 할 것입니다. 그렇게 작품을 선택하는 힘이 길러지고 나아가 평생 독자가 될 가능성이 더욱 커집니다.

6

남들보다 뒤처지는 것 같아 불안한 너에게

『수레바퀴 아래서』

수레바퀴 아래서

헤르만 헤세

#진로고민 #성적 #우정 #꿈 #교육 #자존감

오늘의 처방

- ☑ 지금도 충분히 잘하고 있어요!
- ☑ 당신은 세상 유일의 특별한 사람입니다.

책 속으로

주인공 한스는 청소년 시절에 누려야 하는 많은 것을 포기하고 오로지 공부에만 매달렸습니다. 그 결과 어려운 주 시험을 통과하여 신학교에 당당히 입학했습니다. 그러나 아버지와 마을 사람들의 기대와 달리 좋은 성적을 유지하지 못합니다. 결국 몸과 마음이 지쳐 다시 고향에 돌아온 한스를 누구도 예전처럼 환대하지 않습니다. 기운이 빠진 한스는 교장 선생님의 말처럼 수레바퀴에 깔리고 만 것일까요? 남들보다 앞서기 위해 노력했지만 왜 그래야만 하는지조차 몰랐던 한스의 삶을 통해 나의 삶을 돌아보게 됩니다.

낱말 퍼즐 — 내용을 떠올려 보아요

(크로스워드 퍼즐)

채워진 칸:
- 7가로/9세로: 레퀴엠 (레, 퀴, 엠)
- 8가로: 식사문

가로 열쇠
1. 마드를 2. 수월 3. 기계 4. 통신수 5. 마을 먹사 6. 파라다이스 7. 쇠재영 8. 시사문
9. 매미 10. 거미 11. 파리아 12. 아우구스트 13. 원피리피피 14. 힐링가

세로 열쇠
① 과수원 ② 크리스마스 ③ 우정이란 ④ 가족사 ⑤ 수레바퀴 ⑥ 박지이시 ⑦ 스푼이
⑧ 이기주의자 ⑨ 레퀴엠 ⑩ 지하이던 ⑪ 엠마 ⑫ 왕자 ⑬ 호텔르당 ⑭ 곰돌 ⑮ 조개가 ⑯ 매파

정답

가로

1. 독일의 화폐 단위.
2. 한스가 아무리 공부해도 흥미가 생기지 않는 과목. 이 과목은 불확실함과 속임수가 없어서 좋다고 할 수와 양, 공간의 성질에 관하여 연구하는 학문.
3. 신학교를 나와 고향으로 돌아온 한스가 새롭게 찾은 직업.
4. 신학교에서 한스가 배정받은 방의 이름.
5. 한스에게 라틴어, 누가복음, 히브리어 등을 가르쳐 주었으나 사람들에게 따뜻한 눈빛도 다정한 위로도 할 줄 모르는 성직자.
6. 마울브론 수도원에 있는 교회 본당은 아름다운 외관 때문에 이렇게 불림. 걱정이나 근심 없이 행복을 누릴 수 있는 곳.
7. 죽은 사람의 영혼을 위로하기 위한 미사 음악.
8. 식장에서 그 식에 대한 인사로 쓰이는 글.
9. 가난, 범죄, 질병이 넘치지만 한스에게 어린 시절의 행복한 추억이 많았던 거리. 부유하고 깨끗한 게르버 거리와는 정반대 분위기.
10. 고대 이집트 왕의 칭호. 큰 집이라는 뜻을 가짐.
11. 막대한 자본을 투입하여 매우 큰 규모로 만든 영화. 주로 극장의 성수기인 여름과 겨울에 개봉하는 미국 할리우드 영화를 뜻하는 외래어. tent pole.
12. 어릴 적 한스와 함께 헛간을 만들고 토끼장을 고친 학교 친구. 자신의 수습 기간 종료를 축하하는 파티에 한스를 초대함.
13. 하일러와의 우정은 모범생이던 한스를 문제아로 만들고 신경 쇠약으로 학교를 그만두게 하고, 결국엔 죽음에 이르게 함. 하나의 물결이 연쇄적으로 많은 물결을 일으킨다는 뜻의 사자성어. 한 사건이 그 사건에 그치지 않고 잇따라 많은 사건으로 번진다는 뜻. 一波萬波.
14. 스케이트 타는 친구들을 구경하러 갔다가 얼음이 깨져 사망한 신학교 학생 이름.

세로

① 햄을 가진 아이는 ○○○ 집 아이와 친해져 햄과 사과를 바꿔 먹음. 과실나무를 심은 밭.
② 한스의 룸메이트 중 루치우스가 ○○○○○ 축제 때 바이올린을 연주함. 12월 25일.
③ 우공이 산을 옮긴다는 의미의 사자성어. 어떤 일이든 끊임없이 노력하면 반드시 이루어진다는 뜻. 愚公移山.
④ 마울브론 신학교에 입학한 학생들이 생활하는 곳. 학교나 회사에 딸려 있어 학생이나 사원에게 싼값으로 숙식을 제공하는 시설.
⑤ 교장 선생님은 한스에게 기운이 빠지면 이것에 깔리게 될 거라고 충고함. 책의 제목『○○○○ 아래서』.
⑥ 한스는 신학교 초기에는 ○○○○을 가지고 공부함. 자기 행위의 목적에 관해 가지는 뚜렷한 자각.
⑦ 주 시험에서 목사가 특히 잘 보라고 한 과목.
⑧ 루치우스는 자기 것을 약삭빠르게 아끼는 탓에 교활한 구두쇠 또는 이렇게 불림. 다른 사람을 배려하지 않고 자신의 이익이나 행복만을 고집하는 사람.
⑨ 누가 어떻게 조립하느냐에 따라 전혀 다른 모습이 되는 장난감 조각처럼, 개인이 가치관이나 취향에 따라 선택하여 즐기는 문화.
⑩ 플레이크 아저씨의 조카딸. 한스를 연애 감정으로 설레게 하고 말없이 떠나 버린 사람.
⑪ 한스에게 낚시 기술을 알려 준 소년.
⑫ 이 사람을 공부하던 한스는 역사 속 인물들의 환영을 보고 신경 쇠약 진단을 받음. 『로마 건국사』 142권을 저술한 고대 로마의 역사가.
⑬ 물고기나 새를 잡는 그물을 칭하는 단어. 널리 받아들여 모두를 포함한다는 뜻.
⑭ 몇몇 학생들의 행동과 우정에 대한 평가를 담은 풍자시를 세면장에 붙이고, 〈다람쥐〉라는 이름의 신문을 만든 사람.
⑮ 하일러는 이 소년과 싸우고 눈물을 보임.
⑯ 대외 정책에서 자신들의 이념이나 주장을 고수하며 타협하지 않는 대외 강경론자.

인물 추적도 — 등장인물을 파악해 보아요

한스 기벤라트	주인공이 이웃집의 과일즙 짜는 일을 도와주러 갔다가 처음 만나 사랑의 감정을 느꼈던 인물. 그로 인해 설레었던 주인공과는 달리 진심으로 그를 대하지도 않고 말도 없이 고향으로 돌아가 버림.
헤르만 하일러	주인공을 걱정하여 시험에 떨어져도 괜찮다고 진심 어린 위로와 기도로 응원하는 구둣방 주인. 주인공을 하나의 인격체로 존중해 주는 유일한 어른.
플레이크	마을에서 유일하게 신학교에 입학할 만큼 성적이 뛰어나고 예민한 감성을 지닌 주인공. 신학교에 적응하지 못하고 신경 쇠약으로 집에 돌아와 요양하다가 기계공이 되었으나 끝내 죽음을 맞이함.
엠마 게슬러	자연과 시를 좋아하며 머리가 비상한 신학교 학생. 주인공과 우정을 나누며 단짝으로 지냈으나 학교 체제에 순응하지 않아 퇴학당함.
아우구스트	신학교에서 스케이트 타는 친구들을 구경하러 갔다가 호수에 빠져 익사함. 그의 죽음은 한동안 신학교에 조용하고 침착한 분위기를 유지하게 함.
힌딩거	신학교에서 무료로 강습하는 바이올린 연주에 매진했으나 그의 서툰 실력 때문에 주변 사람들이 곤혹스러워함.
에밀 루치우스	주인공이 신학교 입학시험 공부를 하는 동안 만나지 못했던 어릴 적 친구. 신학교에서 나와 기계 견습공이 된 주인공을 챙겨 주며 자신의 수습 기간 종료 파티 자리에도 초대함.

다양하게 생각해 보아요

해석적 발문

1 주 시험을 보러 가는 전날 밤, 한스는 생각에 잠겼습니다. 두통에 시달리고 피곤과 졸음을 쫓으며 공부하는 것은 힘들었지만 훌륭한 사람이 되어 친구들을 내려다보리라는 생각에 행복했습니다. 여러분은 한스가 시험을 준비하면서 얻은 것과 잃은 것이 무엇이라고 생각하나요?

시험을 준비하면서 얻은 것	시험을 준비하면서 잃은 것

2 한스는 마을 사람들의 관심과 지지를 받으며 살고 있습니다. 그중에서 플라이크 아저씨와 목사가 한스를 지지하는 방식을 정리하고, 여러분이 선호하는 지지자는 어느 쪽인지 이유를 말해 보세요.

구분	플라이크 아저씨	마을 목사
성향		
강조하는 점		
시험에 대한 관점		
방학 계획		
나의 선호도 ☑	☐	☐
이유		

3 한스는 숙모와 함께 산책하다가 수험생 118명 중 36명만 합격한다는 이야기를 듣고 기가 죽어 돌아왔습니다. 그리고 그날 밤 117명의 수험생과 함께 산더미처럼 쌓인 초콜릿을 먹는 꿈을 꾸었습니다. 모두가 주어진 초콜릿을 다 먹었지만 한스 앞에 놓인 초콜릿 더미는 자꾸 커져만 갔습니다. 한스의 꿈에 등장한 초콜릿은 어떤 의미일까요?

4 한스는 신학교에서 배우게 될 새로운 지식에 대해 은근히 두려움을 느끼고 있었습니다. 그러던 차에 그리스어를 배우라는 목사의 제안을 받아들여 누가복음 공부를 시작합니다. 신학교에서 다른 학생들보다 앞서려면 노력을 해야 한다는 생각에서였지만 왜 그래야만 하는지는 자신도 모릅니다. 여러분은 한스가 왜 남들보다 앞서야 한다는 마음을 갖고 있다고 생각하나요?

5 신학교의 학생들은 차차 공동체 생활에 익숙해졌고 그들 중 물질적 교류로 이루어진 관계도 생겨났습니다. 햄을 가진 아이가 과수원 집 아들과 사과를 바꾸어 먹는 등의 교류였습니다. 그 관계는 취미나 호감을 바탕으로 맺은 우정보다 오랫동안 지속되었습니다. 여러분은 물질 교류의 관계가 더 오래 유지된 이유가 무엇이라고 생각하나요?

6 한스는 오토 벵거와 싸운 후 울면서 밖으로 나간 하일러를 찾아갑니다. 왜 자신을 찾아왔느냐고 퉁명스럽게 굴던 하일러는 한스가 돌아가려 하자 느닷없이 입을 맞춥니다. 이 상황은 하일러가 눈물을 흘리는 것보다 훨씬 우스꽝스럽고 수치스러운 것이었습니다. 하일러는 한스에게 왜 이런 돌발 행동을 했을까요?

7 하일러는 수도원 가출 사건으로 퇴학을 당했습니다. 남은 한스는 하일러의 도망을 알고 있었을 것이라는 의심을 받았고, 주변 사람들에게 완전히 신뢰를 잃고 말았습니다. 여러분은 두 사람의 우정이 그들에게 각각 어떤 영향을 주었다고 생각하나요?

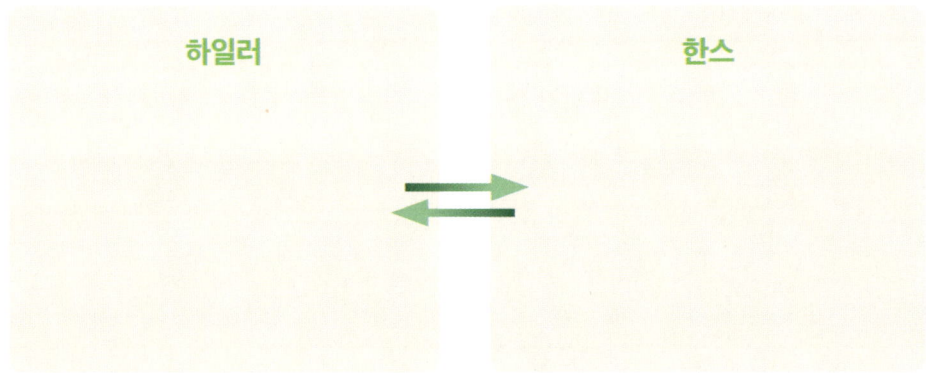

8 하일러가 퇴학을 당한 뒤 한스는 학교에서 외면당하다가 신경 쇠약 진단을 받게 됩니다. 여러분은 한스의 발병에 영향을 미친 가장 큰 요인이 무엇이라고 생각하나요?

9 하일러는 감수성이 풍부하고 천재적인 소년이었습니다. 그러나 독특한 성격과 학교에서 일으킨 여러 사건으로 인해 문제 학생으로 낙인찍혀 교사들의 감시를 받았습니다. 하일러를 바라보는 시각이 작품 속 시대(19세기 말)와 현재(21세기)를 비교해 볼 때 어떻게 다르다고 생각하나요?

10 교장 선생님은 하일러와 어울리면서부터 성적이 떨어진 한스를 교장실로 불러 근황을 물었습니다. 그러면서 기운이 빠지면 수레바퀴 아래 깔리고 말 거라고 합니다. 여러분은 교장 선생님이 말한 '수레바퀴'가 무엇을 의미한다고 생각하나요?

11 좋은 성적으로 신학교에 입학했던 한스는 퇴학을 당하고 병든 몸이 되어 고향에 돌아옵니다. 한스를 대하는 마을 사람들의 태도는 어떻게 달라졌으며, 그 이유는 무엇이라고 생각하나요?

	마을 목사	아버지	그 외( )
달라진 태도			
이유			

12 플레이크 아저씨가 과즙 짜는 일에 오라고 하자 한스는 마지못해 응합니다. 과즙을 마시자 어린 시절의 추억이 되살아났고, 함께 일하던 엠마에게 호감을 느끼면서도 한편으로 불안한 마음도 있습니다. 과즙은 한스에게 어떤 역할을 했는지 한 단어로 소개해 주세요.

한스에게 과즙은 (   )이다.
왜냐하면

13 고향으로 돌아와 몸과 마음을 추스르던 한스는 어린 시절에 주로 다녔던 곳을 돌아봅니다. 그중에서도 매의 거리와 게르버 거리에 대해서 관찰한 기억은 여전히 뚜렷합니다. 그러나 어린 시절에 자주 머물렀던 매의 거리에는 다시 가지 않겠다고 생각합니다. 한스에게 매의 거리와 게르버 거리는 어떤 의미일까요?

	매의 거리	게르버 거리
특징	언덕 쪽으로 경사를 이루고, 거리의 길이는 짧고 폭은 좁다. 길가의 집들이 우중충하고 조금 기울어져 있다. 현관과 창문이 비뚤어진 곳에는 나무로 아무렇게나 덧대었다. 모든 창문에 걸쳐진 빨랫줄에는 매일 빨래가 가득했다.	마을에서 가장 길고 넓은 길이며, 선량하고 비교적 부유한 토박이들이 거주한다. 멋진 현관과 정원이 딸린 집도 있고 목조 건물이 많다. 고상하고 주요 관공서가 있는 광장처럼 깨끗하다.
의미		

14 한스는 자신의 집에서 사과즙을 짜는 날에 엠마도 올 것이라고 기대했지만 플레이크 아저씨의 두 아들만 오자 실망스러웠습니다. 게다가 엠마가 자신에게 아무 말도 하지 않고 고향으로 떠났다는 소식을 듣고는 뭔가를 잃어버린 것 같았습니다. 한스는 왜 잃어버렸다는 느낌을 받았을까요?

15 한스는 삶에서 목적과 내용이 사라졌다고 느끼며 무력한 생활을 합니다. 그런 한스에게 아버지는 서기나 기능공이 되기를 추천하지만, 아우구스트를 만나고 온 한스는 기계공이 되겠다고 결정합니다. 한스의 결정에 대해 느낀 여러분의 감정을 〈감정 낱말 모음집〉에서 한 개 고르고, 그 이유를 정리해 보세요.

> 예시) 안타깝다
> → 지식이 풍부하고 똑똑했던 한스가 자신이 원하지 않는 기계공을 어쩔 수 없이 선택하는 것 같아 안타깝다.

16 기계 수습공이 되기로 한 한스는 아버지가 사 준 파란 작업복과 모자를 착용해 보았습니다. 지금은 그것을 착용한 모습이 우스꽝스러워 보이지만 곧 그 옷을 입게 될 날을 기다립니다. 여러분은 한스의 마음이 변한 이유가 무엇이라고 생각하나요?

17 한스는 아우구스트를 찾아가 기계공 일에 대해 알아봅니다. 아우구스트는 한스에게 기꺼이 도움을 주겠다며 수습 기간 후 갖는 자신의 축하 파티에 초대합니다. 그러면서 한스가 '우리들의 세계'를 알게 될 거라는 말을 덧붙입니다. 여러분은 한스의 세계와 아우구스트의 세계가 어떻게 다르다고 생각하나요?

18 주급을 받은 노동자들의 술집 모임에서는 언제 어디서나 듣게 되는 진부한 이야기가 펼쳐집니다. 그렇지만 한스는 그들의 이야기가 몇 번이고 반복해도 듣기가 좋다고 합니다. 다소 과장되거나 대담하고 거친 그 이야기들이 갖는 매력은 무엇이라고 생각하나요?

19 『수레바퀴 아래서』는 수습공 일에 적응해 가던 한스의 알 수 없는 죽음으로 끝을 맺습니다. 왜 작가는 조금씩 새로운 삶에 적응해 가던 한스가 죽는 것으로 이야기를 마무리했을까요?

20 『수레바퀴 아래서』는 작가 헤르만 헤세의 자전적 소설로 널리 알려져 있습니다. 등장인물 중에서 한스의 삶을 송두리째 바꾸어 놓은 '헤르만 하일러'와 낚시에 대한 놀라운 열정으로 한스에게 영향을 준 '헤르만 레히텐하일'은 작가와 이름이 같습니다. 작가는 자신과 이름이 같은 '헤르만' 소년들을 통해 무엇을 이야기하고 싶었을까요?

선택적 발문: 입장을 정해 보아요

1 마을 사람 대부분은 자기 아들이 대학 공부 후 관료가 되기를 바랍니다. 부유하지 않다면 주 시험에 합격하여 신학교에 진학하고, 졸업 후 강단에 서는 목사가 되는 것을 목표로 합니다. 여러분이라면 이처럼 통상적으로 정해진 길을 갈지, 아니면 스스로 개척한 길을 갈지 선택해 보세요.

☐ 정해진 길을 선택하겠다.   ☐ 원하는 길을 개척하겠다.

이유:

2 루치우스와 하일러의 싸움으로 화가 난 교장 선생님은 학생들이 모인 자리에서 하일러를 호통치고 근신령을 내렸습니다. 근신령은 낙인찍히는 것과 같아서 그런 학생과 어울리는 사람도 나쁜 평가를 받게 됩니다. 이 때문에 한스는 하일러와의 우정을 이어 나갈지, 하일러와 거리를 두고 학업에 충실할 것인지 갈등합니다. 여러분이 한스와 같은 상황이라면 어떤 선택을 하겠습니까?

☐ 우정을 이어 나갈 것이다.   ☐ 학업에 충실할 것이다.

이유:

3 기숙사에서 공동생활을 하는 동안 학생들은 각자 나름의 우정을 유지해 나갔습니다. 그중에서도 단짝이 된 하일러와 한스는 자유분방한 소년과 고지식한 소년, 시인과 성실한 소년의 만남으로 다른 점이 많았습니다. 그들은 자신과 다른 모습에 매료되어 친하게 지냈는데, 여러분은 친구의 어떤 모습에 매력을 느끼나요?

☐ 나와 다른 점   ☐ 나와 비슷한 점   ☐ 그 외(   )

이유:

4 강물에 빠진 한스는 싸늘한 시신이 되어 돌아왔습니다. 그러나 사고를 당했는지 스스로 목숨을 버렸는지 그 이유를 알 수 없습니다. 여러분은 한스의 죽음에 어떤 이유가 있다고 생각하나요?

☐ 길을 잃고 발을 헛디뎠거나 물을 마시려다가 넘어지는 사고였다.
☐ 아름답게 빛나는 강물에 이끌려 스스로 물속으로 몸을 던졌다.

이유:

5 한스의 장례식에는 기계공들과 호기심에 찬 구경꾼들이 많이 모여들었습니다. 플레이크 아저씨는 한스의 아버지에게 장례식에 참석한 사람들을 가리키며 저들이 한스의 불행을 거들었다고 말합니다. 책 속에 등장하는 인물들은 한스에게 다양한 영향을 미쳤는데, 여러분은 그중에서 누가 한스를 가장 불행하게 만들었다고 생각하나요?

☐ 아버지   ☐ 학교 선생님들   ☐ 하일러   ☐ 엠마   ☐ 담임 목사   ☐ 그 외
이유:

6 한스는 남들보다 앞서기 위해 공부에 매달렸고 어려운 주 시험에 합격했습니다. 그러나 꿈꾸던 것 대신 현실에서는 수습공이 되었고, 젊은 나이에 죽음으로 생을 마감했습니다. 여러분은 한스가 스스로 원하는 삶을 살았다고 생각하나요, 아니면 주변 인물들이 제시한 삶을 살았다고 생각하나요?

☐ 스스로 원하는 삶   ☐ 주변 인물들이 제시한 삶
이유:

사색적 발문: 생각을 넓혀 보아요

1 한스는 각 지방의 뛰어난 소년들을 선발하기 위해 실시되는 주 시험을 치르게 되었습니다. 그래서 쉬지 않고 공부에 몰두하고 있습니다. 한스와 같은 청소년 시기의 여러분도 공부에 매진하고 있을 것으로 생각합니다. 여러분이 생각하는 공부의 목적을 구체적으로 이야기해 보세요.

2 중요한 시험을 앞둔 한스는 중압감으로 소화 불량에 시달리며 악몽까지 꿉니다. 여러분이 느끼는 시험에 대한 중압감은 어느 정도인지 그래프에 색칠하고, 시험 때 겪는 증상을 이야기해 보세요.

시험에 대한 중압감

0	1	2	3	4	5	6	7	8	9	10

시험 때 겪는 증상 :

3 주 시험에서 떨어질까 봐 지레 겁을 먹은 한스는 아버지에게 고등학교에 보내 줄 수 있냐고 묻습니다. 그러나 아버지는 그럴 수 없다고 역정을 냅니다. 신학교도, 고등학교도 갈 수 없다면 그동안 무시했던 평범한 사람의 모습으로 살지도 모른다는 생각에 괴롭기만 합니다. 여러분은 일어나지 않은 일을 미리 걱정하는 한스에게 어떤 말을 해 주고 싶나요?

4 한스가 생각하는 교사의 의무는 아이들의 거친 본능을 누르고 국가가 원하는 평화롭고 절제된 이상을 심어 주는 것입니다. 그리고 학교의 사명은 치밀하게 계획된 훈련을 통해 아이들을 사회의 바람직한 일원으로 만드는 것입니다. 여러분은 교사의 역할과 학교의 사명이 무엇이라고 생각하나요?

교사의 역할	학교의 사명

5 한스에게 수학은 흥미로운 과목이 아닙니다. 해답을 찾아내고 새로운 내용을 터득해도 넓은 세계를 바라볼 수 없다는 생각 때문입니다. 여러분에게 넓은 세계를 바라볼 수 있도록 도와주는 과목은 무엇인가요?

6 한스는 스스로 훌륭하게 성장했고 성숙해졌다고 생각합니다. 길거리에서 뛰노는 일, 흙장난과 토끼 기르기, 그토록 좋아하는 낚시질마저 스스로 그만두었기 때문입니다. 여러분도 한스처럼 자신의 목표를 위해 스스로 그만둔 일이 있다면 소개해 주세요.

7 공자는 '세 사람이 함께 길을 갈 때 그중에 반드시 스승이 있다.'라고 합니다. 한스가 기숙사에서 만난 룸메이트 중에서 배울 만한 점이 있다고 생각되는 사람을 선정하고 그 이유를 말해 보세요.

오토 하르트너, 카를 하멜, 헤르만 하일러, 에밀 루치우스, 오토 벵거

선정한 인물	내가 배울 점

8 하일러에게 죄책감을 느끼고 힌딩거의 죽음을 겪으면서 한스는 더욱 진지하고 성숙해졌습니다. 한스의 마음속에 일어난 변화는 그를 소년에서 청년으로 성장시켰습니다. 여러분도 어떤 일로 인해 자신이 크게 변화하거나 성장했다고 느낀 적이 있다면 이야기해 보세요.

9 어휘력과 독서력이 뛰어난 하일러는 히브리어로 된 작품을 읽을 때 더 많은 생명과 영혼을 발견하고 흡입했습니다. 한스도 그리스어로 된 복음서를 읽을 때 생동감을 느꼈습니다. 이들처럼 여러분이 독서를 통해 특별히 경험한 것이 있다면 소개해 보세요.

10 봄이 되자 신학교 학생들은 각방에서 특색 있는 모임을 시작했습니다. 아크로폴리스 방에서는 악기 연주 모임을, 게르마니아 방에서는 희곡 독서회를, 또 다른 방에서는 성경 독서 모임을 열기도 했습니다. 여러분이 이 학교의 학생이라면 어떤 주제로 방의 모임을 주도하겠습니까?

11 하일러는 수도원 가출 사건으로 퇴학을 당해 아버지와 함께 집으로 돌아갔습니다. 여러분은 이후 하일러의 삶이 어떠할 것으로 상상하나요?

12 한스와 하일러가 친해졌던 초기에는 서로에게 긍정적인 영향을 주었습니다. 한스는 한층 온화하면서도 열정적으로 변했고, 하일러는 더욱 강인해져 남성스러운 기질이 넘쳤습니다. 그러나 두 사람이 뭉쳐 지내는 시간이 길어질수록 다른 사람들에게 적대적으로 변하면서 급기야 하일러는 퇴학당하고 한스는 신경 쇠약 판정을 받습니다. 만약 한스의 입장에서 시간을 되돌린다면 어느 시점에서 다시 시작하고 싶을까요?

13 선생님들은 한스가 마음을 다잡도록 타일러도 보고 꾸짖기도 했습니다. 그러나 한스는 몸도 마음도 나아지지 않았고 고향으로 돌아와 요양할 때도 마찬가지였습니다. 이미 삶을 지탱하는 의미와 목적을 잃어버린 한스에게 의욕을 새로 갖게 해 줄 방법은 어떤 것이 있을까요?

14 수습공으로 일하게 된 한스는 처음 맡게 된 톱니바퀴 다듬는 일부터 잘 해내고 싶었습니다. 단단한 쇠가 정교한 모습을 드러내자 스스로 좋은 물건을 만들어 낸 기쁨을 느꼈습니다. 여러분도 한스처럼 처음 해 본 일이었지만 기대 이상으로 잘하여 성취감을 느꼈던 적이 있다면 발표해 보세요.

15 사람들은 대부분 고정 관념을 갖고 있습니다. 예를 들면, 어떤 사람을 평가할 때 그 사람의 성격이나 능력, 가치관보다는 출신 학교, 직업, 지역, 종교 등에 따라 판단하는 것입니다. 마을 사람들이 주 시험에 합격한 한스가 성공한 삶을 살 것으로 기대한 것도 마찬가지입니다. 그러나 한스는 오히려 학교 친구들보다 뒤늦게 수습공이 되었고, 주 시험에 합격한 대장장이라는 놀림을 받게 되었습니다. 이처럼 여러분도 고정 관념이 잘못되었다고 깨달은 적이 있다면 소개해 주세요.

16 한스는 플레이크 아저씨 집에서 만난 엠마에게 사랑을 느낍니다. 엠마에게서 느끼는 설렘과 행복 그리고 아쉬움과 눈물은 한스에게 또 다른 세계를 열어 줍니다. 그러나 엠마는 한마디 말도 없이 떠났습니다. 엠마와 한스의 관계를 참고하여 여러분이 가장 중요하게 생각하는 '사랑할 때 지켜야 할 것'은 무엇인지 생각해 보세요.

17 한스의 장례식 날, 교장 선생님은 큰 인물이 될 수 있었던 뛰어난 학생에게 이런 불행이 찾아온 것은 가슴 아픈 일이라며 안타까워합니다. 만약 한스가 평범한 학생이었다면 어떤 삶

을 살았을까요?

18 플레이크 아저씨는 한스의 나이 때 필요한 것은 산책과 운동 그리고 충분한 휴식이라고 합니다. 공부에 지친 한스가 쉴 수 있기를 바라는 마음 때문입니다. 플레이크 아저씨의 말처럼 여러분이 학창 시절에 누려야 한다고 생각하는 버킷리스트를 작성해 보세요.

	중학교(고등학교) 졸업 전 나의 버킷리스트
1	
2	
3	
4	
5	

북돋움 활동 1

1 『수레바퀴 아래서』는 노벨 문학상을 수상한 헤르만 헤세의 자전 소설이라고 합니다. 작품이 쓰인 배경과 저자에 관해 조사해 보세요.

작품 배경	
작가 조사	1.
	2.
	3.

2 '고전'이란 오랫동안 많은 사람에게 널리 읽히고 모범이 될 만한 문학이나 예술 작품을 일컫는 말입니다. 이 작품이 쓰였던 당시와 오늘날은 차이가 있지만 『수레바퀴 아래서』가 시대를 넘어 오늘날에도 의미 있는 작품으로 꼽히는 이유는 무엇일까요?

북돋움 활동 2

『수레바퀴 아래서』는 개인의 창의성과 자유 의지를 짓밟는 교육 제도에 대한 비판을 담고 있습니다. 고루하고 위선적인 권위에 희생된 한스의 사례는 우리 사회에서도 찾아 볼 수 있습니다. 여러분이 경험한 교육 제도를 참고하여 이를 개선하도록 '정책 제안서'를 작성해 보세요.

- 정책 제안서란?

  정책 제안서는 사회 기관이나 민간 차원에서 정책의 제정이 필요하다고 생각하는 경우, 정부를 상대로 정책의 제정 및 개선에 대한 제안 내용을 정리한 문서를 말합니다.

- 정책 제안서 작성 요지

  정책 제안서는 상대방을 설득해야 하므로, 깔끔한 형식과 명료한 내용 그리고 설득력 있는 어투로 작성해야 합니다.

- 작성 항목

1. 제목	- 정책 제안서 내용의 성격을 한눈에 알 수 있도록 제목을 짧게 함축하여 표현합니다.
2. 제안 배경 (서론)	- 개요(주제): 정책 제안서를 작성하는 배경이나 상황 설명 등으로 글을 작성하는 취지나 목적을 쉽게 파악할 수 있도록 작성합니다. 논리적인 순서에 따라 서로 연관성이 있도록 간단명료하게 서술합니다. - 현황 및 문제점: 현재 시행되는 제도의 현황과 문제점을 자세히 서술합니다.
3. 정책 과제 (본론)	- 개선 방안(개선 내용): 문제점 개선을 목적으로 제안하는 정책을 개요에서 제시한 순서대로 자세히 서술합니다.
4. 기대 효과 (해결 성과)	- 제안한 내용이 실시될 경우 기대되는 효과를 개요에서 제시한 순서대로 간단명료하게 서술합니다.

정책 제안서 예시

	금연 교육 내실화
제안 배경	• 21세기, 담배로 인한 사망자가 약 10억 명으로, 남성 사망의 16%, 여성 사망의 7%는 담배 때문으로 보고됨. • 보건복지부가 조사한 청소년건강행태온라인조사에 따르면 2017년 부산 청소년 현재 흡연율은 5%에 이름. • 사망과 직결되는 흡연, 청소년 시기부터 금연 교육 내실화를 통한 흡연의 위험성을 알리고, 실질적인 도움이 되는 금연 교육이 필요함.

정책 과제	• 학습자가 주도하는 캠페인, 체험형 금연 교육 확대 진행
	  - 시각 자료에 의존한 금연 교육을 탈피하고, 학생들이 직접 몸으로 체험하며 흡연의 위험성을 인지할 수 있는 체험형, 캠페인형 금연 교육 활성화 필요
	• 연령에 따른 맞춤형 금연 교육 진행
	  - 연령에 따른 금연 교육을 진행함으로써 그 시기에 알맞은 금연 교육을 받을 수 있도록 함.
	    예) 초등학교: 금연의 필요성을 배우는 공연, 연극
	        중학교: 흡연의 위험성을 인지하기 위해 직접 체험 운영하는 부스
	        고등학교: 지역 보건소와 연계해 흡연자들이 금연할 수 있도록 1 대 1 맞춤형 교육
	• 흡연 청소년에게 필요한 금연 교육 진행
	  - 학교 내 단순 징계와 처벌은 흡연 청소년들에게 금연의 필요성을 인지하게 도움을 주는 데 한계가 있음. 흡연 청소년들을 단순히 문제 발생자로 보기보다는 장기적 흡연자에게는 그들이 금연을 할 수 있도록 금연 치료를 지원하며, 단기적 흡연자는 장기적 흡연자가 되지 않도록 사전 교육이 필요함.

기대 효과	• 수동적인 교육이 아닌 능동적인 교육으로 학습자가 깨닫는 게 많은 교육 실시 가능 • 연령별 시기에 따라 맞춤형 교육을 진행함으로써 체계적이고 혁신적인 교육 실시 가능 • 흡연 청소년이 일탈 청소년이 아닌 건강한 청소년으로 사회 복귀 가능 • 위 기대 효과들을 통합하여 결과적으로 부산광역시 내 청소년 흡연율 감소가 일어날 것으로 봄.

출처: 부산광역시 청소년 정책 제안서

정책 제안서 활동지

_____ 에 관한 정책 제안서		
학번		이름
제안 배경	• • • •	
정책 과제	• • • •	
기대 효과	• • • •	

에필로그

토론하기 전 책의 내용을 상기하는 방법으로 전략 빙고를 자주 사용합니다. 전략 빙고는 3~4명씩 한 모둠을 만들고 A4 용지를 아코디언처럼 접어 바깥쪽에 적은 단어부터 찢어 없애는 방식입니다. 학생들이 전략 빙고를 통해 뽑은 키워드는 '수레바퀴, 하일러, 교육, 엠마, 성적, 교장 선생님, 낚시, 초콜릿, 퇴학, 시험, 사랑'이었습니다. 그중에 가장 많이 나온 단어 '수레바퀴'와 관련해 나누었던 이야기가 가장 기억에 남습니다.

학생들은 '수레바퀴'가 끊임없이 돌아가는 인생, 삶, 사회 시스템이라고 했습니다. 정해진 체계에 순응하면 수레바퀴에 올라 앞으로 나아갈 수 있지만 그러지 않으면 수레바퀴 아래 깔리고 도태될 수 있겠지요. 한스와 하일러는 모두 학교생활에 적응하지 못하고 학교를 그만둡니다. 그럼 두 명 모두 교장 선생님의 경고처럼 수레바퀴 아래에 깔리고 만 것일까요? 한 학생은 두 사람의 상황과 퇴학의 의미가 다르다고 했습니다.

"하일러가 퇴학당한 것은 그의 의지가 반영되어 있지만 한스는 타의에 의해서 쫓겨난 것이다. 하일러는 자신이 만든 수레바퀴로 갈아탔지만, 한스는 옮겨 탈 만한 수레바퀴가 없었다. 하일러에게 종속된 삶을 살았기 때문이다."

그럼 한스가 하일러를 만나지 않았다면 수레바퀴에 깔리는 일도 없었을까를 되물었습니다. 잠시 고민하던 학생은 살면서 또 다른 하일러를 만났을 거라고 했고, 아이들 대부분은 이 의견에 공감을 표했습니다. 한스가 자기 삶을 주체적으로 살지 못하면 언제든 이와 같은 불행이 반복될 수 있다는 것이지요.

인생이라는 수레바퀴는 저절로 도는 것 같지만 실은 그 축에 무엇이 있느냐에 따라 주체적으로 삶을 개척할 수도 있고, 타인에 의해 굴려질 수도 있습니다. 우리 학생들이 지금 타고 있는 수레바퀴의 주인이 누구인지 그리고 그 수레바퀴의 중심축에는 무엇을 담고 살 것인지 생각해 보는 시간이었습니다.

『수레바퀴 아래서』 이야기를 마무리할 때쯤 무라카미 하루키의 소설 『1Q84』에 언급된 '티베트 번뇌의 수레바퀴'가 생각났습니다. 바퀴 테두리 쪽에 있는 자신의 감정이나 가치는 수레바퀴가 회전하면 오르락내리락하며 빛나기도 하고 어둠에 잠기기도 하지만, 바퀴 축에 붙어 있는 참된 사랑은 항상 그 자리 그대로라고 합니다. 아마도 우리 아이들의 수레바퀴도 때로는 어둠 속에 잠기기도 하고 빛나기도 하겠지요. 그러나 빛남과 어두움을 반복한다는 것은 수레바퀴가 앞으로 나아가고 있기 때문일 겁니다. 우리 아이들이 부디 실패와 좌절 앞에서도 힘차게 수레바퀴를 끌어갔으면 하는 바람입니다.

7

새로운 세상을 꿈꾸는 너에게

『파리대왕』

파리대왕

윌리엄 골딩

#공동체 #두려움 #가치충돌 #폭력성 #문명과야만

오늘의 처방

- ☑ 힘을 합치면 문제 해결 능력이 커집니다.
- ☑ 변화를 위해서는 현실을 개척해야 합니다.

책 속으로

한 무리의 소년들을 태운 비행기가 무인도에 불시착하여 일어난 이야기입니다. 경험과 감정이 다른 아이들이 모인 섬 생활 초반에는 나름의 규칙이 유지되었으나 곧 갈등과 분열이 일어납니다. 대장으로 선출된 랠프는 한시바삐 오두막을 완성해야 한다고 생각하지만, 잭과 그 무리는 멧돼지 사냥에 골몰합니다. 게다가 언제 구조될지 모르는 상황이 이어지면서 소년들의 마음에는 두려움이 엄습하고, 그 두려움은 서로를 해치는 상황으로까지 번집니다. 결국 투쟁기가 된 무인도의 삶은 인간이 가진 감정의 소용돌이를 그대로 드러냅니다.

낱말 퍼즐

내용을 떠올려 보아요

[낱말 퍼즐 칸에 주어진 글자: 2③ 조 / 니 / 12⑫ 요 / 해 / 처]

가로
1. 돌이바위섬 2. 초등사 3. 공개방송 4. 고기파트 5. 속수무책 6. 고조대 7. 삼거리 8. 삼신할멈 9. 배움움 10. 사월 초기일 11. 아직없이 12. 유월 13. 등유지금 14. 마지 15. 소리 16. 세계 대전 17. 있다

세로
① 비옐기 ② 고등학년 ③ 조나 ④ 사설 방치 ⑤ 파리대왕 ⑥ 수상당 ⑦ 책임 ⑧ 햄릿 ⑨ 사상가님 ⑩ 쟁기잡이 ⑪ 오존해다 ⑫ 요리사 ⑬ 이용미 ⑭ 신강점 ⑮ 아리랑 ⑯ 꾼꾼과 ⑰ 세계금 ⑱ 콜롯 ⑳ 대장

[정답]

가로

1. 짐승의 정체를 밝히기 위해 조직된 수색대는 낙하산에 묶인 시체를 보고 몹시 놀라 도망침. 혼백이 사방으로 흩어짐을 뜻하는 사자성어. 魂飛魄散.
2. 소년들이 두려워했던 짐승의 정체로 밝혀진 사람의 직업.
3. 닭의 무리 가운데 한 마리의 학이라는 의미의 사자성어. 群鷄一鶴.
4. 사냥에 성공한 잭이 권력을 과시하기 위해 소년들에게 고기를 나눠 주고 함께 춤을 추면서 광기를 보여 준 모임.
5. 안경을 되찾으러 간 돼지는 반격 한 번 못 하고 죽음을 맞음. 손을 묶은 것처럼 어찌할 도리가 없어 꼼짝 못 함을 뜻하는 사자성어. 束手無策.
6. 랠프는 잭의 무리에게 붙잡히기 직전에 소년들을 구하러 온 해군을 만남. 위험에 빠진 사람이나 물건을 구할 목적으로 편성된 조직.
7. 섬에 표류하기 전에 잭이 속했던 무리. 성가를 부르기 위해 조직된 합창대.
8. 인간의 타고난 본성은 선하지만 나쁜 환경이나 그릇된 욕망 때문에 악해진다고 주장하는 학설. 맹자가 주장. ↔성악설.
9. 대낮에 꿈을 꾼다는 의미의 헛된 공상을 말함.
10. 국민 각자의 인간다운 생존 보장과 사회 정의 실현을 목적으로 하는 국가.
11. 소년들이 도착한 섬에는 수면 위로 ○○○○가 피고 가벼운 바람이 불어옴. 주로 봄날 햇빛이 강할 때 공기가 공중에서 아른아른 움직이는 현상.
12. 어떤 것이 아예 없어지거나 사라짐.
13. 사이먼은 덩굴과 덤불 안쪽에 자신만의 ○○○를 마련함. 몸을 숨기는 곳.
14. 사냥하기 전 잭은 찰흙을 얼굴에 바름. 얼굴을 감추거나 달리 꾸미기 위해 나무, 종이, 흙 등으로 만들어 얼굴에 쓰는 물건. mask.
15. 랠프는 이것을 불어 아이들을 모이게 함.
16. 세계의 대부분이 참여하는 전쟁.
17. 조직이나 단체에서 전체를 끌어가는 사람.

세로

① 소년들이 섬에 불시착할 때 타고 온 것.
② 섬에서 소년들의 식량 중 하나였던, 먹을 수 있는 열매를 수확하기 위해 기르는 나무.
③ 처음 소년들을 소집할 때 엄지손가락을 빨며 맨 먼저 도착한 꼬마 소년.
④ 잭과 성가대원. 사냥을 맡은 무리를 말함.
⑤ 이 책의 제목.
⑥ 하늘과 바다가 맞닿아 경계를 이루는 선.
⑦ 맡아서 해야 할 임무나 의무.
⑧ 랠프는 잭의 무리에 쫓기다가 죽기 직전에 군인에게 구조됨. 아홉 번 죽을 뻔하다 한 번 살아난다는 의미의 사자성어.
⑨ 섬의 꼬리 부분에서 발견한 곳. 잭은 요새로 안성맞춤이라고 하지만, 랠프는 정나미가 떨어진다고 함. 성과 요새를 함께 이르는 말.
⑩ 랠프는 돼지와 함께 안경을 찾으러 갔다가 돼지는 죽고 자신은 잭의 무리에게 쫓김. 눈 위에 서리까지 더한다는 의미의 사자성어.
⑪ 봉화를 피울 때 연기가 잘 나게 하려고 불 속에 넣은 것. 물기가 아직 마르지 않은 가지.
⑫ 자기편에는 유리하고 적에게는 불리한 곳. 생명과 직결되는 몸의 중요 부분을 뜻하는 말.
⑬ 짐승의 존재를 유일하게 아는 소년의 이름. 무리에게 알리기도 전에 죽임을 당함.
⑭ 부모님이 없는 돼지를 돌봐 주던 여자 어른을 부르는 호칭.
⑮ 잭과 랠프는 어떤 일을 결정할 때 계속 부딪침. 어떤 문제나 상황에서 심리적으로 갈등하고 대립함.
⑯ 넓은 들에 사람의 기척이 없는 지경. 밀양 아리랑의 한 부분 '아리아리랑 쓰리쓰리랑 ○○○가 났네.'
⑰ 여러 대상이 서로 연결되어 얽혀 있음.
⑱ 열대 지방에서 대류 현상에 의해 발생하는 늦은 오후의 소나기.
⑲ 첫 회합 때 랠프가 ○○으로 뽑힘. 한 무리의 우두머리.

인물 추적도 — 등장인물을 파악해 보아요

랠프 • • 빨간 머리의 성가대원 대장. 역동적인 행동과 통솔로 덩치 큰 소년들을 이끌어 봉화 올리는 일을 맡고 사냥에 집중함. 무인도 소년들의 대장 자리를 틈틈이 노리면서 점점 폭력적으로 변함.

잭 • • 무인도에 표류하여 소년들이 선출한 대장. 질서 있는 생활을 위한 규칙 준수를 요구하며, 오두막 짓는 일을 중요하게 여김. 폭압적으로 변한 또 다른 소년들에게 쫓기다가 구조하러 온 해군에 발견되어 위기를 모면함.

돼지 • • 성가대원 중 한 소년으로 조용하고 은둔을 즐김. 무리를 떠나 자신만의 은신처에 숨어들었다가 파리대왕의 실체를 알게 되었으나 소년들에게 알려 주기 전에 죽임을 당함.

사이먼 • • 선출된 대장의 참모 역할을 하며 돕는 소년. 무리 중에서 유일하게 이름이 아니라 별칭으로 불림. 그가 착용한 안경이 중요한 역할을 했으며, 소라의 위엄과 역할을 소중하게 생각함.

로저 • • 오두막 짓는 일을 도운 쌍둥이 소년. 하늘에서 내려온 짐승을 맨 먼저 발견한 인물들. 소년들이 선출한 지도자가 쫓기는 처지가 되었을 때 도움을 줌.

샘, 에릭 • • 성가대원 출신으로 덩치가 큰 편에 속하는 소년. 비밀을 간직한 듯 별로 말이 없으나 사냥 부대를 따라다니는 것을 좋아함. 시간이 지날수록 폭력적인 행동에 적극적으로 동참함.

헨리 • • 꼬마 부류에 속하는 소년. 산불이 난 후 사라진 아이의 먼 친척이며, 무인도에 불시착한 후 무서움에 시달리며 우울해하나 소년들의 공감을 얻지는 못함.

해석적 발문 — 다양하게 생각해 보아요

1 소년들이 착륙한 섬에는 비행기가 섬에 떨어지면서 생긴 자국이 있습니다. 소년들은 이것을 '흉터 자국'이라고 부릅니다. 이 흉터 자국이 암시하는 것은 무엇일까요?

2 비행기가 섬에 불시착한 후, 랠프의 소라 소리를 듣고 모인 소년들은 어른들이 있는지부터 확인합니다. 랠프는 어른은 아무도 없으니 스스로 돌봐야 한다고 합니다. 이들에게 '어른이 없는 세상'은 어떤 의미일까요?

3 섬에 흩어져 있던 소년들은 소라 소리를 듣고 한자리에 모였습니다. 여기서 소라를 가진 랠프가 대장으로 뽑혔고, 소라를 든 사람이 발언권을 갖는 것으로 결정했습니다. 여러분은 '소라'에 어떤 의미가 있다고 생각하나요?

4 랠프는 구조 요청이 잘 보이도록 산꼭대기에 봉화를 피우자고 합니다. 이 말을 듣고 행동에 나선 잭의 무리는 우여곡절 끝에 불꽃 피우는 것에 성공했습니다. 여러분은 이 과정에서 소년들을 칭찬할 점과 보완해야 할 점이 무엇이라고 생각하나요?

칭찬할 점	보완해야 할 점

5 소라를 불면 소년들은 하던 일을 멈추고 모두 한자리에 모입니다. 그러나 랠프는 그들이 회합을 좋아하면서도 정작 모이면 허황한 말만 떠들다가 슬금슬금 빠져나간다고 합니다. 회합의 의미가 점차 퇴색된 이유가 무엇이라고 생각하나요?

6 사냥을 하느라 봉화를 꺼뜨린 잭은 랠프와 돼지로부터 질책을 당합니다. 그들이 자꾸 다그치자 잭이 돼지의 머리를 쳤고, 그의 안경이 떨어지면서 안경알 한 개가 깨졌습니다. 안경이 상징하는 것은 무엇이며, 안경알이 깨진 것은 어떤 의미라고 생각하나요?

7 잭 일행이 봉화를 꺼뜨려 랠프와 돼지가 항의했을 때, 잭은 돼지에게 주먹을 날렸으나 랠

프에게는 정식으로 사과했습니다. 그 후에 잭이 사냥해 온 멧돼지를 구웠을 때도 사냥에 참여하지 않은 아이들에게 먹으라고 하면서 돼지만 먹지 못하게 합니다. 잭이 권력을 부각하는 상대로 돼지를 선택한 이유는 무엇일까요?

8 멧돼지 사냥에 성공한 후 한껏 흥분한 잭과 사냥 부대는 무용담을 늘어놓습니다. 이때 선망과 분노의 마음으로 듣고 있던 랠프가 산 아래 화강암 지대에서 회합을 열겠다고 말합니다. 랠프는 왜 그들과 산 위에 있으면서 굳이 아래에서 회합을 열겠다고 했을까요?

9 배가 지나가는 데도 구조 신호를 보내지 못한 일이 발생하자 랠프는 회합을 엽니다. 랠프를 중심으로 한 삼각형 모양으로 사냥 부대는 오른쪽에, 나머지는 왼쪽에 자리를 잡고 앉습니다. 그러나 돼지는 일부러 삼각형 밖에 서는 것으로 불만을 표현합니다. 여러분은 돼지가 가진 불만이 무엇이라고 생각하나요?

10 회의를 통해 규칙을 세웠으나 소년들은 여전히 무질서합니다. 이 때문에 랠프는 바위 사이를 화장실로 쓸 것, 봉화를 계속 올릴 것, 산 아래로 불을 가지고 오지 말 것, 요리는 산꼭대기에서 할 것을 추가로 당부했습니다. 랠프가 섬 생활에서 이처럼 규칙을 중요하게 여기는 이유는 무엇이라고 생각하나요?

11 쌍둥이 형제가 보았다는 무서운 짐승을 확인하기 위해 잭과 랠프는 사냥 대원들을 데리고 섬의 꼬리 부분까지 가 봅니다. 그러다가 그곳에서 성채를 발견하고는 의견이 엇갈립니다. 잭은 요새로 안성맞춤이라고 반가워하지만, 랠프는 정나미가 떨어진다며 다시 오두막으로 돌아가자고 합니다. 두 사람의 의견은 왜 다를까요?

12 멧돼지 사냥을 나가서 소년들은 로버트를 둘러싸고 '멧돼지 사냥 놀이'를 합니다. 참여했던 소년들이 내뱉은 말로 그들의 내면 상태를 짐작할 수 있습니다. 여러분은 그 놀이가 어떤 의미라고 생각하나요?

- **랠프**   그저 놀이였어.
- **모리스**   북이 있어야 제대로 하는 건데.
- **로버트**   (체통을 회복하려고 엉덩이를 털면서) 진짜로 죽여 봐야 속이 시원해.
- **잭**   멧돼지 노릇을 누가 하든지, 꼬마를 써먹어.
- **로저**   진짜 사냥처럼 멧돼지가 필요해.

13 짐승을 잡는 일에 함께한 소년들은 어둠이 내리자 오두막으로 돌아가고 싶어 합니다. 소년들 대부분은 오두막으로 향했으나 로저만이 잭과 랠프를 따라 탐험을 계속합니다. 랠프는 평소에 말이 없는 로저가 이 터무니없는 탐험에 합세한 이유가 궁금해집니다. 로저는 왜 랠프와 잭을 따라나섰을까요?

14 돼지는 랠프가 잭의 사냥 부대를 업신여긴 것이 실수라고 지적합니다. 그러나 잭이 무리를 뛰쳐나간 뒤에는 어느 한 사람이 없다고 해도 별 지장은 없다고 말합니다. 돼지가 이렇게 말을 바꾼 이유는 무엇일까요?

15 잭의 무리가 다시 돌아오자 돼지와 랠프는 그들이 소라를 가지러 왔다고 생각했습니다. 그러나 그들은 불이 필요해서 랠프의 안경을 뺏으려고 습격한 것입니다. 그들은 왜 이렇게 생각 차이가 있을까요?

16 랠프와 갈등을 겪던 잭이 떠나고 나자 무리는 분열되기 시작했습니다. 잭을 따라 사냥꾼이 되거나 랠프와 함께 남아 봉화를 지키는 무리로 나뉜 가운데 사이먼만 따로 떨어져 짐승이 있다고 했던 곳으로 갑니다. 사이먼은 왜 어느 무리에도 합류하지 않고 따로 행동을 했을까요?

17 사이먼은 막대 위에 꽂힌 암퇘지 머리에 파리 떼가 붙은 것을 '파리대왕'이라고 부릅니다. 그 파리대왕은 자신이 소년들의 일부분이며 일이 지금처럼 된 것은 자신의 탓이라고 합니다. 그리고 산 아래에서도 다시 자신을 만나게 될 테니 도망칠 것 없다고 말합니다. 작가가 이를 통해 들려주는 파리대왕의 의미는 무엇이라고 생각하나요?

18 사이먼은 새우등 모양을 하고 자신을 내려다보는 정체를 알기 위해 산꼭대기로 올라갑니다. 그곳에서 바위에 묶여 썩어 가는 시체를 발견했고, 두려움을 느끼면서도 묶인 것을 풀어 줍니다. 형체를 알아볼 수 없도록 부패한 그 시체를 사이먼이 풀어 준 이유는 무엇일까요?

19 누가 대장인지 랠프와 잭이 신경전을 벌이고 있을 때 천둥 번개를 동반한 비가 내리기 시작합니다. 사냥 부대마저 굵은 빗방울에 놀라 동요하자 잭은 춤을 추자고 합니다. 사냥 부대는 각자의 창을, 나머지 소년들은 막대기를 들고 원을 그리며 노래를 불렀습니다. 돼지와 랠프도 참여한 이 춤의 의미가 무엇이라고 생각하나요?

20 잭은 멧돼지 사냥을 나서기 전에 흰색 숯 막대와 붉은 찰흙으로 얼굴을 칠했습니다. 그 후로 점차 알 수 없는 두려움이 커지면서 도덕과 규칙성을 잃어 가던 소년들은 급기야 사이먼을 죽이고 맙니다. 이렇게 소년들은 외부 압력이 아니라 자진해서 야만적으로 변해 갑니다. 야만스럽게 변한 소년들의 모습을 가장 잘 느낄 수 있는 물건 또는 행동은 무엇이라고 생각하나요?

21 사이먼의 죽음 이후에 랠프와 돼지는 서로 핑계를 대고 회피하기에 급급합니다. 한편 잭은 추장으로 우대받으며 무리를 더 제압합니다. 사이먼의 죽음 이후에 이렇게 두 무리가 달라진 이유는 무엇이라고 생각하나요?

22 짐승에 대한 두려움이 극에 달한 소년들은 어둠에서 나온 사이먼을 짐승으로 착각하여 죽이고 말았습니다. 이 사건으로 랠프는 심하게 죄책감을 느끼는 데 반해 돼지는 우연한 사고였을 뿐이라고 합니다. 랠프의 참모 역할을 맡아 비교적 정확히 판단하던 돼지가 사이먼의 죽음을 직시하지 않는 이유는 무엇일까요?

23 빼앗긴 돼지의 안경을 돌려받기 위해 랠프 일행은 성채 바위의 잭 무리를 찾아가기로 합니다. 랠프는 얼굴을 깨끗하게 씻고 머리도 묶고 양말을 모자처럼 쓰고 가자고 합니다. 색칠과 무기로 무장한 잭의 무리를 만나러 가는 그들의 차림에는 어떤 의미가 있다고 생각하나요?

24 잭의 무리는 랠프를 잡기 위해 섬에 불을 질렀으나 다행히 랠프는 붙잡히기 전에 구조하러 온 해군을 만납니다. 소년들을 둘러본 해군 장교가 대장이 누구인지 묻자, 랠프는 자신이 대장이라고 밝혔는데 잭은 머뭇머뭇하다가 물러납니다. 줄곧 대장이라고 나섰던 잭이 정작 구조대에게는 대장이라고 하지 못한 이유가 무엇일까요?

25 구조하러 온 해군 장교에게 상황을 이야기하던 랠프는 울음을 터뜨립니다. 그러자 다른 소년들도 몸을 떨며 흐느낍니다. 랠프는 잃어버린 순결과 인간성의 어두움 그리고 친구의 죽음을 생각하니 슬픈 감정이 더욱 북받쳐 올라왔습니다. 랠프와 소년들이 흘린 눈물의 의미는 무엇일까요?

> **선택적 발문** 입장을 정해 보아요

1 모래사장에 모인 아이들은 대장을 뽑기 위해 선거를 하기로 합니다. 성가대 무리를 이끌고 합류한 지휘자 잭, 아이들을 모으고 회합을 제안한 돼지, 묵언의 힘을 가진 랠프 중 여러분은 누구를 대장으로 뽑고 싶나요?

☐ 잭   ☐ 랠프   ☐ 돼지   ☐ 그 외(   )
이유:

2 지도자가 된 랠프는 맨 먼저 봉화 올리는 일을 하자고 했습니다. 그러나 돼지는 오두막을 짓는 일을 먼저 해야 한다고 합니다. 여러분은 누구의 의견에 더 찬성하나요?

☐ 랠프: 봉화를 먼저 올리자.   ☐ 돼지: 오두막을 먼저 짓자.   ☐ 그 외(   )
이유:

3 한시바삐 오두막을 완성해야 한다는 랠프의 생각과 달리 잭은 멧돼지 사냥에 몰두합니다. 그들은 경험과 감정이 다르고 의사소통도 잘 되지 않지만 섬에서 함께 지내야 합니다. 만약 여러분이 섬에 남겨졌다면 잭과 랠프 중에서 누구와 함께 있고 싶나요?

☐ 잭   ☐ 랠프
이유:

4 고립된 섬의 지도자로서 랠프는 스스로 현명해질 필요가 있다고 생각합니다. 그러면서 랠프는 돼지가 가진 사고 능력을 자신은 가지지 못한 것 같아 못내 아쉬운 마음이 듭니다. 리더에게 필요한 다양한 자질 중에서 여러분이 가장 중요하게 생각하는 것을 고르고 그 이유를 말해 보세요.

☐ 포용력　☐ 추진력　☐ 결단력　☐ 분별력　☐ 그 외(　　　　)

이유:

5 무서움이 무리를 휩쓸고 의견이 분분하여 혼란스러워지자 어른들 같으면 이러지 않을 것이라는 이야기가 소년들 사이에 떠돕니다. 여러분은 섬에 어른들이 있었다면 어떻게 되었을 것으로 생각하나요?

☐ 어른들이 있었으면 긍정적인 방향으로 나아갔을 것이다.
☐ 어른들이 있었어도 지금과 마찬가지일 것이다.
☐ 어른들이 있었으면 부정적인 방향으로 더 악화했을 것이다.

이유:

6 잭의 진영에서 공포와 광기에 싸여 춤을 추던 소년들은 춤의 원형 사이로 들어온 사이먼을 짐승으로 착각한 나머지 죽이고 맙니다. 그날 소년들이 느꼈던 다양한 공포 중에서 여러분이 가장 공감이 되는 공포를 선택하여 그 이유를 들려주세요.

☐ 짐승　☐ 천둥과 번개　☐ 구조 희망이 없는 삶
☐ 변해 가는 자신들　☐ 그 외(　　　　)

이유:

생각을 넓혀 보아요

사색적 발문

1 뚱뚱한 소년은 랠프를 처음 만났을 때 먼저 그의 이름부터 묻고는 자신의 이름도 물어봐 주기를 바랐습니다. 그러나 학교에서 불렸던 새끼 돼지라고만 불리지 않기를 바란다고 밀어는 바람에 섬에서도 돼지로 불리게 되었습니다. 돼지의 경우와는 달리 여러분에게 어떤 일이 싫어서 먼저 그것을 언급하자 도리어 긍정적인 효과를 보았던 적이 있었다면 소개해 주세요.

2 소년들은 구조 요청을 위해 봉화를 올리려고 하지만 불만 붙었을 뿐 연기가 나지 않았습니다. 침울해진 로저는 구조되지 못할 거라고 말합니다. 여러분이라면 구조되기 위해 어떤 노력을 하겠습니까?

3 소년들이 올린 봉화는 불이 붙어 숲을 태우고 있었습니다. 그때 소년들은 뱀 이야기를 했던 꼬마가 사라진 것을 알아차립니다. 사라진 아이는 어떻게 되었을까요?

4 모리스가 꼬마들이 놀고 있는 모래성을 요란스럽게 망가뜨릴 때, 퍼시빌의 눈에 모래가 들어갔습니다. 퍼시빌이 훌쩍이기 시작하자 모리스는 황급히 자리를 떠났습니다. 이 섬에는 모리스의 잘못된 행동을 나무랄 부모가 없었지만 어릴 적에 어린아이의 눈에 모래를 넣었다가 벌을 받은 일이 생각났기 때문입니다. 여러분도 모리스처럼 어릴 때 잘못을 지적받은 일이 최근까지 영향을 미친 적이 있으면 이야기해 보세요.

5 불을 피우는 데에 돼지의 안경을 사용했습니다. 그런데도 잭은 돼지에게 먹을 고기를 챙겨 주지 않았습니다. 만약 여러분이 돼지라면 그 상황에서 어떤 말을 할 것 같나요?

> 돼지:

6 회합 중간에 잭은 랠프에게 대들고 다른 소년들까지 합세해 회합은 아수라장이 되고 말았습니다. 이 모습을 지켜보던 랠프는 대장을 그만두겠다고 중얼거립니다. 만약 랠프가 회합에서 공개적으로 대장을 그만둔다고 말했다면 어떤 변화가 생겼을까요?

7 회합을 주도한 랠프는 섬에서의 규칙을 정하려고 했으나 잭 무리가 반발하는 바람에 결국 싸움으로 번지고 말았습니다. 상심한 소년들은 어른이 있었다면 해결이 되었을 것이라고 생각합니다. 『파리대왕』에는 어른과 여성이 등장하지 않습니다. 왜 작가가 작품 속에 남자아이들만 등장시켰다고 생각하나요?

8 뇌과학자의 이론에 따르면 무서움에 해당하는 불안과 두려움은 다음과 같이 정리할 수 있습니다. '5장 바다에서 올라온 짐승'과 '6장 하늘에서 내려온 짐승'에서 드러나는 소년들의 무서움을 구분하여 정리해 보세요.

- **불안(걱정)**
  구체적인 위험은 없으나 위험이 다가올 것 같은 느낌이며, 그것이 오면 어떤 일이 벌어질지 상상하는 무서움

- **두려움(공포)**
  실제로 생명의 위협을 느끼거나 가장 소중한 것을 잃는 등 나쁜 일이 일어났을 때의 무서움

불안	두려움

9 랠프는 자신과 소년들의 외모가 더러워진 것을 새삼 깨닫습니다. 한 번 씻는다고 가셔질 더러움이 아니라는 생각이 들자 그동안 이 상태를 정상이라고 인식했던 것에 마음이 덜컥 내려앉습니다. 여러분도 어느 순간 자신이 정상으로 믿었던 것이 사실은 잘못된 것이었음을 깨달았던 경험이 있다면 소개해 주세요.

10 잭의 무리가 빠져나가고 산 위에 봉화를 올리는 것이 곤란해지자 돼지는 불은 그냥 해변에 피우면 된다고 말합니다. 봉화는 피우는 장소보다 불을 피우는 자체가 중요하다는 것을 깨달았기 때문입니다. 이처럼 가장 위대한 생각은 가장 단순한 것에서 나오기도 합니다. 여러분에게 당면한 문제가 있다면 어떤 것인지, 그리고 그것을 해결할 수 있는 가장 단순한 방법은 무엇일지 이야기해 보세요.

11 잭은 사냥꾼 무리를 데리고 나가서 새로운 장소에 자리 잡고, 사냥해 온 암퇘지로 잔치를 벌입니다. 랠프의 무리에 남아 있던 아이 중에도 고기가 먹고 싶어서 잭의 무리로 넘어가기도 합니다. 나중에는 랠프와 돼지까지 그들에게 가서 고기를 얻어먹습니다. 무인도에 고립된 시간이 길어질수록 고기는 권력의 수단이 되어 소년들의 마음과 태도를 움직이게 합니다. 우리 사회에 '고기'와 같은 것에는 어떤 것이 있을까요?

12 사이먼은 무리와 떨어진 곳으로 갔다가 '짐승'의 정체를 발견했습니다. 그것은 낙하산에 매여 있는 시체였으나 사이먼이 죽는 바람에 아무도 '짐승'의 정체를 알지 못하게 되었습니다. 작가는 '짐승'이라는 두려움을 만들어 놓고 왜 소년들에게 그 존재를 드러내지는 않은 것일까요?

13 돼지는 잭의 무리가 빼앗아 간 안경을 되받으러 갈 때 소라를 들고 가겠다고 합니다. 잭의 무리에게 전혀 영향을 미치지 못하는 소라에 돼지는 여전히 집착하고 있습니다. 만약 여러분이라면 안경을 되찾아오는 방법으로 어떤 것을 제안하겠습니까?

14 안경을 찾으러 잭에게 갔던 돼지는 로저가 굴린 바위에 치여 죽습니다. 남겨진 랠프마저 잭의 공격으로 다치게 되자 잭은 자신이 대장이 되었다고 선포합니다. 만약 랠프가 아니라 처음부터 잭이 대장으로 선출되었다면 이야기의 어떤 부분이 달라질까요?

15 소년들을 발견한 해군 장교가 랠프에게 아이들이 모두 몇 명이냐고 묻자 모른다고 대답합니다. 상황을 파악한 장교가 쳐다보자 랠프는 그간의 서러웠던 눈물을 쏟아 냅니다. 차마 말을 잇지 못한 랠프가 하고 싶었던 말이 무엇이었을지 말줄임표에 들어갈 말을 상상해 보세요.

> "사이먼은 죽고 잭은……."

16 돼지와 랠프는 잭의 무리를 설득하기 위해 애를 씁니다. 돼지는 규칙과 살생을 구분해야 한다고 강조하고, 랠프는 사냥하면서 파괴하는 것보다 법을 지키고 구조되는 것을 앞서 생각해야 한다고 합니다. 그러나 잭은 이들의 말을 귀담아듣지 않습니다. 갈등 상황에 놓인 두 무리가 조화로운 공동체를 이루기 위해 어떻게 하면 좋을지 여러분의 생각을 제시해 보세요.

북돋움 활동 1

1 『파리대왕』은 1983년 노벨 문학상을 수상한 윌리엄 골딩의 작품입니다. 작품이 쓰인 배경과 작가를 조사해 보세요.

작품 배경	
작가 조사	1. 2. 3.

2 '고전'이란 오랫동안 많은 사람에게 널리 읽히고 모범이 될 만한 문학이나 예술 작품을 일컫는 말입니다. 이 작품이 쓰였던 당시와 오늘날은 차이가 있지만 『파리대왕』이 시대를 넘어 오늘날에도 의미 있는 작품으로 꼽히는 이유는 무엇일까요?

북돋움 활동 2

공동체 생활을 위해서는 규칙이 필요합니다. 섬에 불시착한 소년들은 아직 제대로 된 섬 생활 규칙을 정하지 못했습니다. 소년들의 원만한 섬 생활을 위해 규칙을 제정하고자 합니다. 운영 규칙과 생활 규칙으로 구분하여, 제시된 규칙 외에 다섯 가지를 추가하여 일곱 규칙을 완성해 보세요.

섬 생활을 위한 일곱 규칙	
목표	
운영 규칙	생활 규칙
1. 어른이 한 사람도 없으니 스스로 돌보아야 한다.	1. 바위 사이를 화장실로 사용한다.
2. 한꺼번에 이야기할 수 없으니 거수로 순서를 정해야 한다.	2. 요리는 산꼭대기에서 한다.
3.	3.
4.	4.
5.	5.
6.	6.
7.	7.

규칙 위반 시 제재 사항	운영 규칙 위반 시	
	생활 규칙 위반 시	

에필로그

　무인도에 고립되는 설정의 작품들은 꽤 많습니다. 『15 소년 표류기』, 『산호섬』, 『로빈슨 크루소』 등은 등장인물이 무인도에 표류한 뒤 서로 협동하거나 용기 있게 난관을 헤쳐 나가는 내용을 담고 있으며, 이런 설정은 소설뿐 아니라 영화와 다큐멘터리 제작의 모티브가 되기도 합니다. 물론 위의 작품들은 표류자와 원주민을 선과 악 또는 문명과 야만으로 표현하여 독자들로부터 자국의 우월 의식을 드러낸다고 비판받기도 했습니다.

　『파리대왕』도 초반에는 역할 분담과 협력이 이루어지는 것 같았으나 시간이 지날수록 소년들 사이에 조금씩 균열이 생깁니다. 책을 읽는 동안 권력에만 치중하여 점점 통제력과 이성을 잃어 가는 아이들을 보면서 '도대체 이 이야기는 어떻게 끝내려고 이렇게 하나' 하는 조바심이 들었습니다. 그 조바심은 그들을 구조하러 온 해군 장교에 의해 브레이크가 걸립니다. 안도의 한숨을 내쉬면 비로소 소년들의 모습에 우리 사회의 문제들이 겹쳐 보입니다. 참 아이러니한 일이지요. 소년들을 구조하러 온 해군들도 그들의 세계에서는 약육강식의 전쟁을 치르던 사람들이니 무인도의 소년들과 별반 다를 것이 없어 보이니 말입니다.

　토론에 참여한 아이들은 주로 건강한 공동체를 위한 리더의 역할과 능력에 관심을 드러냈습니다. 두 지도자 잭과 랠프가 각자 훌륭한 자질이 있음에도 권력 다툼에 치중하느라 공동체가 파괴된 것을 안타깝게 여겼고, 혼란한 시기에도 조용히 빛을 발했던 '돼지'의 리더십에 높은 점수를 주기도 했습니다. 바른 판단을 할 수 있도록 돕는 조언자를 잘 활용하면 비극적 결말은 피할 수 있었는데 '돼지'를 잘 활용하지 못했다는 지적도 있었습니다. 그리고 한 아이가 통솔력이 권력욕으로 변할 때를 대비하여 공동체의 규칙 제정과 의무가 필요하다는 의견을 제시하자, 이에 동의한 아이들은 위반 시 적절한 대처와 규제 방법에 대해서도 자연스럽게 생각을 이어 갔습니다. 그 과정에서 교과 시간에 배운 민주주의의 논리를 적용해 보는가 하면, 사회가 단지 힘의 원리에 의해 파괴되고 공포가 조장되는 것에 경각심을 가지자는 주장도 나와 여러 아이의 공감을 얻었습니다.

  아이들의 토론 과정을 지켜보니 문득 숲이 천이되는 과정이 떠올랐습니다. 숲은 어떤 외부의 커다란 자극으로 인해 식물들이 모두 사라져 아무것도 없는 상태에서 천이가 시작됩니다. 처음에는 이끼 같은 식물들이 자라다가 유기물이 많아지면 키 작은 나무가 나타나고 결국 숲은 다양한 생물이 조화롭고 안정된 극상의 단계에 다다릅니다. 비록 그 과정에서 식물 종 간의 경쟁이 치열하더라도 극상 단계의 숲은 다양성을 잃지 않고 이끼부터 큰 나무까지 공존합니다.

  소설 속의 소년들은 문명의 불모지에 씨앗처럼 떨어졌습니다. 소년들이 작은 사회를 이루어 가는 과정은 숲이 천이되는 것과는 달라 보입니다. 소년들의 모습을 통해 던져진 물음은 이제 우리에게 남겨졌습니다.

8

정의롭고
당당하고 싶은 너에게

『동물농장』

동물농장

조지 오웰

#자존감 #평등 #정의 #지도자 #공동체 #사회비판

오늘의 처방

- ☑ 옳고 그름을 따지는 소신이 필요합니다.
- ☑ 이치를 따져 묻기 위해 지식을 쌓아야 합니다.

책 속으로

메이너 농장에서 동물들은 인간의 횡포와 억압을 견디며 살아야 했습니다. 그러다 돼지 메이저가 일으킨 각성으로 동물들은 인간을 내쫓고 당당히 농장의 주인이 됩니다. 이제 동물농장에서는 모두가 평등하게 잘 살고 행복할 일만 남았습니다. 그런데 어찌 된 일인지 돼지들이 지도자가 되고부터 예상 밖의 일들이 벌어집니다. 결국 동물농장 초기의 이념은 사라지고 '모든 동물은 평등하지만 어떤 동물은 다른 동물들보다 더 평등하다.'라는 결론으로, 동물농장에서 다시 메이너 농장으로 이름을 바꿉니다.

낱말 퍼즐

내용을 떠올려 보아요

[낱말 퍼즐 격자: 13번 가로에 "백일몽", 13번 세로 시작 "백", ⑰"일", "몽", ⑱"풍", 15번 "마"]

가로: 1. 메이지 2. 수필가 3. 쌍둥이 4. 단거리 5. 공주 강강술래 6. 대회피 7. 프리체리터 8. 압운 9. 고수웅 10. 롱롱 11. 지포지 12. 산코지패 13. 배당동 14. 마이동풍 15. 마인틴 16. 압당

세로: ① 하는지 ② 이플아이 ③ 운전사 ④ 판피리모 ⑤ 꺼내기 ⑥ 대등일 ⑦ 사건 ⑧ 명탐 ⑪ 수레지 ⑫ 장아지 ⑬ 표리부동 ⑭ 지네 ⑮ 산업혁명 ⑯ 베이징 ⑰ 일일 생활 ⑱ 풍마

정답

170 **2부** 고전 수업, 시작합니다

가로

1. 동물농장에 혁명 의지를 불어넣고 동물들에게 존경받은 돼지 이름.
2. 나폴레옹의 명령을 전달하고 대변하는 식용 돼지.
3. 메이저는 인간은 ○○하지 않으면서 소비하는 유일한 동물이라고 함.
4. 돼지만큼 읽기 능력이 있지만 자기를 드러내지 않는 동물. 벤자민의 종(種).
5. 스노볼은 이 사업이 완성되면 주 3일만 노동해도 된다고 주장함. 바람을 이용한 동력 장치를 세우는 일.
6. 식량 부족 문제를 겪고 있던 나폴레옹은 이 사실이 외부로 알려지지 않도록 동물들을 단속함. 외부에 비밀로 함.
7. 폭약으로 풍차를 폭파한 핀치필드의 농장주.
8. 나폴레옹은 회의를 폐지하고 일방적으로 결정한 사항을 동물들이 지키도록 강요함.
9. 달걀 판매에 반대하다 식량 배급 중단으로 굶어 죽은 닭들이 묻힌 곳. 과실나무를 전문적으로 재배하는 시설.
10. 댕기와 각설탕을 좋아하는 암말.
11. 돼지들이 본채로 들어간 뒤, 스퀼러가 나폴레옹을 부르는 호칭. 남을 가르쳐 이끄는 사람.
12. 핀치필드 농장의 주인에게 목재를 넘기고 받은 것. 가짜 돈.
13. 스노볼 축출로, 그가 약속했던 주 3일 노동은 실현될 수 없는 헛된 공상이 됨. 한낮에 꿈을 꾼다는 뜻.
14. 동풍이 말의 귀를 스쳐 간다는 의미의 사자성어. 남의 말을 귀담아듣지 않고 흘려버린다는 뜻. 馬耳東風.
15. 모지즈가 말하는 이상적인 하늘 나라의 이름은 '슈가캔디 ○○○'.
16. 동물농장의 모든 동물이 준수해야 할 계명의 개수. ○○ 계명.

세로

① 복서가 죽고 어디선가 돈이 생긴 돼지들이 사서 마신 술의 종류.
② 놀산 쑥내기에서 깨뜨린 폴 뮤리엘과 벤지민이 이것을 이용해 옮김. 바퀴가 두 개 달린 마차.
③ 마르크스·레닌주의를 신봉하는 공산주의자들로 구성된 정당.
④ 조류인 모지즈의 종(種)은 이것임.
⑤ 모임에 참석한 동물들은 ○○이 끝나면 「잉글랜드의 짐승들」을 합창함. 여러 사람 앞에서 자기의 의견이나 주장을 진술함.
⑥ 동물농장의 독재자 돼지의 이름.
⑦ 인간들이 폭약을 터트려 풍차가 산산이 부서져 사방으로 흩어짐. 바람에 날려 우박이 흩어진다는 뜻의 사자성어. 風飛雹散.
⑧ 동물농장은 공화국으로 선포되고 단일 후보인 나폴레옹이 ○○○으로 선출됨. 국가를 대표하는 국가의 원수.
⑨ 돼지들이 건강 유지를 위해 먹는 음식. 우유와 ○○.
⑩ 복서가 죽자 동물들은 각자 방법으로 그의 ○○을 빎. 죽은 뒤에 저승에서 받는 복.
⑪ 스노볼이 축출되고 동물농장의 유일한 ○○○는 나폴레옹. ↔ 암퇘지.
⑫ 제시와 블루벨이 낳은 9마리 개. 개의 새끼.
⑬ 마음이 음흉하여 겉과 속이 다름을 뜻하는 사자성어. 表裏不同.
⑭ 돼지, 닭, 양이 스노볼과 공모했다며 자기 죄를 동물들 앞에서 스스로 고백함.
⑮ 스노볼은 다양한 이것을 조직함. 특정한 사항을 처리하기 위하여 특별한 자격을 갖춘 사람들로 구성된 합의제 기관.
⑯ 복서를 ○○ 도축업자에게 팔아 버림. 늙거나 부상으로 쓸모가 없어진 말.
⑰ 동물농장에서 깃발 게양과 회의를 하는 휴일. 월요일을 기준으로 한 주의 마지막 날.
⑱ 바람에 닳고 갈림.

| 인물 추적도 | 등장인물을 파악해 보아요 |

나폴레옹 •	• 풍차를 건설하면 주 3일 노동이 가능하다는 혁신을 시도하다가 다른 한쪽의 지도자에 의해 쫓겨난 돼지. 농장의 공동 지도자였던 이상주의자.	• 돼지
스노볼 •	• 농장 안의 착취 문제와 부의 불균형 문제를 처음으로 제기했던 동물농장의 정신적 지도자.	•
메이저 •	• 공동으로 지도자를 맡았으나 다른 한쪽을 쫓아내고 독재자가 된 동물농장의 현실주의자.	• 말
스퀼러 •	• 소박하고 부지런하며 강한 면이 있으나 지도자에게 충성만 하다가 결국 허무하게 죽음.	•
복서 •	• 농장의 동물들이 독재자에게 충성하도록 계략을 꾸미며, 독재자가 결정한 사항을 그들에게 전달하고 설득하거나 위협함.	• 까마귀
모지즈 •	• 글을 천천히 읽을 줄 알아 신문과 7계명을 동물들에게 가끔 읽어 줌.	•
벤자민 •	• 농장의 상황 변화보다는 자신의 외모 치장에 관심이 많아 댕기와 각설탕을 좋아함. 농장의 규칙을 어기고 몰래 옆 농장에서 일함.	• 당나귀
몰리 •	• '슈가캔디 마운틴'이라는 다소 허황한 소식을 떠벌려 동물들에게 희망을 품게 했으나 독재자는 그의 행동을 묵인함.	•
뮤리엘 •	• 지적이지만 농장에 일어나는 변화와 혁명에 대해서는 어떠한 행동도 하지 않음.	• 염소

해석적 발문 - 다양하게 생각해 보아요

1 『동물농장』의 메이저는 동물들 중에서 돼지입니다. 그는 인간의 횡포로 비참한 삶을 사는 동물들에게 단결하고 투쟁해서 정당한 권리를 찾아야 한다고 연설합니다. 작가는 왜 다른 동물들을 일깨우는 선구자로 돼지라는 동물을 선택했을까요?

2 까마귀 모지즈는 영리한 이야기꾼입니다. 그에 따르면 〈슈가캔디 마운틴〉이라는 하늘 나라에는 일곱 날이 모두 일요일이며, 일 년 내내 클로버가 돋아 있고, 각설탕과 아마씨 케이크가 산울타리에서 자란다고 합니다. 모지즈가 이런 이야기를 지어내 동물들에게 퍼트리는 이유는 무엇일까요?

3 메이저가 예언한 반란은 생각보다 빠르고 싱겁게 성공을 거두었습니다. 동물들의 반란이 성공할 수 있었던 가장 큰 이유가 무엇이라고 생각하나요? 앞 사람이 발표한 내용과 겹치지 않도록 새로운 이유를 이야기해 보세요.

4 동물농장이 정비되면서 동물들의 삶도 바뀌었습니다. 그러나 당나귀 벤자민에게는 큰 변화가 없었습니다. 돼지와 견줄 만한 읽기 능력이 있음에도 자신을 드러내지 않고 있던 벤자민은 의아한 말을 남깁니다. 그의 말에 담긴 의미는 무엇이라고 생각하나요?

> "당나귀는 오래 산다네. 죽은 당나귀를 본 일 있어?"

5 동물농장의 지도자 무리에 속한 스노볼은 〈동물위원회〉, 〈달걀 생산위원회〉, 〈깨끗한 꼬리동맹〉 등 다양한 위원회를 조직합니다. 스노볼이 이렇게 다양한 위원회를 조직한 이유는 무엇일까요?

6 인간의 농장 습격을 성공적으로 막아 낸 동물들은 자신들의 싸움을 '외양간 전투'라고 이름 붙이고, 공헌한 동물에게 줄 훈장도 만듭니다. 여러분은 '외양간 전투'가 동물들에게 어떠한 의미라고 생각하나요?

7 스노볼과 나폴레옹의 주도권 싸움 중에 스노볼은 풍차 건설의 장점을 설명합니다. 그러

자 동물들의 마음은 스노볼 쪽으로 기울었습니다. 그 순간 나폴레옹은 자신이 비밀리에 키운 아홉 마리의 개를 풀어 스노볼을 공격합니다. 이러한 점으로 미루어 보아 나폴레옹의 성격을 한 단어로 표현하고 그 이유를 정리해 보세요.

8 나폴레옹은 스노볼을 몰아낸 뒤 그동안 유지해 오던 여러 가지 사항을 바꿉니다. 바꾼 내용이 의미하는 것은 무엇이라고 생각하는지 정리해 보세요.

스노볼 축출 후 나폴레옹의 행적	의미
메이저의 연설대를 차지	
아침 회의 폐지	
모든 사항은 특별 위원회에서 비공개로 결정하여 통보	
헛간 모임 때 앉는 대열의 변화	
메이저의 두개골을 존즈의 총과 나란히 안치	

9 나폴레옹이 인근 농장과 거래를 한 사실을 알게 된 동물들은 심기가 불편해졌습니다. 이를 눈치챈 스퀼러는 스노볼이 퍼트린 거짓말 때문에 동물들이 터무니없는 상상을 했다고 달랩니다. 그러면서 자신들은 장사도 하지 않았고 돈도 사용하지 않았다며 그렇게 결의한 기록이나 증거나 있느냐고 되묻습니다. 대답을 찾지 못한 동물들은 여전히 미심쩍으나 자신들이 잘못 알고 있었다고 받아들입니다. 왜 동물들은 의혹을 적극적으로 해결하지 않고 쉽게 순응하고 마는 것일까요?

10 나폴레옹이 인근 농장과 거래를 트기 시작할 무렵, 돼지들은 본채를 거처로 삼았습니다. 클로버는 '침대에서 자면 안 된다.'라는 계명을 기억해 냈지만, 그 계명은 이미 수정되어 있었습니다. 돼지들이 인간이 살던 본채로 들어갔다는 것은 어떤 의미라고 생각하나요?

11 풍차 공사가 잠시 중단되었던 어느 날 밤, 풍차가 산산이 무너져 버리는 일이 발생했습니다. 무너진 돌무더기들을 슬픈 눈으로 바라보고 있는 동물들에게 나폴레옹은 스노볼이 풍차

를 무너뜨렸다고 말합니다. 여러분은 풍차가 붕괴한 진짜 이유가 무엇이라고 생각하나요?

12   겨울철 공사는 가혹했으나 동물들은 열심히 일했습니다. 그 와중에 스퀼러는 봉사의 기쁨과 노동의 존엄성에 대해 연설합니다. 그러나 동물들은 스퀼러의 유창한 연설보다 '내가 더 열심히 하면 돼.'라는 복서의 슬로건에서 더 힘을 얻습니다. 동물들이 복서에게 마음이 기운 이유가 무엇이라고 생각하나요?

13   스노볼이 밤에 몰래 농장을 들락거렸다는 소문이 돌자 동물들은 잘못된 일은 모두 스노볼 탓으로 돌렸습니다. 창문이 깨지거나 배수구가 막혀도, 광 열쇠를 잃어버렸을 때도 스노볼이 그랬다고 둘러댔습니다. 얼마 후, 열쇠가 식량 자루 밑에서 발견되었는데도 여전히 스노볼의 소행이라 믿었습니다. 스노볼이 한 일이 아닌 것으로 밝혀져도 왜 동물들은 계속해서 스노볼을 의심하는 것일까요?

14   돼지 네 마리는 스노볼과 공모하여 동물농장을 프레데릭에게 넘겨주기로 했으며, 풍차를 붕괴한 것도 자신들이 한 일이라고 자백했습니다. 이 일로 돼지들이 처형되었고 이어서 달걀 사건을 주도한 암탉, 거위, 양 들도 스노볼과 내통한 사실을 자백하고 처형되었습니다. 돼지들이 처형되는 것을 보았음에도 암탉, 거위, 양 들이 자백한 이유는 무엇일까요?

15   처음에 나폴레옹은 필킹턴에게 목재를 팔기로 했다고 했습니다. 그러나 실제로는 프레데릭에게 목재를 팔았고, 필킹턴과의 우호적 관계는 계산된 것이었다고 말을 바꿉니다. 나폴레옹의 입장이 이렇게 계속 바뀌는 이유는 무엇이라고 생각하나요?

16   프레데릭에게 목재를 판매하여 받은 것이 가짜 돈이었다는 것이 드러나고 동물농장은 도리어 프레데릭 일당의 공격을 받습니다. 동물들은 용감히 맞섰으나 '외양간 전투'와 같은 승리를 거둘 수 없었습니다. 프레데릭 일당과 싸움에서 동물들이 승리를 얻지 못한 이유는 무엇일까요?

17   복서는 풍차 전투에서 발굽을 다쳤으나 하루도 쉬지 않고 풍차 재건을 위해 앞장섭니다. 클로버와 벤자민이 무리하지 말라고 하지만 복서는 듣지 않습니다. 복서는 은퇴하기 전에 돌아가는 풍차를 보는 것이 꿈이라고 합니다. 복서에게 '풍차'는 어떤 의미라고 생각하나요?

18   수년간 모습을 감추었다가 다시 나타난 까마귀 모지즈는 여전히 〈슈가캔디 마운틴〉이

라는 하늘 나라 이야기를 하고 다녔습니다. 돼지들은 그 이야기를 믿지 않으면서도 모지즈를 쫓아내지 않고 받아들입니다. 게다가 일도 하지 않는 그에게 맥주까지 배분해 줍니다. 돼지들이 모지즈에게 호의를 베푸는 이유가 무엇이라고 생각하나요?

19 여러 해가 흘러 동물농장은 더 번성했고 조직적으로 운영되었습니다. 그러나 초창기에 스노볼이 약속했던 전기가 들어오는 축사, 냉온수 시설, 주 3일 노동 같은 것은 다시 거론되지 않았습니다. 게다가 나폴레옹은 열심히 일하고 근검절약 생활을 하는 데 동물들의 참다운 행복이 있다고 말합니다. 나폴레옹이 제시한 것과 동물들이 바라는 '참다운 행복'은 어떤 점이 다를까요?

나폴레옹의 참다운 행복	동물들의 참다운 행복

20 한동안 농장의 외진 곳에 가 있었던 양들이 돌아온 후 동물들은 돼지들이 두 발로 걷는 모습을 보았습니다. 그리고 그때 양들이 일제히 '네발은 좋고 두 발은 더 좋다!'라고 목청을 높여 외칩니다. 돼지들이 두 발로 걷기 시작한 이유는 무엇일까요?

21 반란으로 농장을 점령한 돼지들이 지도자가 되어 맨 처음 한 일은 〈메이너 농장〉 이름을 〈동물농장〉으로 바꾼 것입니다. 그 후에 두 발로 걷게 된 나폴레옹은 〈동물농장〉이라는 명칭을 폐지하고 농장의 원래 이름인 〈메이너 농장〉으로 돌아간다고 공표합니다. 여러분은 농장의 이름을 바꾼 의미가 무엇이라고 생각하나요?

메이너 농장 →① 동물농장 →② 메이너 농장

① 첫 번째 이름을 바꾼 의미:

② 두 번째 이름을 바꾼 의미:

22 동물농장의 7계명은 시간이 지날수록 수정되더니 급기야는 단 하나의 계명만 남게 됩니다. 계명이 변한다는 것은 무엇을 의미한다고 생각하나요? 계명이 수정되는 과정을 확인하여 빈칸을 작성하고, 그 의미를 생각해 보세요.

동물농장 초반	1. 두 발로 걷는 자는 누구든지 적이다. 2. 네발로 걷거나 날개를 가진 자는 모두 우리의 친구디. 3. 어떤 동물도 옷을 입어서는 안 된다. 4. 어떤 동물도 침대에서 자서는 안 된다. 5. 어떤 동물도 술을 마셔서는 안 된다. 6. 어떤 동물도 다른 동물을 죽여서는 안 된다. 7. 모든 동물은 평등하다.
동물농장 중반	
동물농장 최후	모든 동물은 평등하다. 그러나 어떤 동물은 다른 동물들보다 더 평등하다.

의미:

입장을 정해 보아요

선택적 발문

1 농장을 차지한 동물들은 인간을 떠올리게 하는 것들을 모조리 파괴합니다. 그들이 새롭게 정비한 것 중에서 '동물주의' 완성에 가장 중요하다고 생각하는 한 가지를 선택하고 그 이유를 정리해 보세요.

> ☐ 동물들에게 두 배 분량의 먹이를 배분한 것
> ☐ 「잉글랜드의 짐승들」 노래를 일곱 번 떼창 한 것
> ☐ 존즈 씨에게서 빼앗은 목초지를 확인한 것
> ☐ 존즈 씨의 집을 정리하고 차지한 것
> ☐ 그 외 (   )
> 이유:

2 돼지들은 다른 동물들보다 똑똑하다는 이유로 지도자 역할을 맡았습니다. 제일 힘이 약한 동물도 풀을 뒤집고 모으는 일을 하지만 지도자인 돼지는 지휘와 감독만 합니다. 돼지들이 몸을 써서 일하지 않는 것에 대해 어떻게 생각하나요?

> ☐ 지도자로서 적절한 행동이다.   ☐ 지도자로서 적절하지 않은 행동이다.
> 이유:

3 우유와 사과가 고루 분배되지 않는 상황이 의아스럽긴 하지만 동물들은 그 누구도 인간이 돌아오는 것을 원하지 않았습니다. 그래서 지도자인 돼지들이 우선 건강해야 하니 우유와 사과는 당연히 그들의 몫이라고 생각합니다. 만약 여러분이 동물농장의 일원이라면 이에 대해 어떤 행동을 하겠습니까?

> ☐ 받아들인다.   ☐ 이의를 제기한다.   ☐ 그 외 (   )
> 이유:

4   비둘기들의 보고에 따르면 동물농장에서 사라진 몰리는 어떤 술집 앞에서 이륜마차 끄는 일을 하고 있었다고 합니다. 분홍색 댕기를 달고 있는 몰리의 코를 어떤 남자가 어루만지며 각설탕을 먹이고 있었고, 몰리는 기분이 좋아 보였다고 전했습니다. 동물농장을 떠난 몰리는 진짜 행복했을까요?

☐ 행복했을 것이다.   ☐ 불행했을 것이다.

이유:

5   풍차 건설을 주장하는 스노볼과 이를 반대하는 나폴레옹의 의견은 지도자 선출에서도 팽팽하게 맞섰습니다. 여러분이 동물농장에 살고 있다면 스노볼의 〈주 3일 노동에 투표를〉과 나폴레옹의 〈충분한 여물통에 투표를〉 중에서 어느 쪽에 투표할 것이며 그 이유는 무엇인가요?

☐ 스노볼: 주 3일 노동   ☐ 나폴레옹: 충분한 여물통

이유:

6   동물들의 처형이 있던 그날의 공포가 잠잠해졌지만 몇몇 동물들은 일곱 계명 중 '어떤 동물도 다른 동물을 죽여서는 안 된다.'라는 제6계명을 기억했습니다. 분명히 계명에 어긋난 행동을 했다는 것을 감지했지만 누구도 대놓고 돼지들에게 말하지 못합니다. 글을 읽지 못하는 클로버가 벤자민에게 제6계명을 읽어 달라고 부탁하지만 벤자민은 자신이 그런 일에 끼어들고 싶지 않다며 거절합니다. 여러분은 클로버의 부탁을 거절한 벤자민의 행동에 대해 어떻게 생각하나요?

☐ 공감한다.   ☐ 공감하지 않는다.

이유:

사색적 발문: 생각을 넓혀 보아요

1 메이너 농장에 사는 동물들은 현명하고 위엄 있는 수퇘지 메이저의 연설을 듣기 위해 헛간에 모였습니다. 다양한 동물 중에서 나와 가깝다고 느껴지는 동물을 고르고, 그 이유는 무엇인지 이야기해 보세요.

책 속 등장인물	동물의 종	나와 가깝다고 느낀 동물 선택 & 이유
메이저	늙은 수퇘지	
블루벨, 제시, 핀처	세 마리의 개	
복서, 클로버	짐 운반하는 말	
뮤리엘	흰 염소	
벤자민	당나귀	예) 아는 것이 많지만 아무 데서나 나서지 않는다.
몰리	흰색 암말	예) 다른 것보다 외모와 패션을 가꾸는 것에 더 관심이 많은 점이 나와 닮았다.
모지즈	까마귀	

2 동물의 입장으로 보면 아무것도 생산하지 않는 인간이 동물들의 주인인 것이 부당한 일입니다. 그렇다면 인간의 입장으로 '생산'의 의미를 정의하고, 반박하는 글을 써 보세요.

동물들의 주장	아무것도 생산하지 않는 인간이 동물들의 주인 노릇을 하는 것은 부당해!
인간의 입장으로 정의한 '생산'의 의미	
동물들의 주장에 대한 반박	

3 글자를 배운 돼지들은 동물주의 원리를 〈일곱 계명〉으로 요약하여 헛간 벽에 써 놓기로 합니다. 그 계명은 동물농장에서 지켜야 하는 법률이 됩니다. 일곱 계명에 한 가지를 더 추가한다면 여러분은 어떤 내용을 넣겠습니까?

일곱 계명
1. 두 발로 걷는 자는 누구든지 적이다.
2. 네발로 걷거나 날개를 가진 자는 모두 우리의 친구다.
3. 어떤 동물도 옷을 입어서는 안 된다.
4. 어떤 동물도 침대에서 자서는 안 된다.
5. 어떤 동물도 술을 마셔서는 안 된다.
6. 어떤 동물도 다른 동물을 죽여서는 안 된다.
7. 모든 동물은 평등하다.
8.

4 동물들이 7계명을 잘 이해하지 못하자 스노볼은 7계명을 '네발은 좋고 두 발은 나쁘다.'라는 한 줄로 요약 정리합니다. 그 말에 날짐승들이 항의하자 새의 날개는 날기 위한 추진 기관이지 나쁜 짓을 하는 기관이 아니므로 날개는 다리로 간주되어야 한다고 둘러댑니다. 그렇다면 스노볼이 기어 다니는 아기를 본다면 어떻게 말을 바꿀까요?

5 다음은 '동물농장'에 등장하는 동물들의 읽기 능력을 피라미드 모양으로 나눈 것입니다. 읽기 능력 외에 동물들을 분류한다면 여러분은 어떤 기준과 도표 모양으로 표현할 것인지 자유롭게 작성해 보세요.

분류 기준	읽기 능력	
도표로 표현하기	돼지들, 벤자민 뮤리엘 블루벨, 제시, 핀처 클로버, 복서, 몰리 그 밖의 동물 & 양, 암탉, 오리	

6 농장 주인들은 동물농장에서 끔찍한 일들이 벌어지고 있다는 이야기를 지어냅니다. 그러나 인간을 쫓아내고 동물들이 스스로 꾸려 가는 멋진 농장이라는 소문이 나고, 「잉글랜드의 짐승들」이라는 노래가 퍼지면서 오히려 동물들의 결속력이 단단해졌습니다. 「잉글랜드의 짐승들」처럼 구성원들의 결속력을 다지는 노래를 알고 있다면 소개해 주세요.

7 외양간 전투에서 승리한 동물들은 존즈의 총을 대포처럼 놓아두고 기념일에 발사하기로 합니다. 동물농장의 기념일에는 외양간 전투 기념일과 반란 기념일이 있습니다. 이처럼 현재의 우리 사회가 만들어지게 된 것을 기억하기 위한 기념일을 한 가지 소개하고, 동물농장의 내용과 연결해 보세요.

> 예시) 법의 날(4/25): 법의 존엄성을 높이기 위해 제정한 날이다. 동물들의 결집을 위해 만든 '일곱 계명'도 일종의 법으로 생각할 수 있다.

8 풍차를 건설할 것인지 말 것인지를 투표하는 날, 스노볼은 장차 힘든 노동이 사라질 동물농장의 미래상을 강렬하게 나타내려고 했습니다. 스노볼이 제시한 미래상을 한 문장으로 표현해 보세요.

> 예시) 슈가캔디 마운틴보다 행복한 동물농장

9 스퀼러는 동물들에게 충성과 복종만을 강조하면서 틈만 나면 인간이 되돌아오기를 원하느냐고 위협합니다. 이에 대해 늘 자신이 더 열심히 하면 될 거라던 복서는 나폴레옹이 언제나 옳다고 받아들입니다. 만약 메이저가 살아 있었다면 우직하기만 한 복서에게 어떤 말을 해 주었을까요?

복서의 신조	메이저의 말
- 나폴레옹 동무가 옳다고 하면 옳은 거야. - 내가 더 열심히 하면 될 거야.	

10   동물들은 일주일에 60시간씩 풍차 건설을 위해 노예처럼 일했습니다. 하지만 10월이 되자 나폴레옹은 일요일 오후에도 일할 거라고 발표했습니다. 만약 나폴레옹이 아니라 스노볼이 지도자가 되었다면 동물들의 삶은 어떻게 바뀌었을까요?

11   풍차 건설의 고된 작업에도 복서는 '내가 더 열심히 한다.', '나폴레옹은 언제나 옳다.'라는 두 가지 신조를 지킵니다. 복서처럼 어떤 결정을 할 때 기준이 되거나 힘든 상황을 견딜 수 있는 나만의 신조가 있다면 소개해 주세요.

12   동물농장에는 절대로 인간과 거래하지 않는다는 원칙이 있으나 풍차 건설을 위해서는 다양한 기계와 도구가 필요했습니다. 그래서 나폴레옹은 인간과의 거래를 결정하고 그 내용을 동물들에게 통보했습니다. 여러분은 나폴레옹처럼 결정을 통보하는 방식이 아니라 동물들을 '설득'하는 내용이 담긴 연설문을 작성해 보세요.

> 〈포함할 내용〉
> - 상업적 목적이 아니라 긴급 물자 구입을 위한 교역
> - 풍차 건설 사업이 모든 일에 우선

13   식량이 바닥나기 시작하자 돼지들은 동물농장의 사정을 바깥 세계가 알지 못하도록 감춥니다. 식량 분배량이 늘었다고 거짓 소문을 퍼트리고, 식량 통을 모래로 채운 뒤 알곡과 옥수숫가루로 덮어 위기를 모면합니다. 이와 비슷한 사례는 역사 속에서도 찾을 수 있습니다. 기지를 발휘해서 위기를 모면했거나 반대로 대중을 눈속임했던 역사적 사건을 찾아 보세요.

> 예시)
> - 세마대: 임진왜란 때 권율 장군이 독산성에서 왜군과 대항하며 물이 말라 가는 것을 감추기 위해 흰쌀을 부어 말을 씻기는 시늉을 하여 위기를 모면함.
> - 강강술래: 임진왜란 때 우리 병사들이 많은 것처럼 보이게 하려고 남해안 일대에서 부녀자들이 둥글게 모여 함께 손을 잡고 빙빙 돌면서 노래 부르며 춤을 추어 적군을 속임.

14   동물들의 대대적인 처형이 끝난 후, 클로버는 언덕 아래를 내려다보며 눈물을 흘립니다. 메이저가 혁명을 이야기했던 때부터 풍차를 세우고 인간의 총에 굴복하지 않았던 것은 이런 날을 꿈꾸고 기대한 것이 아니었습니다. 많은 생각을 제대로 표현할 말을 찾지 못한 클

로버는 말 대신 「잉글랜드의 짐승들」을 노래합니다. 클로버가 표현하고 싶었던 말은 무엇이었을지 여러분이 대신 이야기해 주세요.

15 동물농장에서 달아난 스노볼이 프레데릭 농장에서 숨어 지낸다는 소문이 돌고 있습니다. 그를 경계한 나폴레옹은 어떤 문제가 발생할 때마다 스노볼을 탓하고 핑계를 댑니다. 스노볼이 어디에서 어떻게 지내고 있을지 상상해 보세요.

16 모든 동물이 함께 잘 살기를 꿈꾸며 동물농장을 세웠으나 그들을 지탱하는 이념은 차츰 변했습니다. 7계명이 조금씩 수정되었으나 동물들은 그러한 사실을 제대로 인지하지 못한 채 받아들입니다. 게다가 사실과 다르게 포장하는 스퀼러의 말에 금세 설득당하기도 합니다. 동물들의 모습을 통해 여러분이 깨닫게 된 것은 무엇인가요?

17 돼지와 개를 제외한 동물들에게 돌아가는 식량 분배량은 지난해보다 줄어들었습니다. 스퀼러에 따르면 식량 분배에 지나치게 엄격한 평등을 적용하는 것은 동물주의의 원리에 어긋난다고 합니다. '지나치게 엄격한 평등'은 특권을 인정해 달라는 것으로 볼 수 있습니다. 우리 사회에 만연해 있는 특권에는 어떤 것이 있는지 이야기해 보세요.

18 초기 동물농장의 법에 따르면 말과 돼지는 12세, 암소는 14세, 개는 9세, 암탉과 거위는 5세에 은퇴하고 노년 연금을 받는다는 복지 내용이 있었습니다. 여러분이 동물농장 지도자라면 동물들에게 어떤 복지를 제공할 것인지 발표해 보세요.

19 몇 년 동안 모습을 보이지 않던 까마귀 모지즈가 나타나 여전히 〈슈가캔디 마운틴〉의 하늘 나라 이야기를 하고 다닙니다. 슈가캔디 마운틴처럼 지금 여러분의 고단한 삶을 위로해 주는 것에는 무엇이 있나요?

20 풍차 건설 문제로 스노볼과 나폴레옹 사이에 분쟁이 발생합니다. 분쟁의 결과 스노볼이 축출되고 나폴레옹이 정권을 장악합니다. 이처럼 우리 사회에서도 정치 권력 다툼으로 번진 주요 이슈에는 어떤 것이 있나요?

21 스퀼러는 현재 동물농장의 식량 사정이 과거에 비해 좋아졌다고 몇 가지 사례를 들어 입증해 보입니다. 그러나 동물들은 삶이 고되고 식량도 부족하게 느꼈습니다. 여러분이 동물들의 입장이 되어 스퀼러의 의견에 반박하는 내용을 적어 보세요.

스퀼러의 주장	나의 반박
1. 동물농장의 식량 분배는 감축된 것이 아니라 재조정한 것이다.	1.
2. 지금은 존즈 시절보다 먹여야 할 돼지들이 많아졌다.	2.
3. 농장의 삶은 과거에 비해 훨씬 품위 있게 되었다.	3.

북돋움 활동 1

1 『동물농장』은 위대한 정치적 우화 중 하나로 평가받는 조지 오웰의 작품입니다. 작품이 쓰인 배경과 작가를 조사해 보세요.

작품 배경	
작가 조사	1.
	2.
	3.

2 '고전'이란 오랫동안 많은 사람에게 널리 읽히고 모범이 될 만한 문학이나 예술 작품을 일컫는 말입니다. 이 작품이 쓰였던 당시와 오늘날은 차이가 있지만 『동물농장』이 시대를 넘어 오늘날에도 의미 있는 작품으로 꼽히는 이유는 무엇일까요?

북돋움 활동 2

동물농장의 동물 중에서 지도자로 추천하고 싶은 동물을 뽑고, 왜 그가 지도자가 되어야 하는지 아래의 항목에 맞게 창의적인 추천서를 작성해 보세요.

동물농장 지도자 추천서

추천자	학번		이름	
추천 동물			이름	

평가 항목

· 발휘할 수 있는 능력(기술)

예시) 수레 끌기

· 주요 경험 및 활동

예시)
동물농장
입주

· 성격과 성향

공감력
자부심
이성
성실성
친화력
감성

· 관심사 & 취미

· 지도자로 추천하는 이유(총평):

에필로그

어떤 책은 오롯이 독자의 감상으로 남겨지는 책이 있습니다. 그렇지만 『동물농장』은 읽기 전 또는 읽은 후에라도 작품 해석을 살펴볼 필요가 있는 책입니다. 토론을 통해 작가가 전달하고자 하는 바를 찾아낼 수 있어도 그 안에 담긴 역사적 의미는 따로 공부가 필요하기도 합니다.

10차시 토론 수업 진행으로 학생들과 동물농장을 함께 읽었습니다. 권력을 잡은 돼지의 횡포가 드러나고 7계명이 감쪽같이 변해 가는 걸 지켜보는 재미가 있었습니다. 그러다 결국 동물농장이 다시 메이너 농장으로 이름을 바꿨을 때는 권력의 적나라한 민낯을 마주한 것 같았습니다. 아이들도 그것을 느꼈는지 흙수저, 금수저 이야기부터 시작해서 국회의원 자녀들의 입학 비리 등 알고 있는 뉴스들을 이야기하더군요. 그때 조지 오웰이 동물농장을 통해 말하고 싶었던 것, 작품 해석을 알려 줄 필요가 있다는 생각이 들었습니다.

"동물농장은 스탈린 체제를 비판하기 위한 우화 소설입니다. 그래서 스탈린 체제에 비추어 작품을 읽으면 나폴레옹은 '스탈린'으로, 스노볼은 스탈린과 갈등을 빚다가 쫓겨난 '트로츠키'라는 인물에 비유할 수 있다고 해요. 그리고 동물농장의 동물들, 그중 성실하게 일하다가 병들어 도살장으로 팔려 간 복서는 민중으로, 나폴레옹을 따르는 양은 어리석은 민중으로, 동물들을 공포로 몰아넣은 개들은 비밀경찰에 비유되었다고 합니다."

책 뒤 부록으로 수록된 것을 정리해 알려 주었을 뿐이었지만 아이들은 한 번쯤 들어 본 스탈린이라는 이름을 듣고는 고개를 끄덕였습니다.

부록까지 마저 읽고 나서 검색하는 시간을 주었습니다. 그랬더니 볼셰비

키 혁명, 스탈린 체제, 소련의 역사 등 역사 배경지식 확장으로 범위를 넓히는 효과를 얻었습니다. 그뿐만 아니라 오늘날까지 이어지고 있는 권력 비리, 우리나라의 정치 상황까지 살펴보게 되었습니다.

그제야 동물농장을 제대로 읽었다는 생각이 들더군요. 책에 대한 배경지식으로 완성형 독서를 할 수 있다는 깨달음을 얻기도 했고요. 배경지식을 얻고 나자 순식간에 새로운 발문이 나왔습니다.

"어리석은 민중이 되지 않으려면 어떻게 해야 할까?"

비판적으로 미디어를 수용해야 한다, 모르고 당하지 않기 위해 공부가 중요하다, 시시때때로 권력을 감시하는 눈을 가져야 한다 등 아이들의 대답은 객관적이고 깊이가 있었습니다. 책 이야기에서 시작해 오늘날 자신이 해야 할 역할까지 찾아낸 경험이었습니다.

물론 독서가 읽은 사람의 개인적인 감상으로 그친다고 해서 잘못된 읽기는 아닙니다. 그러나 책에 대한 배경지식이 갖추어지면 토론이 더 풍성해집니다. 다양한 관점 읽기가 가능하며 과거의 책 속 이야기들이 현재 나의 문제로도 다가옵니다. 그래서 토론으로 마주한 한 권의 책이 오롯이 내 것이 되는 경험을 얻습니다.

9

꿈을 정하지 못해 고민하는 너에게

『호밀밭의 파수꾼』

호밀밭의 파수꾼

제롬 데이비드 샐린저

#꿈 #진로고민 #파수꾼 #성찰 #방황 #사춘기

오늘의 처방

- ☑ 아직 꿈을 정하지 못했다면 지금부터 찾아 보세요!
- ☑ 상처가 아물고 새살이 돋아나기까지 기다림이 필요합니다.

책 속으로

홀든은 몹시 예민하고 까다로운 인물로 매사에 부정적입니다. 시험에서 낙제점을 받아 퇴학당하게 되었으면서 친구와 싸운 것을 계기로 먼저 학교를 나와 버리기도 합니다. 고향에 돌아와서도 바로 집으로 가지 않습니다. 자신이 자란 마을을 돌아보고, 다녔던 학교와 박물관에 가 보는 등 한동안 방황합니다. 그러다가 홀든은 노래를 부르는 아이를 보고 호밀밭의 파수꾼이 되고 싶다는 마음을 가집니다. 내면의 상처 위로 그가 가진 순수함과 따뜻함이 드러나는 순간입니다. 그것은 홀든을 미워할 수 없는 충분한 이유가 됩니다.

낱말 퍼즐: 내용을 떠올려 보아요

가로
1. 웅녀왕 2. 우리 3. 단풍잎이 4. 회진임마 5. 스토리텔링이다 6. 파수꾼 7. 우애 8. 기타
9. 미움 10. 스페인 11. 사냥 모자 12. 프로작아 13. 연기 14. 변호사 15. 샌드콜파

세로
① 기절 ② 코끼리마 ③ 가장광이 ④ 물리치드 ⑤ 아이리디 ⑥ 가정광이 ⑦ 트리하무 ⑧ 수다
⑧ 기숙사 ⑨ 스페이트 ⑩ 사무 ⑪ 사무 ⑫ 자격사 ⑫ 호텔

가로

1. 앨리가 죽던 날 차고에 있던 모든 ○○○을 홀든이 주먹으로 깨부숨.
2. 홀든은 택시 기사에게 연못의 물이 얼면 그곳에 사는 ○○들이 어떻게 되는지 여러 번 물어봄.
3. 말이나 행동이 얌전하지 못하고 덜렁거리는 여자.
4. 여동생 피비가 좋아하는 놀이 기구.
5. 홀든의 룸메이트. 홀든을 때려 일정보다 빨리 학교를 나가게 만든 사람.
6. 이 책의 제목 『호밀밭의 ○○○』. 경계하여 지키는 사람.
7. 홀든과 피비가 서로를 위하고 아끼는 마음을 표현한 단어. 형제 또는 친구 사이의 사랑.
8. 룸메이트와 싸우고 학교를 나온 홀든이 뉴욕으로 가기 위해 이용한 교통수단.
9. 일 따위에 익숙하지 못하고 서투름. 성숙의 반대말.
10. 홀든이 펜시고등학교에서 퇴학당하기 전에 찾아뵈었던 역사 선생님 이름. 홀든에게 낙제점을 준 사람.
11. 펜싱팀 주장이었던 홀든이 시합차 뉴욕에 갔다가 빨간색의 이것을 삼. 후에 피비에게 준 것.
12. 엘크톤 힐즈에서 홀든의 비싼 가방을 보고 룸메이트가 한 말. ↔프롤레타리아.
13. 홀든이 샐리와 함께 보기로 약속한 것. 배우가 각본에 따라 어떤 사건이나 인물을 말과 동작으로 관객에게 보여 주는 무대 예술.
14. 홀든 아빠의 직업. 피고나 원고를 변론하며 일반 법률 사무를 업으로 삼는 사람.
15. 미국 뉴욕시 맨해튼에 있는 미국 최초의 인공 공원.

세로

① 홀든은 퇴학을 세 번 당했지만, 다음 학기부터 새로운 학교에서 다시 시작할 수 있는 ○○를 얻음. 어떠한 일이나 행동을 하기에 가장 좋은 때나 경우.
② 이 소설은 ○○○○○ 시즌에 홀든에게 일어났던 이야기임. 예수 그리스도의 탄생을 기념하는 날.
③ 홀든 스스로 자신이 엄청난 ○○○○○라고 생각함. 거짓말을 자주 하는 사람을 얕잡아 부르는 말.
④ 홀든의 형인 D. B가 있는 곳. 영화로 유명한 도시.
⑤ 미국 동북부에 있는 여덟 개의 명문 대학을 통틀어 이르는 말. 예일, 코넬, 컬럼비아, 다트머스, 하버드, 브라운, 프린스턴, 펜실베이니아 대학이 포함됨.
⑥ 홀든은 남동생 앨리의 죽음으로 정신적인 외상을 얻음. '상처'라는 의미의 그리스어 '트라우마트'에서 유래된 말.
⑦ 홀든이 작은 샌드위치 바에 아침을 먹으러 갔다가 만난 사람들. 홀든은 그들에게 10달러를 기부함. 천주교 종교 단체의 구성원 중 여자 수도자.
⑧ 홀든이 펜시고등학교에서 머물던 곳. 학생들이 먹고 잘 수 있도록 학교 안에 마련한 집.
⑨ 공연을 본 후, 샐리가 제안하여 타러 간 것. 피비도 어린 홀든도 공원 음악당 근처에서 이것 타는 것을 좋아함. 구두 바닥에 쇠를 붙여 얼음판 위를 지치는 운동 기구.
⑩ 퇴학당한 홀든이 떠나려고 하는 지역. ↔동부.
⑪ 홀든에게 아늑함을 주는 곳으로, 인디언이 만든 물건을 구경하고 콜럼버스에 대한 영화를 볼 수 있는 곳. ○○○ 박물관.
⑫ 학교를 나온 홀든이 집에 가기 전에 머물던 곳. 규모가 큰 서양식 여관.

| 인물 추적도 | 등장인물을 파악해 보아요 |

홀든 • • '네놈' 따위의 말을 싫어하며 외모를 관리하지 않아 지저분함을 느끼게 하는 주인공의 기숙사 급우. 주인공의 방에 자주 방문하여 물건을 함부로 만지는 등 눈치 없이 행동함.

스트라드레이터 • • 순수함의 대표적 상징으로 주인공에게 기쁨과 행복을 느끼게 하는 동생. 주인공은 부모님과 마주치기는 싫어하면서도 이 동생을 보려고 집에 몰래 들어감.

애클리 • • 주변 사람들을 잘 관찰하며, 아이들의 순수함을 지켜 주고 싶어 하는 주인공. 학교를 나온 뒤 집에 가기까지 사흘간의 여정에서 깊은 고뇌와 방황을 함.

피비 • • 근사한 외모의 소유자이지만 면도기를 불결하게 사용하고, 여자들과 가벼운 만남을 일삼는 주인공의 룸메이트. 제인 때문에 주인공과 다투다 주인공을 때려 기숙사를 나가게 만듦.

샐리 • • 주인공이 뉴욕에서 만난 여자. 연정을 느낀 주인공이 함께 멀리 서부로 떠나자고 제안했으나 대학 졸업과 취직 후에도 갈 수 있다며 거절함.

스펜서 • • 어릴 적에 세상을 떠난 주인공의 동생. 동생이 죽던 날 엄청난 슬픔을 감당하지 못한 주인공이 차고 유리창을 박살 냄. 함께 했던 야구 놀이를 상기하며 주인공이 늘 그리워하는 대상.

앨리 • • 주인공이 집에 들렀다가 나왔을 때 하룻밤 머물게 해 준 이전 학교의 선생님. 주인공이 추구하는 것이 현실에서는 불가능하다고 이것저것 조언함.

앤톨리니 • • 주인공이 펜시고등학교에서 퇴학당하던 날 찾아가서 인사드린 분. 홀든에게 낙제점을 준 역사 선생님.

해석적 발문 — 다양하게 생각해 보아요

1 홀든이 펜크톤 힐즈고등학교를 그만둔 이유는 가식적인 사람들 때문이었다고 합니다. 그러나 모든 학생이 그런 이유로 학교를 떠나지는 않습니다. 여러분은 홀든이 학교를 그만둔 진짜 이유가 무엇이라고 생각하나요?

2 스펜서 선생님에게 인사를 드리고 나올 때 홀든은 확실하지 않은 인사말을 듣습니다. 홀든은 스펜서 선생님이 '행운을 비네.'라는 말을 했을 것으로 짐작하여 그 말이 아주 끔찍하다고 생각합니다. 홀든은 왜 스펜서 선생님이 했을 것으로 짐작하는 그런 종류의 말을 끔찍하게 여겼을까요?

3 홀든은 주변 친구들과 살갑게 지내지는 않으면서 그들의 행동을 유심히 관찰합니다. 애클리와 스트라드레이터에 대해 홀든이 관찰한 점과 그들에 대한 여러분의 느낌을 정리해 보세요.

	애클리	스트라드레이터
홀든이 관찰한 점		
나의 느낌		

4 스트라드레이터와 한바탕 싸움을 벌인 뒤 홀든은 당장 펜시고등학교를 떠나기로 합니다. 그리고는 빨간 사냥 모자를 고쳐 쓴 뒤 "잘들 퍼 자라, 이 바보들아."라고 외치고 학교를 나왔습니다. 홀든이 외친 마지막 말을 통해 홀든이 느꼈을 감정을 〈감정 낱말 모음집〉에서 한 개 고르고, 그 이유를 말해 보세요.

5 홀든은 스스로 자신을 엄청난 거짓말쟁이라고 말합니다. 스펜서 선생님 집을 찾아갔을 때도, 기차에서 같은 반 친구의 엄마를 만났을 때도 홀든은 그들의 질문에 예의 있는 거짓말로 답합니다. 스스로 거짓말쟁이라고 생각하면서도 홀든이 계속 거짓말을 하는 이유는 무엇일까요?

6 홀든은 집에 가는 길에 묵은 호텔에서 정상적인 사람은 자신뿐이라고 생각합니다. 호텔 창밖으로 머리가 하얗고 점잖게 생긴 남자가 여자 옷을 입고 방 안을 걷는 모습과 남녀가 물을 입에 물고 있다가 서로 얼굴에 내뿜는 모습을 보았기 때문입니다. 학교에서는 자신만 비정상적이라고 생각했는데 학교를 나온 지금은 자신만 정상적이라고 생각하는 이유는 무엇일까요?

7 고향으로 간 홀든은 집으로 바로 가지 않고 이리저리 돌아다닙니다. 택시를 타고 이동할 때, 기사에게 센트럴파크 남쪽 연못에 있던 오리들이 호수가 어는 겨울에는 어디로 가는지 자꾸 묻기도 합니다. 홀든이 계속 오리의 행방을 묻는 이유가 무엇이라고 생각하나요?

8 홀든은 작가로 활동하다가 할리우드에 간 형을 변절자라고 생각합니다. 그리고 동생 앨리가 죽은 날에는 차고의 유리를 모두 깨부수는 격한 행동을 보이기도 합니다. 이러한 점으로 미루어 짐작할 수 있는 홀든의 성격은 어떠한가요?

9 홀든은 꼬마 아이가 콧노래를 흥얼거리며 걷는 모습이 보기 좋았습니다. 그 꼬마 아이는 「호밀밭에 들어오는 사람을 잡는다면」이라는 노래를 부르고 있었습니다. 매사에 부정적이고 비관적인 홀든이 이 아이를 보고 기분이 좋아진 이유가 무엇이라고 생각하나요?

10 주일 낮 브로드웨이에는 영화를 보러 가는 사람들로 붐볐습니다. 홀든은 그렇게 많은 사람이 영화를 보러 간다는 것이 무척이나 끔찍하게 여겨졌습니다. 홀든은 왜 영화를 보러 극장에 가는 사람을 못마땅하게 생각했을까요?

11 이 세상이 마음에 들지 않는 홀든에게도 어린 동생만큼은 기쁨과 행복을 주는 존재입니다. 부모님과 마주치기 싫어 일부러 집에 가지 않으려고 했으나 동생 피비가 보고 싶은 마음에 도둑처럼 몰래 들렀습니다. 홀든과 피비는 서로에게 각각 어떤 존재라고 생각하나요?

홀든에게 피비는?	피비에게 홀든은?

12   부모님 몰래 피비를 만나러 간 홀든은 돈이 궁색한 나머지 피비에게 돈을 빌립니다. 어떤 상황에서도 눈물을 보이지 않았으나 피비가 아껴 둔 용돈을 건네자 왈칵 눈물이 쏟아졌습니다. 홀든이 흘린 눈물의 의미는 무엇일까요?

13   엘크돈 힐즈고등학교를 그만둔 후에도, 홀든은 엔톨리니 선생님을 계속 만났습니다. 선생님은 홀든에게 펜시고등학교에서의 생활을 이것저것 물은 뒤 어느 정신분석학자의 글을 메모해 줍니다. 미성숙한 인간은 어떤 이유를 위해 고귀하게 죽기를 바라지만, 성숙한 인간은 같은 상황에서도 묵묵히 살아가기를 원한다는 내용입니다. 엔톨리니 선생님이 홀든에게 써 준 글은 어떤 의미일까요?

14   홀든은 피비를 만나기 위해 학교를 찾아갔다가 벽면에 쓰인 욕설을 발견합니다. 그 후에 같은 욕설을 박물관에서도 보고는 그것을 지우려고 합니다. 누군가 학교와 박물관에 써 둔 욕설을 홀든이 애써 지우려고 하는 이유는 무엇일까요?

15   홀든은 스트라드레이터와 다툰 후에도, 또 무작정 학교를 떠날 때도 사냥 모자를 씁니다. 그리고 피비와 만났을 때 피비에게 사냥 모자를 주었고, 피비는 홀든을 만나러 오면서 그 모자를 챙겨 쓰고 옵니다. '사냥 모자'는 어떤 의미일까요?

16   『호밀밭의 파수꾼』은 정신 병원에 입원한 홀든이 자신의 이야기를 마무리 짓는 것으로 끝이 납니다. 병상에서 자신의 이야기를 들려준 홀든은 그동안 언급했던 사람들이 보고 싶고, 말을 하게 되면 모든 사람이 그리워지기 시작할 것이라고 합니다. 마지막에 홀든이 이토록 사람들을 보고 싶다고 한 것은 어떤 의미라고 생각하나요?

17 『호밀밭의 파수꾼』의 주인공인 홀든은 자신의 처지를 우울해하면서도 늘 사람들을 그리워합니다. 학교를 나와 집에 가기까지의 여정에서 여러 사람과의 만남을 통해 그 마음이 잘 드러납니다. 홀든이 만났던 사람들을 상투적인 세계와 훼손되지 않은 순수의 세계로 분류하고 그 이유를 정리해 봅시다.

> 스트라드레이터, 애클리, 제인, 교장 선생님, 스펜서 선생님, 택시 운전사, 어네스트의 엄마, 호텔 보이 모리스, 매춘녀 서니, 앨리, 피비, 샐리, 수녀들

	상투적이고 위선적인 세계의 사람들	훼손되지 않은 순수한 세계의 사람들
인물1		
이유		
인물2		
이유		
인물3		
이유		

선택적 발문: 입장을 정해 보아요

1 팬시고등학교의 기숙사 건물 이름은 '오센버거'입니다. 거액의 돈을 학교에 기부한 졸업생의 이름을 따서 붙인 것입니다. 여러분은 기부한 사람의 이름을 따서 건물 이름을 짓는 것에 대해 어떻게 생각하나요?

☐ 공감한다.   ☐ 공감하지 않는다.

이유:

2 홀든은 뉴욕으로 가는 기차에서 같은 반 친구, 어네스트의 엄마를 우연히 만나게 되었습니다. 아들의 학교생활에 대해 궁금해하는 어네스트의 엄마에게 홀든은 예의를 갖추어 거짓 평가를 들려줍니다. 어네스트의 학교생활에 대해 거짓으로 이야기한 홀든에 대해 어떻게 생각하나요?

☐ 공감한다.   ☐ 공감하지 않는다.

이유:

3 어니 클럽을 찾아간 홀든은 어니의 피아노 연주를 듣고 사람들이 환호하는 것을 못마땅하게 여깁니다. 그러면서 자신이 만약 피아노 연주자라면 옷장 안에 들어가 연주를 할 거라고 합니다. 이를 통해 홀든의 다양한 마음을 짐작할 수 있는데, 그중에서 여러분이 가장 공감하는 것을 골라 이유를 말해 보세요.

☐ 비관적이다.   ☐ 이기적이다.   ☐ 엉뚱하다.   ☐ 기발하다.   ☐ 그 외(   )

이유:

4 홀든은 호텔 보이 모리스와 매춘녀 서니에게 속아 폭행을 당하고 돈도 갈취당했습니다. 청소년인 홀든이 이러한 일을 겪게 된 것은 어느 쪽의 책임이 더 크다고 생각하나요? 다음의 기사를 참고하여 책의 내용 중에서 이유를 찾아 여러분의 생각을 정리해 보세요.

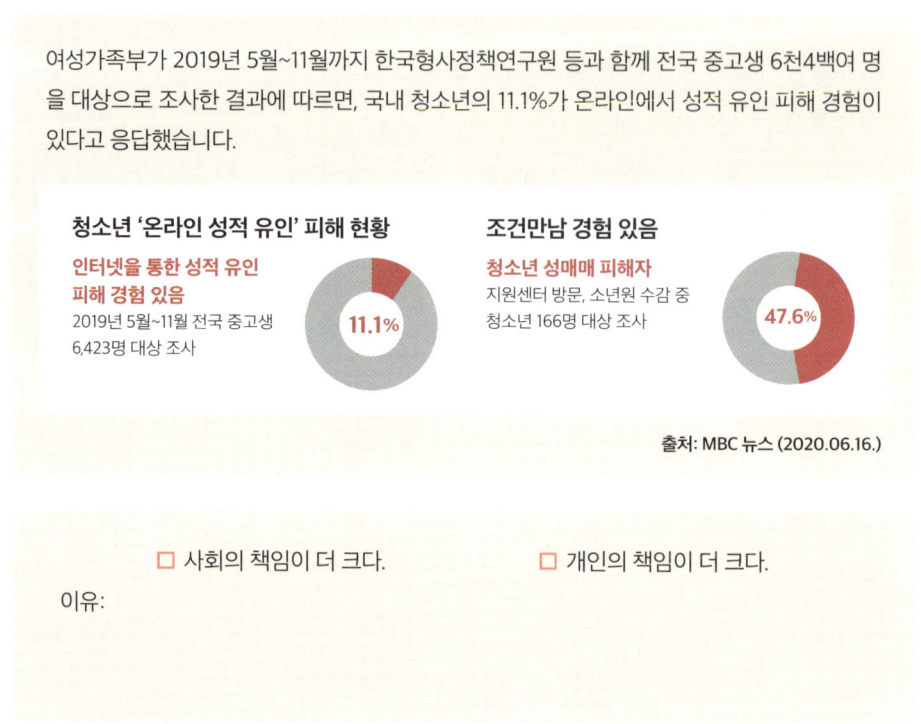

☐ 사회의 책임이 더 크다.   ☐ 개인의 책임이 더 크다.

이유:

5 뉴욕에서 만난 샐리에게 사랑을 느낀 홀든은 자기와 함께 서부로 떠나자고 합니다. 반면 샐리는 홀든이 대학을 졸업하고 취직해서 결혼한 후에도 얼마든지 멋진 곳으로 떠날 수 있다고 말립니다. 여러분은 누구의 의견에 더 공감하나요?

☐ 홀든   ☐ 샐리

이유:

| 사색적 발문 | **생각을 넓혀 보아요** |

1 홀든은 영화를 싫어해서 누군가 영화 이야기를 하면 피하고 싶어 합니다. 여러분도 홀든처럼 싫어하는 대화 주제가 있다면 무엇인가요?

2 학교를 그만두기 전 홀든은 교장 선생님과 오랜 시간 대화를 나누었습니다. 교장 선생님은 '인생은 시합'이라는 비유로 그를 훈계합니다. 인생을 운동 경기에 비유하여 규칙에 따라 시합을 해야 한다고 말한 교장 선생님처럼 멋진 문장으로 인생을 표현해 보세요.

인생은 _____ 이다.
이유:

3 스펜서 선생님은 펜시를 떠나는 홀든에게 장래가 불안한지 묻습니다. 홀든은 걱정은 되지만 심각할 정도는 아니라고 합니다. 선생님은 자신이 할 수 있는 한 홀든을 돕고 싶으며 그의 머릿속에 '분별'을 넣어 주고 싶다고 말합니다. 여러분이 홀든의 머릿속에 채워 주고 싶은 나머지 역량을 뇌 그림에 적어 보세요.

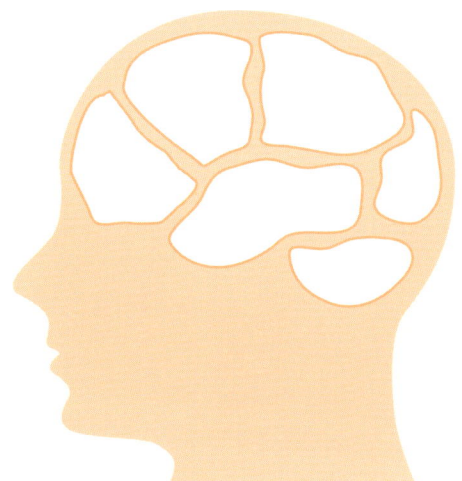

4 홀든은 작가에게 언제라도 전화를 걸어 자기가 받은 느낌을 나눌 수 있는 책을 좋아한다고 합니다. 여러분은 어떤 느낌을 주는 책을 좋아하나요?

5 스트라드레이터는 홀든에게 영어 작문 숙제를 해 달라고 부탁합니다. 무엇이든 묘사만 하면 된다는 말에 홀든은 동생 앨리의 야구 미트에 관한 글을 썼습니다. 여러분이라면 무엇에 관한 묘사의 글을 쓰고 싶은가요?

6 홀든은 스펜서 선생님에게 '행운을 빈다.'라는 말을 들었을 때도, 샐리에게 '멋지다.'라는 말을 들었을 때도 몹시 화가 났습니다. 이 말들이 가식적이라고 생각했기 때문입니다. 여러분이 상대방에게 별 뜻 없이 습관적으로 자주 하는 말이 있다면 무엇인가요?

7 샐리와 다툰 홀든은 후튼고등학교에 다닐 때 지도 선배였던 칼 루스를 만납니다. 내용 없이 겉도는 이야기를 나누던 중 칼 루스가 홀든에게 전형적인 콜필드식 대화를 계속할 건지 묻습니다. 전형적인 콜필드식 대화처럼 청소년들이 주로 사용하는 대화에는 어떤 것이 있나요?

8 피비가 홀든에게 되고 싶은 것이 없냐고 묻자, 홀든은 절벽에 서서 호밀밭을 걸어오는 아이들이 떨어지지 않게 지키는 호밀밭의 파수꾼이 되고 싶다고 합니다. 여러분이 희망하는 진로는 무엇이며, 꿈꾸는 진로에서 어떤 파수꾼 역할을 하고 싶은가요?

9 피비와 한참 이야기를 나누고 있던 홀든은 갑자기 엘크톤 힐즈고등학교의 앤톨리니 선생님이 보고 싶어졌습니다. 홀든은 지금까지 만난 선생님 중에 가장 좋은 선생님이었다고 생각합니다. 여러분이 지금까지 만난 선생님 중 가장 기억에 남는 분은 누구인가요?

10 엔톨리니 선생님은 어른이자 교육자의 입장으로 홀든에게 학교 교육의 중요성을 포함한 다양한 조언을 합니다. 선생님에 의하면 '학교 교육이란 자신이 가지고 있는 사고의 크기를 알게 해 주고, 거기에 맞게 이용하게 해 주는 것'입니다. 만약 이 말에 홀든이 대답을 했다면 학교 교육이 어떤 것이라고 했을지 홀든의 대답을 상상해 보세요.

학교 교육이란:

11 앤톨리니 선생님은 홀든이 추구하는 것이 현실에서는 불가능한 것이며, 교육 제도는 나쁠망정 교육 자체가 나쁜 것은 아니라고 말합니다. 여러분은 홀든에게 어떤 교육이 필요하다고 생각하나요?

12 『호밀밭의 파수꾼』은 홀든이 치료를 끝내고 다음 학기부터는 학교로 돌아갈 것을 암시하며 마무리됩니다. 여러분은 이후에 홀든이 어떤 삶을 살 것이라고 상상하나요?

13 1945년에 출간된 이 책에는 홀든이 자연스럽게 담배를 피우거나, 매춘녀를 만나는 장면이 있습니다. 오늘날 청소년이 보기에 비도덕적으로 느껴질 만한 부분이지만 시대적 배경에 따라 책의 내용은 다를 수밖에 없습니다. 『호밀밭의 파수꾼』에 있는 내용과 현재 청소년이 경험하는 문화적 차이가 어떻게 다른지 비교해 보세요.

북돋움 활동 1

1 『호밀밭의 파수꾼』은 미국의 소설가 제롬 데이비드 샐린저의 작품으로, 출간 즉시 엄청난 논쟁을 일으키며 베스트셀러가 되었다고 합니다. 작품이 쓰인 배경과 작가를 조사해 보세요.

작품 배경	
작가 조사	1.
	2.
	3.

2 '고전'이란 오랫동안 많은 사람에게 널리 읽히고 모범이 될 만한 문학이나 예술 작품을 일컫는 말입니다. 이 작품이 쓰였던 당시와 오늘날은 차이가 있지만 『호밀밭의 파수꾼』이 시대를 넘어 오늘날에도 의미 있는 작품으로 꼽히는 이유는 무엇일까요?

북돋움 활동 2

책을 읽은 후에 여러분이 만났던 홀든에 관한 내용으로 청소년 심리 상담 보고서를 작성해 보세요.

청소년 심리 상담 보고서			
이름	홀든 콜필드	성별	남
나이	17세	키	185cm

자아에 대한 감정
☐ 매우 좋음 ☐ 좋음 ☐ 보통 ☐ 나쁨 ☐ 매우 나쁨

이유:

자신의 주변 환경에 대한 감정
☐ 친구: ☐ 이웃:
☐ 가족: ☐ 그 외:

사랑과 호감에 대한 감정
☐ 샐리: ☐ 형과 동생:
☐ 제인: ☐ 친구:

충동적인 행동
☐ 매우 그렇다. ☐ 그렇다. ☐ 보통이다. ☐ 그렇지 않다.

이유:

어른 모방의 행동
☐ 매우 그렇다. ☐ 그렇다. ☐ 보통이다. ☐ 그렇지 않다.

이유:

독립에 대한 의지
☐ 매우 강하다. ☐ 강하다. ☐ 보통이다. ☐ 약하다. ☐ 거의 없다.

이유:

나의 종합 의견:

에필로그

흔히 청소년 시기의 특징은 자의식과 현실 사이에서 혼돈, 갈등, 외로움 등의 감정이 연속되어 긴장하고 혼란한 상태라고 합니다. 그들은 기성세대가 만들어 놓은 세계에서 분리를 원하고, 자신들만의 문화를 만들어 동질감을 추구합니다. 새로운 정체성을 만드는 과정에서 기성세대에 대해 저항과 불신을 갖게 되는 것이지요. 『호밀밭의 파수꾼』은 주인공 홀든이 학교를 떠나 집으로 가기까지, 사흘간의 여정을 통해 이러한 사춘기의 특징을 잘 보여 줍니다. 곧장 집으로 가지 않고 끊임없이 외롭다고 중얼거리며 대화할 상대를 찾아 기웃거리는 홀든은 반항아이면서 사회 부적응자이기도 합니다.

홀든의 심경은 그의 이름에서도 묻어납니다. 홀든 콜필드Holden Caulfield라는 이름에서 홀든Holden은 hold의 과거 분사형으로 '잡힌, 붙들린'이라는 뜻입니다. 학교 체제에 붙잡혀 있다고 느끼는 홀든의 답답한 감정과 호밀밭의 파수꾼이 되어 낭떠러지로 떨어지려 하는 아이들을 잡아 주겠다는 그의 포부가 드러난 중의적인 이름이라고 짐작됩니다.

『호밀밭의 파수꾼』은 수험 생활에 막 접어든 고3 아이들과 함께 만난 작품입니다. 새 학년을 원격 수업으로 시작하여 한참 만에야 등교 수업으로 만난 아이들은 얼굴 절반을 가린 마스크 뒤로 긴장감과 중압감을 숨기고 있었습니다. 주인공 홀든이 가슴속에 휘몰아치는 폭풍우를 홀로 견뎌 낸 경험은 청소년기의 마지막 시점에서 거대한 팬데믹과 대학 진학을 넘어서야 하는 아이들에게 위로가 될 것 같았습니다. 마침 도서관 서가에 꽂힌 복본 30권이 생각났습니다. 책 위에 쌓인 먼지를 털면서 홀든과 아이들의 만남을 기대하게 되었습니다.

그러나 막상 이 책으로 독서 수업을 시작한 후에는 홀든이 철없는 행동만 하는 불량 학생 같다는 아이들의 투덜거림을 들었습니다. 청소년기 아이들과 홀든이 서로 비슷한 면이 많다고 생각했던 것은 나만의 착각이었을까요? 그들이 거쳐 온 사춘기의 발자국을 완강히 부인하는 것만 같아 슬며시 웃음이 났습니다. 그러나 10차시에 걸쳐 수업하는 동안 참여 학생들은 자신들의 청소년기를 들여다보며 이해했고, 교육과 교육 제도의 의미 그리고 학교 밖 청소년에게 필요한 교육 지원에 대해 생각해 보았습니다. 그리고 홀든이 꿈꾸었던 파수꾼의 역할을 각자 자신의 희망 진로와 연관하여 구체화해 보기도 했습니다.

함께 책을 읽고 수업했던 고3 아이들은 이제 막 사회로 나가는 문 앞에 서 있습니다. 수험 생활에다 팬데믹까지 겹쳐 살얼음판 위를 걷는 것 같았던 시절을 잘 견뎌 냈으니 사회에서 다양한 파수꾼의 역할을 해낼 것으로 기대합니다. 그들이 홀든의 이름을 벗어나 자유롭게 꿈을 펼치길 바라 봅니다.

10

나쁜 감정 없이
행복하고만 싶은 너에게

『멋진 신세계』

멋진 신세계

올더스 헉슬리

#과학 #미래 #발전 #계급 #불평등 #문명 #인간성

오늘의 처방

- ☑ 슬픔, 우울, 불안도 모두 소중한 감정입니다.
- ☑ 기술의 발전으로 얻는 이점과 경계해야 할 점을 따져 보아야 합니다.

책 속으로

세계국에서는 인공부화 조건반사 양육소에서 인간을 만들어 냅니다. 이곳에서는 단순히 태아를 부화시키는 것이 아니라 조건반사적 습성을 훈련하여 사회화된 아기를 내놓습니다. 알파에서 엡실론까지 주어진 계급대로 계획된 삶을 살아가도록 설계되어 있으며 죽을 때까지 젊음을 유지합니다. 게다가 행복과 기쁨 외의 다른 감정은 느끼지 않습니다. 고도로 발달한 문명사회였으나 탄생과 죽음은 누구에게도 기억되지 않았고 결국 존의 죽음 또한 그러합니다.

낱말 퍼즐 — 내용을 떠올려 보아요

[가로 칸에 채워진 글자]
- 8번(세로) 열, 왕
- 8번(가로) 기
- 18번 식 자 우 환

가로: 1. 우렁각 2. 사신 3. 사이피리 4. 인공부화 5. 용접 6. 신아동 7. 버니드 마트리스 8. 기업 9. 계율 10. 돋피 11. 양호 12. 루터 13. 롤리팝드 14. 아이팟치 15. 강유정 16. 표수터 17. 양립식 18. 시자우환

세로: ① 갱페이어 ② 명사 ③ 야당인 ④ 부유하다 ⑤ 리유 ⑥ 동시세 ⑦ 표기 장치 ⑧ 열왕기 ⑨ 둘리마 ⑩ 터미널 ⑪ 용기 ⑫ 기상도 ⑬ 나당되 ⑭ 원리집 ⑮ 테마 성사 ⑯ 감사

(정답)

2부 고전 수업, 시작합니다

가로

1. 세계국에서 '사회적 ○○○'은 체구와 결부시키는 것이 보편화되어 있음. 우월한 성질이나 특성.
2. 안부, 소식, 용무를 적어 보내는 글.
3. 포드 기원 473년에 알파 계급만으로 구성된 사회 운영에 관한 실험이 진행된 섬의 이름.
4. 세계국의 아이들처럼 인공 시설을 통해 태어나는 것.
5. 표준 장치에 소비자가 별도로 선택하여 부착할 수 있는 장치나 부품을 뜻하는 외래어. option.
6. 존이 인용한 셰익스피어의 작품. 첫째 딸과 둘째 딸의 감언에 속아 효성이 깊은 막내딸 코델리아를 내쫓고, 그 후에 두 딸의 배신으로 비참하게 죽은 왕.
7. 존을 세계국으로 데려온 사람의 성과 이름.
8. 주로 예수가 태어난 해를 원년으로 하여 그 기원이 시작되기 이전을 말함. ↔기원후.
9. 세계국의 사람들은 각자 정해진 ○○에 따라 교육받고 생활함. 사회나 일정한 조직에서의 지위나 관직의 단계를 말함.
10. 세계국은 ○○, 베타, 감마, 델타, 엡실론 순으로 계층이 나뉨.
11. 아이가 잘 자라도록 기르고 보살핌.
12. 사물이 발생하거나 발전하는 데 근거가 되는 토대. 어머니의 태 안. 예) ○○ 솔로.
13. 총통의 본래 직업. 물리의 이치를 연구하는 학자.
14. 1세기 반 전에 4시간 노동제를 시행했던 지역. 영국 본토 서쪽의 섬 대부분을 차지하는 나라로 수도는 더블린.
15. 인공부화 조건반사 양육소 소장은 신입 ○○○이 들어오면 직접 양육소의 각 부서를 보여 줌. 수습생의 비표준어.
16. 인공부화 조건반사 양육소에서 근무하는 알파 계급인 청년의 이름. 헨리 ○○○.
17. 서로 한 번 만나 인사나 나눈 정도로 조금 앎.
18. 글자를 아는 것이 오히려 근심을 사게 된다는 뜻의 사자성어. 識字憂患.

세로

① 세계국에서 사람을 만드는 데 사용하는 배양병은 이것에 실려 다음 단계로 이동함. 물건을 연속적으로 이동·운반하는 띠 모양의 운반 장치를 뜻하는 외래어.
② 불임녀가 아닌 레니나가 허리에 차고 있는 초록색 피임약 통. ○○○ 허리띠.
③ 세계국 사람들이 존을 부르는 말. ↔문명인.
④ 존이 소마를 던지며 소동을 벌일 때 주저 없이 존을 돕는 헬름홀츠와 달리 버나드는 도와야 할지 말아야 할지 갈등함. 어물어물 망설이기만 하고 결단성이 없음을 뜻하는 사자성어. 優柔不斷.
⑤ 특정한 사람과 항상 붙어 다니는 사람. 어떤 일에 보조로 함께 일하는 동료. ○○ 메이트.
⑥ 회의 등에서 정식 참가자로 인정되지는 않으나 특별히 참석이 허용된 사람을 뜻하는 외래어. observer.
⑦ 존은 고통과 행복을 따로 떼어 내 생각할 수 없고, 고난 없이 욕망을 성취하는 것을 이해할 수 없다고 함. 물체의 겉과 속 또는 안과 밖처럼 따로 떼어서 생각할 수 없는 관계.
⑧ 구약 성경에서 10명의 왕 이야기를 담은 역사서.
⑨ 인공부화 조건반사 양육소의 소장. 존의 생물학적 아버지.
⑩ 총통의 성과 이름.
⑪ 초창기 수면 교육법의 멘트에 자주 등장한 강 이름. 아프리카의 북동쪽에 있는 세계에서 가장 긴 강.
⑫ 사물의 근본이 되는 이치. 기초가 되는 보편적 진리.
⑬ 프로펠러를 추진 장치로 하는 세계국의 교통수단.
⑭ 젊은 시절 총통은 순수 과학을 계속할 섬으로 전출될지, 총통직 계승 가능성이 있는 총통위원회에 가담할지 고민하다 후자를 선택함. 둘 중에서 하나를 고름을 뜻하는 사자성어.
⑮ 존이 태어난 방식. 어머니의 배 속에서 태어남.
⑯ 견문과 학식을 줄여서 칭하는 말.

등장인물을 파악해 보아요

버나드 마르크스 • • 10명의 세계 통제관 중 서부 유럽 주재 담당이며 '포드'라고 불림. 보통 키에 머리카락은 검고 매부리코임. 붉고 통통한 입술에 아주 예리한 검은 눈의 소유자.

헬름홀츠 왓슨 • • 알파 계급의 표준보다 키가 작고 왜소한 체격에 얼굴이 못생긴 심리학자. 병 속에 들어 있던 어린 시절, 알코올을 잘못 부어 그렇게 되었다는 소문이 있음. 평소에 열등감과 고독감으로 반사회적 성향이 있었으나 야만인의 등장으로 유명해지면서 태도가 바뀜.

무스타파 몬드 • • 혈색이 좋은 금발 머리의 알파 계급의 청년. 여자들에게 인기가 많으며 여자 주인공과 만나고 있음.

헨리 포스터 • • 알파 플러스 계급의 문예 창작 강사 겸 감정공학자. 지나치게 능력이 많아 외로움을 느낌. 세계국의 삶에는 중요한 가치가 빠진 것 같음을 깨닫고 고뇌에 빠졌다가 결국에는 세계국의 삶에 순응하지 않아 섬으로 추방당함.

레니나 크라운 • • 수정실에서 근무했던 베타 계급 출신의 40대 여자. 인공부화 소장과 야만국에 여행 갔다가 임신한 채 낙오되는 바람에 야만인 보호 구역에 살게 됨. 세계국의 습성을 버리지 못해 문란하고 더럽다며 배척당함. 세계국으로 다시 돌아왔으나 죽음을 맞이함.

존 • • 초록색 옷을 좋아하는 베타 신분의 간호사. 맬서스 허리띠를 하고 다니며, 불임성 쌍태 여성이 아니라서 주기적으로 피임약을 먹음. 야만인 보호 구역에 대한 호기심이 있으며, 그곳에서 온 남자에게 첫눈에 반함.

린다 • • 야만인 보호 구역에서 태어나 세계국 출신의 어머니 밑에서 자랐으나 그 지역 출신이 아니라 차별받고 소외된 남자. 셰익스피어의 작품을 인용하여 대화를 자주 함. 어머니와 함께 간 세계국에서 주목받았으나 혼자만의 공간으로 떠나 그곳에서 죽음을 맞이함.

해석적 발문: 다양하게 생각해 보아요

1 세계국에서는 인공부화 조건반사 양육소에서 인간을 만들어 냅니다. 인간을 만드는 각 실의 역할을 정리해 보세요.

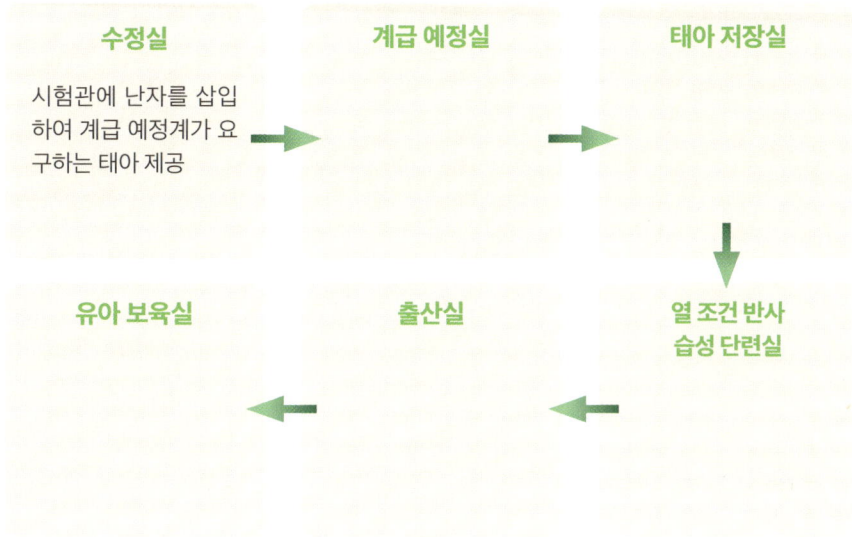

2 현재는 예수 그리스도가 태어난 해를 기원으로 하여 연도를 표시합니다. 그러나 세계국에서는 포드를 기원으로 합니다. 연대 표시 기준을 '예수'에서 '포드'로 바꾼 의미는 무엇일까요?

3 세계국에서는 보카노프스키 과정을 통해 난자를 증식 분열하여 수십 명의 쌍둥이를 만들어 냅니다. 이어서 조건반사적 습성을 훈련하여 사회화된 아기를 내놓습니다. 인간의 대량 생산과 무한 복제가 사회를 안정시키는 중요한 수단이 되기 때문이며, 이를 위해 아기들을 사회화한다고 합니다. 왜 세계국에서는 인간의 사회화를 이렇게 중요하게 여기는 것일까요?

4 세계국은 최고 계급인 알파에서 최하 계급인 엡실론까지 계급으로 구성되어 있습니다. '공유·균등·안정'이라는 표어를 내세우면서도 왜 계급으로 신분을 구분한 것일까요?

5 수면 교육법은 지식을 습득하는 수단으로 사용했을 때는 실패했지만, 인성과 가치관을 형성하는 도덕 교육에서는 성과를 거두었습니다. 수면 교육법이 도덕 교육에서 성과를 낼 수

있었던 이유는 무엇이라고 생각하나요?

6 『멋진 신세계』의 세 번째 장은 네 가지 주제를 대화 형식으로 교차 편집한 기법으로 표현했습니다. 이 방법으로 극적 긴장감이 고조되며 심리 묘사가 세밀하게 드러납니다. 그들이 주로 나눈 대화 내용을 통해 작가가 강조하고 싶었던 것은 무엇인지 발표해 보세요.

> 교차 편집: 다른 장소에서 동시에 일어나는 평행 행위를 시간상 전후 관계로 나란히 배치하는 편집 기법

견습생을 위한 총통의 교육	레니나와 페니의 대화	버나드와 헨리와 부주임의 대화	반복적인 방송 멘트
어린아이들의 성적 유희 놀이와 과거의 가정 체제에 대한 비난	한 사람과 4개월째 만나는 것에 대한 비난과 유희의 규칙을 준수해야 할 의무 강조	레니나와 페니에 대한 평판과 유희 권유	"낡은 옷은 나쁜 것이야. 수선하는 것보다 버리는 편이 좋다."

7 세계국에서는 알파 계급으로 갈수록 큰 키와 멋진 외모를 가졌습니다. 그러나 총통은 중간 키에 검은 머리칼과 매부리코이며, 두껍고 새빨간 입술과 예리한 검은 눈동자를 가졌습니다. 알파 계급의 우두머리라고 할 수 있는 총통의 외모는 왜 세계국의 기준에 맞지 않을까요?

8 세계국의 발전으로 사람들은 생각에 잠길 짬도 없고, 쾌락 이외의 시간이나 여유를 가질 수가 없게 되었습니다. 시간에 공백이 생긴다는 것은 불운하고 우발적이라고 여기기에 오락 시간조차도 촘촘한 계획으로 짜여 있습니다. 세계국에서는 왜 시간 여유를 갖지 못하도록 할까요?

9 알파플러스 계급이지만 외모가 너무도 다른 헬름홀츠와 버나드는 토론을 위해 만나게 되었습니다. 둘은 세계국 인간들에게서 느끼지 못하는 특별한 감정을 느낀다는 것을 알게 되었습니다. 그 감정은 여자를 만나거나 운동을 하거나 그 어떤 것이더라도 충족되지 않는 고립감이라고 합니다. 그들이 느낀 '고립감'은 어떤 것일까요?

10 단결 예배에 참석한 버나드는 예배에 심취한 다른 사람들과 달리 예배에 집중할 수 없었

습니다. 이것이 버나드를 비참하고 공허하게 만들어 더욱 고립감을 느끼게 했습니다. 그런데 그런 버나드가 갑자기 벌떡 일어나 팔을 흔들며 그분이 오신다고 힘껏 외쳤습니다. 버나드는 왜 감정과 다르게 이러한 행동을 했을까요?

11 세계국에서 알파, 베타, 감마, 델타, 엡실론으로 신분을 구분한 것은 불평등하게 보입니다. 그러나 한편으로는 '모든 사람은 다른 모든 사람을 위해서 일한다.'는 이념으로 각자 만족하며 살고 있으므로 평등해 보이기도 합니다. 세계국의 신분 구분을 여러분이 생각하는 불평등과 평등으로 정리해 보세요.

불평등	평등

12 친목 집회에 참석한 버나드는 모르가나와 클라라 옆에 앉게 되었고, 마음에 들지 않는 그녀들의 외모를 비난합니다. 비난과 비판에 대한 사전적 의미를 참고하여, 『멋진 신세계』에서 외모로 사람을 평가하는 일 외에 잘못되었다고 생각하는 한 가지를 골라 비난 또는 비판을 해 보세요.

> 비난: 남의 허물을 드러내거나 꼬집어 나쁘게 말함.
> 비판: 옳고 그름을 가려 평가하고 판정함.

사용 기법	☐ 비난 ☐ 비판
선택한 내용	
이유	

13 세계국 사람들은 아기 때부터 수면 교육법으로 스스로 행복하다고 느끼는 훈련을 받습니다. 하지만 버나드는 세뇌 교육으로 느끼는 행복이 아니라 각자 스스로 다른 방법으로 행복하길 바랍니다. 여러분은 버나드가 말하는 '행복'이 무엇이라고 생각하나요?

14 야만인들이 사는 구역은 고압 철조망으로 둘러싸인 4개의 보호구로 구분하여 관리되고 있습니다. 세계국에서 야만인 구역을 없애지 않고 보호 구역으로 별도 관리하는 이유는 무엇일까요?

15 린다는 야만인 보호 구역에서 살고 있으나 이전 문명 세계의 기억을 간직하고 있습니다. 베타 계급으로 수정실의 일만 배웠기 때문에 생활에 필요한 다른 것은 할 수도 없고 할 생각도 없어 불결한 외모인 채로 삽니다. 그런데 세계국에서 금지 사항이었던 자식에 대한 애정은 새로 생겨났습니다. 세계국에서 학습한 경험과 감정이 이처럼 구분되어 있다는 것은 어떤 의미일까요?

16 버나드는 존을 세계국으로 데려온 이후부터 세간의 시선을 한 몸에 받게 되었습니다. 그러자 지금까지 불만스러웠던 이 세계와 타협하게 되었고, 자신을 중요하게 인정하는 이 세계의 질서가 훌륭하게 여겨지기까지 합니다. 세계국의 사상을 거부했던 버나드가 수용하는 태도로 변한 이유는 무엇이라고 생각하나요?

17 버나드, 헬름홀츠, 존은 서로에게 호감을 느낀다는 공통점이 있지만, 자세히 살펴보면 다른 점이 많습니다. 서로에 대해 두드러지는 세 명의 감정을 화살표 방향에 맞게 정리해 보세요.

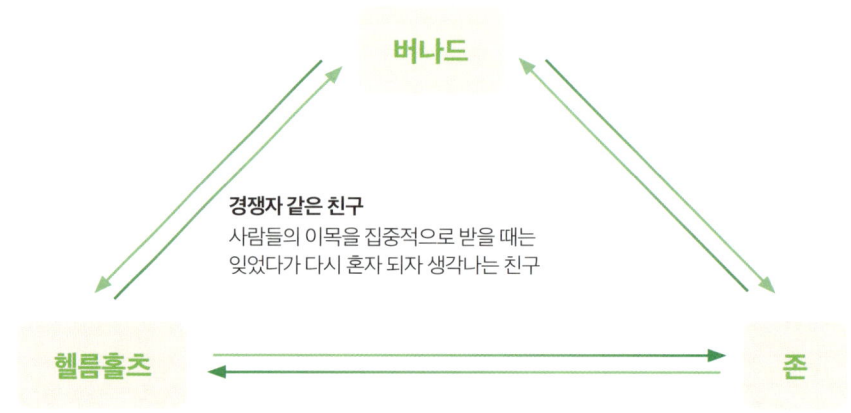

18 존은 레니나를 만나자 사랑에 빠졌고 그녀를 잊지 못합니다. 그런데 레니나가 육체관계를 요구하는 것에 대해서는 매춘부라고 소리치며 거부합니다. 존이 유독 육체관계에 예민하게 거부 반응을 드러내는 이유는 무엇일까요?

19 존은 린다의 죽음으로 슬픔에 빠져 있다가 병원 현관에서 소마를 배급받는 델타 계급의 직원들을 보게 되었습니다. 그러다가 린다가 소마의 노예로 살다 죽게 되었다는 생각이 들자 그들이 인간답게 살기를 바라는 마음에 소마를 버리라고 고함을 지릅니다. 존은 그들에게 어떤 인간다움을 바란 것일까요?

20 존이 왜 모든 인간을 알파 계급으로 만들지 않았느냐고 묻자, 총통은 알파 계급만으로 채워진 사회는 불안정해진다고 말합니다. 이는 사이프러스섬에 알파 더블 플러스 계급만 살게 했던 실험에서 증명되었습니다. 모든 연장과 설비 그리고 자유를 주었음에도 토지는 경작되지 않고 공장은 파업하고 법률은 무시되었다고 합니다. 여러분은 알파 계급만으로 구성된 사회가 실패로 끝난 이유가 무엇이라고 생각하나요?

21 총통은 소마나 걱정 대용 약 등을 통해 사람들의 신체적·정신적 불편함을 제거함으로써 행복감을 유지하려고 합니다. 그러나 존은 인위적인 안락함보다는 불편함을 추구하며, 더 나아가 불행해질 권리를 요구합니다. 여러분은 존이 말하는 '불행해질 권리'가 무엇이라고 생각하나요?

22 세계국을 떠나 낡은 등대를 은신처로 정한 존은 자신을 완전히 정화하겠다고 마음먹습니다. 그래서 십자가에 매달린 듯 두 팔을 벌리고 고통스러워 기절할 지경에 이를 때까지 기도를 되풀이합니다. 이처럼 존이 자유인의 삶을 표현하기 위해 자신을 학대한 이유는 무엇일까요?

23 존은 전망이 아름답고 무엇보다 언제라도 다른 곳으로 떠날 수 있다는 생각에 낡은 등대를 은신처로 골랐습니다. 그러나 존은 이곳에서 죽음을 맞이했습니다. 존은 왜 다시 야만국으로 돌아가려 하지 않고 죽음을 택했을까요?

선택적 발문 | 입장을 정해 보아요

1 세계국에는 인간의 감정을 제어하고 조종하기 위한 다양한 방법이 있습니다. 수면 학습 시 재생되는 소리 듣기, 향수와 비슷한 향기 맡기, 촉각 영화를 통해 보고 만지기 등입니다. 여러분은 인간의 감정을 움직이는 데에 크게 영향을 미치는 감각이 무엇이라고 생각하나요?

☐ 시각   ☐ 청각   ☐ 후각   ☐ 촉각   ☐ 미각   ☐ 그 외(   )

이유:

2 레니나는 야만인 린다의 늙은 모습을 보고 몹시 놀랍니다. 세계국에서는 내분비 활동을 인공적으로 조절해서 오랫동안 젊음을 유지하기 때문입니다. 만약 여러분에게 선택의 기회가 주어진다면 야만인처럼 자연스럽게 늙어 가는 것과 세계국 사람들처럼 인공적으로 젊음을 유지하다가 갑자기 죽음을 맞는 것 중 어느 쪽을 선택하겠습니까?

☐ 야만인처럼 자연스럽게 늙어 가는 것
☐ 세계국 사람들처럼 인공적으로 젊게 살다가 갑자기 죽음을 맞는 것

이유:

3 린다는 존을 데리고 세계국으로 돌아갈 수 없는 것을 원망한 적도 있었으나, 한편으로는 존이 큰 위안이 되었다고 합니다. 만약 린다가 존을 떼어 놓고 혼자 세계국에 갈 기회가 생겼다면 어떻게 했을 것 같나요?

☐ 돌아갔을 것이다.   ☐ 돌아가지 않았을 것이다.

이유:

4 총통에게 보내는 버나드의 보고서에 따르면 야만인 존은 문명의 여러 가지 발명품에 대해 놀라움이나 두려움이 없고, 인간의 영혼은 물질적인 환경과는 독립된 것이라고 주장합니다. 여러분은 인간의 영혼이 물질적인 환경과 별개라고 한 존의 생각에 대해 어떻게 생각하나요?

☐ 공감한다.   ☐ 공감하지 않는다.

이유:

5 린다가 요구하는 대로 소마를 복용하면 생명이 단축된다는 것을 알게 된 존은 쇼 박사에게 반대 의견을 제기합니다. 그러나 쇼 박사는 시간으로는 수명을 몇 년 단축하지만, 초시간적으로는 소마가 줄 수 있는 엄청나고 측량할 수 없이 긴 기간을 사는 것이라고 합니다. 결국, 존은 린다를 위한 소마 처방을 받아들입니다. 쇼 박사의 소마 처방에 동의한 존에 대해 어떻게 생각하나요?

☐ 공감한다.   ☐ 공감하지 않는다.

이유:

6 작가는 『멋진 신세계』를 집필하면서 존의 결말에 대해 고민했고, 출간 후에도 그 고민은 계속되었다고 합니다. 작가가 염두에 두었던 다음의 가능성을 살펴보고 이 책을 아직 출간하기 전이라면 여러분은 어떠한 결론을 지지하겠습니까?

☐ 문명국에서 미치광이로 만든다.
☐ 야만국으로 돌아가 이전의 삶을 살도록 한다.
☐ 야만국 주변의 또 다른 문명국으로 망명한다.
☐ 문명국의 도망자들과 함께 제3 사회를 건설하도록 한다.
☐ 지금과 같은 결론이 좋다.

이유:

사색적 발문: 생각을 넓혀 보아요

1 『멋진 신세계』에서 인간이 만들어지는 과정 중 한 가지를 선택하여 현재의 우리 사회에서도 비슷하게 행해지는 사례를 연결하여 보세요.

	『멋진 신세계』 속 상황	우리 사회의 사례
예시	열 조건반사 습성 단련	수험생이 총명탕을 먹는 것
	더위 속에서도 원기 왕성하게 일할 수 있도록 훈련하는 것	종일 공부해도 지치지 않고 성적도 팍팍 오르라고 약을 먹여 단련시키는 것
나의 정리		

2 언어를 동반하지 않는 조건반사 훈련은 더 미묘한 개념을 구분할 수 없으며 보다 복잡한 행동을 수련시킬 수 없다고 합니다. 그래서 논리가 없는 언어를 사용하는 수면 교육법이야말로 가장 위대한 윤리화·사회화 교육이라고 합니다. 만약 현대 사회에서 이러한 교육이 가능하다면 어느 부분에 적용할 수 있을까요?

3 총통의 금고에는 성경이나 시집과 같은 포드 님만이 아는 금서가 숨겨져 있다는 소문이 있습니다. 포드가 다스리는 이 세계에서 진리와 감성을 부정하는 상황임을 참고하여, 여러분은 그 금고에 또 어떤 물건이 들어 있을 것으로 상상하나요?

> **예시) 결혼반지**
> 혼인 제도와 가정을 상징하는 징표이며, 사랑과 약속의 의미를 담고 있어서 금고에 넣어 보관하고 있을 것 같다.

4 총통은 과거의 가정 안에서 이루어졌던 가족 간의 사랑과 의존적 감정들이 모두 쓸데없는 것이며, 그러한 감정을 안정시키기 위해 세계국이 만들어진 것이라고 설명합니다. 총통이 과거의 가정에 대해 평가한 것 중에서 하나를 선택하고, 여러분이 생각하는 '안정'이 지닌 가치를 중점으로 반박하는 글을 써 보세요.

☐ 가정은 어둠과 질병과 악취가 가득하고 소독도 제대로 하지 않은 감옥이다.
☐ 가정은 협소하고 밀집 생활로 인한 열기가 가득 차서 누추한 곳이다.
☐ 가정은 질식시킬 것 같은 친밀감이 있고 광적으로 애지중지하여 위험하다.

반박)

예시) ☑ 가정은 어둠과 질병과 악취가 가득하고 소독도 제대로 하지 않은 감옥이다.
반박: 과거의 가정은 소독도 하지 않아 불결하다고 주장하는데, 가족 간의 사랑이야말로 면역력을 높여 주어 건강을 유지하는 데 도움이 된다. 이러한 건강함이 안정이라고 생각한다.

5 세계국 사람들 대부분은 일상적으로 소마를 먹으며 나쁜 감정을 달래거나 행복감을 키우기도 합니다. 현대 의학이 발달한 오늘날에 소마와 같은 약을 개발하여 보급하지 않는 이유는 무엇이라고 생각하나요?

6 헬름홀츠는 알파 계급에서도 최상위권에 속하는 사람으로서 문장을 창작하는 재주가 탁월합니다. 헬름홀츠는 어떻게 하면 인간의 정신을 찌르듯 강렬하게 쓸 것인지 고민합니다. 어휘를 적절히 사용하면 X-레이처럼 읽는 사람이나 어떤 사물도 관통할 수 있다고 생각하기 때문입니다. 『멋진 신세계』를 관통하는 어휘를 선택하여 제목 '멋진'을 대신할 단어를 골라 소개해 보세요.

멋진 신세계 ⟶ (　　　) 신세계

설명:

7 세계국에서는 각 계급의 우월성을 체구와 연결하여 판단합니다. 알파 계급은 건장하고 늘씬하며, 아래 계급으로 갈수록 동물과 가까워서 외모가 보잘것없습니다. 그리고 하위 계급을 나타내는 황갈색과 카키색은 흉측하고 싫은 색깔이라고 스스럼없이 말합니다. 이는 최면 학습으로 습득된 편견입니다. 이처럼 우리 사회에서 사라져야 할 편견이나 선입견에는 어떤 것이 있나요?

8 레니나와 헨리는 서로 만나는 낮 동안 좋은 시간을 보냈고 우울할 일이 없었는데도 저녁 식사 후에 커피와 함께 나온 소마를 먹었습니다. 별들만이 총총한 이 밤은 인간들을 침울하게 만들지만 레니나와 헨리는 소마를 먹었기 때문에 전혀 그런 기분을 느끼지 못합니다. 소마 복용으로 인해 그들이 놓친 것이 있다면 무엇일까요?

9 버나드는 친목 집회에 참석하기 위해 포드슨 단체 음악당으로 갈 때 비행 택시를 불러 이용합니다. 이처럼 우리 사회에서도 가까운 미래에 드론 택시가 교통수단이 될 것이라는 기사도 있습니다. 여러분이 상상하는 미래의 발명품에는 어떤 것이 있을지 소개해 보세요.

10 책 속 등장인물들은 소마를 먹음으로써 불쾌감이나 힘든 순간을 느끼지 못합니다. 오늘날 소마와 비슷한 것에는 무엇이 있을까요?

11 린다는 자신이 가지고 있는 단 두 권의 책인 근무지 실습서와 조건반사 교육책을 존에게 보여 줍니다. 그러면서 런던에서 사용하던 예쁜 독서 기계를 보여 줄 수 없는 것을 안타까워합니다. 세계국의 독서 기계처럼 오늘날의 독서 방법도 다양한 형태로 바뀌고 있습니다. 앞으로의 독서 방법은 어떻게 변화할까요?

12 존은 셰익스피어의 작품을 읽으면서 그동안 실체가 없었던 감정들이 현실화하는 경험을 합니다. 한 사람이 사용하는 언어가 그의 사고와 세계관에 영향을 미치고, 나아가 사고와 세계관을 지배한다는 말이 있습니다. 문학 작품이 인간에게 미치는 영향이 무엇이라고 생각하나요?

13 존의 몸에 난 흉터를 본 버나드는 연민보다는 징그럽다고 느꼈습니다. 버나드가 받은 조건반사 훈련은 질병뿐 아니라 상처를 암시만 해도 공포심이나 반감, 혐오감이 들게 하기 때문입니다. 여러분이 조건반사 훈련을 받을 수 있다면, 이를 통해 없애거나 바꾸고 싶은 것을 진로와 연관하여 이야기해 보세요.

> **예시) 의사**
> 피에 대한 공포를 없애 수술을 잘하는 의사가 되고 싶다.

14 소장은 세계국의 문명을 이단시하는 버나드가 눈엣가시처럼 못마땅합니다. 그래서 그를 아이슬란드로 보내 세계국의 사상을 거스르는 것을 막으려고 합니다. 버나드를 보내려고 하는 아이슬란드는 어떤 곳일 것이라고 상상하나요?

15 헬름홀츠는 강의 도중에 금지 사항으로 여기는 고독에 관한 시를 읽어 주고서 학생들에 의해 고발당했습니다. 헬름홀츠는 학생들의 반응과 그 효과에 대해 알고 싶었다고 합니다. 헬름홀츠처럼 사회적 금지에 도전하여 더 나은 결과를 이끌었던 인물의 사례를 소개하고 그 의미를 정리해 보세요.

> **예시) 김점동(박에스더)**
> 대한 제국 시절에 여자에게 금지되었던 학교에 다녔고 조선 최초의 여의사가 되었다. 그 당시 남자 의사에게 함부로 몸을 보여 줄 수 없다는 유교적 관습 때문에 의료 혜택을 제대로 받지 못했던 여자들의 치료와 건강 유지에 도움을 주었다.

16 헬름홀츠는 야만인 존의 정서를 가장 공감해 주는 인물입니다. 그러나 존이 읽는 「로미오와 줄리엣」의 이야기를 듣는 동안에는 웃음을 터트리고 말았습니다. 이것은 세계국에서 태어나고 자란 헬름홀츠에게 주입된 교육의 영향 때문입니다. 여러분은 교육이 인간에게 미치는 영향이 어느 정도라고 생각하는지 숫자 게이지로 표시해 보고 이유를 말해 보세요.

0	10	20	30	40	50	60	70	80	90	100

이유:

17 야만인 보호 구역에서 살던 린다는 아들 존과 함께 세계국으로 왔다가 죽음을 맞게 됩니다. 소마와 환각 장치 속에서 죽은 린다를 존 이외에는 아무도 기억하지 않습니다. 여러분이 린다의 장례식에 참석하게 되었다고 가정하고 그녀의 삶에 대한 추모글을 남겨 보세요.

18 존은 세계국을 떠나기 전에 찾아온 버나드와 헬름홀츠에게 원래는 그들과 함께 떠나고 싶었다고 합니다. 그러나 통제관이 허락하지 않아 자신 혼자 있을 수 있는 곳으로 떠날 거라고 합니다. 만약 존이 그들과 함께 떠났다면 뒷이야기는 어떻게 달라질까요?

19 촉각 영화 회사의 촬영 기사 다윈이 등대에서 혼자 사는 존의 일상을 몰래 촬영합니다. 영상이 퍼지자 존을 구경하려는 사람들이 몰려들었습니다. 이 일로 존은 크게 분노했고 그의 일상생활은 엉망이 되었습니다. 여러분은 영상 제작자의 잘못이 무엇이라고 생각하나요?

20 존은 한적한 곳에 정착하여 자연인의 삶을 살기로 했으나 세계국에서 몰려온 구경꾼들로 인해 원하는 삶을 살지 못했습니다. 야만인 존의 죽음을 암시하는 글로 마무리한 작가가 『멋진 신세계』를 통해 독자에게 전하는 메시지는 무엇일까요?

21 계급을 미리 정하여 아기 때부터 조건반사적 훈련을 시키는 이 세계국은 과연 누구를 위한 신세계일까요?

북돋움 활동 1

1 『멋진 신세계』는 올너스 헉슬리의 가상 세계에 대한 SF 소설입니다. 작품이 쓰인 배경과 저자에 관해 조사해 보세요.

작품 배경	
작가 조사	1.
	2.
	3.

2 '고전'이란 오랫동안 많은 사람에게 널리 읽히고 모범이 될 만한 문학이나 예술 작품을 일컫는 말입니다. 이 작품이 쓰였던 당시와 오늘날은 차이가 있지만 『멋진 신세계』가 시대를 넘어 오늘날에도 의미 있는 작품으로 꼽히는 이유는 무엇일까요?

북돋움 활동 2

『멋진 신세계』에서는 난자를 시험관에 삽입하여 계급 예정계가 요구하는 태아를 만들어 냅니다. 시대에 따라 결혼관이 달라지고, 의학의 발전은 생식 방법을 다양하게 변화시켰습니다. 최근 우리 사회에서도 정자와 난자를 선택한 비혼 출산이 일어나고 있어 사회적 논의가 시작되고 있습니다. 다음의 기사를 읽고 여러분은 어느 쪽의 생각에 동의하는지 이유를 정리해 보세요.

▶ **찬성 기사**

이미 세계 여러 나라에서는 정부 정책이나 법률상 비혼 여성의 시험관 시술을 금지하는 규정을 두지 않는 추세다. 미국은 모든 여성이 결혼 여부와 상관없이 보조생식술 시술을 받을 수 있고, 영국은 23~39세 비혼 여성이 정자를 기증받아 출산할 수 있다. 스웨덴은 2015년부터 비혼 여성의 정자 기증을 허가하였으며, 덴마크도 혼인 여부나 성적 지향과 무관하게 18~40세 모든 여성이 공공의료 영역에서 보조생식술을 받을 수 있다. 한국 사회에서도 비혼 출산에 대한 사회적 인식과 관심이 높아지고 있다. 이에 따라 국가인권위원회에서는 비혼 여성의 시험관 시술을 제한하는 학회의 지침을 개정하라는 권고를 내렸다. 이에 대해 학회에서는 체외수정 시술이 국내에 도입됐을 당시 법률로 명확하게 규정하기 힘든 사각지대가 많아 전문가들의 자율적인 윤리지침이 필요한 것에 대해 문제의식을 제기했다. 그러나 인권위는 학회의 문제의식도 인정하나 개인 삶의 다양성과 여성의 자기 결정권을 적극적으로 보장해야 하는 것에 더 힘을 실었다. 일각에서 제기한, 비혼 여성이 난자 매매 등의 다른 목적으로 생식세포를 사용할 확률이 높다는 우려에 대해서는 객관적 근거가 없으며, 배우자 동의 절차에 대한 문제 제기에는 배우자가 있는 경우에 국한된 것이므로 보편성을 인정하기 어렵다고 짚었다. 또한 비혼모가 양육을 포기하면 이에 대한 사회적 대비가 없다는 지적에 대해서도 자발적 비혼모든 비자발적 비혼모든 한부모 가족을 형성한다는 점에서 달리 볼 필요가 없다고 일축했다. 양육 의지와 책임감은 자기 삶의 형태를 설계하고 추진하는 경우가 상대적으로 강할 것으로 본 것이다.

▶ **반대 기사**

유명 연예인의 비혼 출산이 화제가 되면서 비혼 출산이 일반적 추세인 것처럼 제시되는 것은 문제가 있다. 여성가족부가 발표한 '제4차 건강가정기본계획'에서도 난자·정자 공여나 대리 출산 등으로 이뤄지는 비혼 출산에 대해 사회적 논의를 시작한다고 함으로써 생명 단체·의료계 등 전문가들은 사회에 가져올 파장에 우려를 드러냈다. 비혼 출산에 대한 국민적 합의가 충분하지 않아 찬반 논란이 뜨거운 만큼 인기 연예인의 사례를 들어 성급하게 정책을 마련해선 안 된다는 것이다. 전문가들은 비혼 출산으로 정자·난자 매매의 가능성이 커지고, 양질의 유전자를 선택하는 과정에서 생명 경시 풍토가 생길 수 있다고 본다. 또한 정서적으로 안정되고 똑똑한 양질의 유전자를 선택한다는 것은 결국 정자와 난자가 매매되는 과정에서 인간이 물질화되고 상품화될 수 있다는 것을 보여 준다. 비혼 출산으로 인한 아버지(또는 어머니)의 부재는 태어난 자녀에게 정체성 혼란을 일으킬 수 있다는 지적도 제기됐으며, 출산을 원하는 남성이나 동성 커플도 대리모 또는 인공 자궁을 통해 출산할 수 있다는 문제도 예상된다. 앞서 비혼 출산을 인정한 외국에서는 다양한 부작용이 발생하여 사회적 해결 방안을 고민하는 실정이다. 그런데 우리나라에서 비혼 출산을 다양한 가정의 개념으로 정의하고 그 방향으로 나아가려는 것은 전통적 혼인과 가족제도를 해체하는 등의 다양한 우려에 대한 검증이 충분히 다루어지지 않았다고 볼 수 있다.

작성 조건: 자신이 동의하는 쪽을 정하고, 그렇게 생각하는 이유를 세 가지 생각하세요. 먼저 주장을 뒷받침할 이유를 간결한 한 문장으로 제시하고, 그에 대한 설명을 추가합니다.

예시) 찬성 측 기사에 동의하는 것으로 선택한 경우
- 이유: 자발적으로 자기 삶의 형태를 설계하고 추진하는 것을 인정해야 한다.
- 설명: 비자발적인 경우보다 양육 의지와 책임감이 상대적으로 강할 가능성이 크기 때문이다.

선택	☐ 찬성 기사글	☐ 반대 기사글
이유1		
설명1		
이유2		
설명2		
이유3		
설명3		
결론		

에필로그

고전이 어렵다고 생각하는 것은 끝까지 읽지 않았거나, 토론을 거치지 않았기 때문이 아닐까 싶습니다.

학교도서관에서 자주 만나는 학생 여럿에게 『멋진 신세계』를 읽어 보았냐고 물었습니다. 그러나 원하는 대답을 듣지 못했습니다. 서너 명 정도는 책을 소개하는 텔레비전 프로를 보고 읽으려고 했으나 끝까지 읽지 못했다는 솔직한 답을 주더군요. 그러면서 그들이 덧붙인 말은 이렇습니다.

"읽어 가는데 도대체 무슨 말인지 모르겠더라고요."

중고등학생에게 『멋진 신세계』는 혼자 읽기 어려운 책일 수도 있습니다. 그래서 더욱 함께 읽고 토론하기에 적합한 책이라는 생각이 듭니다. 어렵다고 느끼는 책일수록 함께 읽기의 가치와 토론의 재미가 더 크게 와닿기도 하니까요.

올더스 헉슬리는 600년 후 미래의 문명을 예상하여 멋진 신세계를 썼다고 합니다. 1932년에 출간했으니 2530년쯤의 이야기라고 볼 수 있겠습니다. 그러니 학생들의 흥미를 끌기 위해 요즘 인기 장르인 SF와 판타지 도서라고 소개하면 어떨까 싶네요. 독서를 위한 흥미 유발, 동기 자극이 완독을 향한 첫 발걸음입니다.

"다 읽었는데도 무슨 내용인지 감이 안 잡혀요."

도서관에서 진행하는 독서 토론 프로그램을 신청한 학생들은 결국 『멋진 신세계』를 완독하는 데까지 성공했습니다. 그런데 완독 후에도 여전히 어렵다는 소감이 대부분이었습니다. 내용 이해가 안 되었으니 당연히 토론을 위한 발문 만들기도 어려웠습니다. 그래서 '토론의 방향을 정하고 발문을 만들

수 있게 틀을 제시해 보자.'라는 생각을 하고 세 가지를 안내했습니다.

1. 책 속 이야기에서 오늘날과 비슷한 점을 찾아 보자.
2. 기술 발전의 변화, 그로 인한 장단점을 찾아 보자.
3. 인간이라는 존재를 고민해 보자.

 범위를 좁혀서 생각하니 감이 잡히지 않았던 이야기들이 가까워지기 시작했습니다. 특이점이 거론되기도 하는 현재 상황과 미래 기술의 발전을 생각하고 고유한 인간성을 지켜야 한다는 결론까지 얻었습니다. 그러면서 과연 어떻게 사는 것이 행복한 것일까를 고민하고 멋진 신세계란 어떤 곳일지를 깊이 생각하는 계기가 되었습니다. 토론으로 내용을 해석하고 감상을 나누면서 작가의 상상력에 놀라움을 금치 못했습니다. 이로 인해 고전에 대한 매력이 급상승하기도 했습니다.
 이렇게 어렵다고 여겼던 책을 완독하고 토론을 거치면서 학생들은 관점이 달라졌다고 합니다. 고전이 어려운 책이라고 생각했던 건 자신의 선입견이었다고요. 결국 고전의 가치를 깨닫게 하기 위해서는 완독하고 토론하기, 그것이 해답일 수도 있겠다 싶습니다.

11

오늘의 삶이
힘겨운 너에게

『페스트』

페스트

알베르 카뮈

#전염병 #삶 #죽음 #연대 #존재 #폭력과_부조리

오늘의 처방

- ☑ 어떤 상황에서도 삶은 계속되어야 합니다.
- ☑ 몸과 마음이 함께 건강해야 건강한 삶이 유지됩니다.

책 속으로

페스트로 인해 폐쇄된 도시 오랑의 모습을 보여 주며 전염병에 대한 두려움과 공포 앞에 놓인 인간 군상을 드러냅니다. 이야기를 이끌어 가는 화자는 의사이며 여러 사람과 보건대를 조직하여 환자를 돌봅니다. 취재차 오랑에 왔다가 오도 가도 못하게 된 기자, 페스트는 신의 진노이자 심판이라고 설교하는 신부, 여전히 전과 다름없는 생활을 하는 노인, 오히려 삶의 활력을 찾은 범죄자도 있습니다. 이들의 다양한 모습과 태도를 통해 삶과 죽음의 소용돌이 속에서도 인간의 삶은 계속된다는 자각을 하게 됩니다.

낱말 퍼즐 — 내용을 떠올려 보아요

（크로스워드 퍼즐）

채워진 칸:
- ④ 두, 문, 불, 출
- 9 시 에 스 타

가로: 1. 사진 교환 2. 훈사령 3. 묘지를 찾아가다 4. 양령원 5. 평생의 6. 자원봉사자 7. 친구 8. 인대명 9. 시에스타 10. 사기 11. 지원자지 12. 플롱 주사 13. 시월첫호 14. 티를 15. 양식 16. 양해피를 17. 꽁양자

세로: ① 사용자 ② 편사 ③ 평생 마음 ④ 두근풍풍 ⑤ 모르시 ⑥ 시민 봉사대 ⑦ 지원가지 ⑧ 양지기 ⑨ 가드리 ⑩ 연대두 ⑪ 리대의 ⑫ 장민 ⑬ 가풍 ⑭ 드리피 ⑮ 푸르티 ⑯ 사양자 ⑰ 주엉

정답

가로

1. 페스트로 도시가 폐쇄되고 급기야 전염의 매개물이 될 수 있다는 이유로 ○○○○까지 금지됨. 나라·지역·개인 사이에서 안부나 소식을 글로 적어 주고받는 일.

2. 페스트의 다른 말.

3. 그랑은 작업 중인 원고에 대해 "○○○ ○○○○"라는 찬사를 듣고 싶어 함.

4. 페스트가 확산하자 도지사는 절전 명령을 내림. 명령의 내용을 적은 글.

5. 폐쇄된 관문 밖으로 나가려는 사람과 경비병의 은밀한 거래. 남모르게 자기들끼리만 짜고 하는 약속이나 수작.

6. 자기 스스로 나서서 국가나 사회 또는 타인에게 적극적으로 도움을 주는 일.

7. 파늘루의 직업. 성사를 집행하고 미사를 드리며 강론하는 가톨릭의 사제.

8. 인물들이 힘든 상황에서 서로를 의존하고 지탱하는 마음. 서로 같은 마음을 느낌.

9. 스페인을 비롯한 지중해 연안 및 라틴아메리카와 필리핀 같은 열대 지방의 낮잠 시간.

10. 그랑의 직책. 단체나 회의에서 문서나 기록 등을 맡아보는 사람.

11. 시 밖으로 나갈 수 없자 랑베르는 ○○○○하여 텅 빈 카페에서 혼자 시간을 보냄. 절망에 빠져 스스로 포기하고 돌보지 않음을 뜻하는 사자성어. 自暴自棄.

12. 페스트에 걸린 오통 판사의 아들이 맞은 것. 노의사가 개발한 백신으로 치료한 방법.

13. 의사들은 열악한 상황에서 실패를 거듭하나 백신 개발을 포기하지 않음. 학습자가 어떤 목표에 도달할 때까지 여러 가지를 실행하고 실패를 되풀이하는 일.

14. 리유와 함께 보건대를 조직하여 마지막까지 환자를 돌보다 페스트로 사망한 사람. 검사의 아들.

15. 이치에 맞지 않는 허황된 생각.

16. 페스트가 발병하기 전 취재하러 왔다 도시가 폐쇄되자 연인과 생이별한 사람.

17. 시 교도소에 근무하다 순직하여 방역 표창장을 받은 간수들처럼 어떤 일에 공이 있는 사람.

세로

① 리유는 이 소설의 ○○○. 소설에서 이야기를 전개해 나가는 사람.

② 오동의 직업. 재판을 진행하며, 재판에 관련된 자료들을 검토하고 법률에 근거해 판결을 내리는 사람.

③ 파늘루가 알 수 없는 병으로 죽자, 그의 병상 일지에 이렇게 기록됨. 병명을 알 수 없다는 뜻.

④ 해수병 노인처럼 집 밖으로 나가지 않고 집 안에서만 생활하는 모습을 의미하는 사자성어.

⑤ 아는 것이든 모르는 것이든 무조건 다 모른다고 잡아떼는 것.

⑥ 건강한 남자들이 페스트 방역에 의무적으로 봉사하도록 도청에서 만든 조직.

⑦ 페스트가 발병하기 전에 취재하러 왔다가 도시에 갇히게 된 사람의 직업. 신문에 실을 자료를 수집, 취재, 집필하는 사람.

⑧ 그랑은 시청의 비정규직 직원으로 일하고 있음. 임시로 맡는 직위나 직책.

⑨ 페스트의 전염 경로를 파악하고 끊임없이 혈청 연구에 몰두한 노의사.

⑩ 이 책의 기술 방식. 중요한 사건을 순서대로 적은 기록.

⑪ 페스트는 쥐에 기생하는 벼룩이 매개하는 ○○병. 병원체인 미생물이 동물이나 식물의 몸 안에 들어가 증식하는 일. 컴퓨터 바이러스가 컴퓨터의 하드 디스크나 파일 등에 들어오는 일.

⑫ 혈액이나 혈액이 섞인 가래를 토함. ≒객혈.

⑬ 파늘루는 강론에서 페스트를 사탄의 우두머리인 이것에 비유함. '불을 든 자'라는 뜻의 라틴어. 그리스 로마 신화에 나오는 샛별.

⑭ 페스트 발생 전에는 삶을 비관해 자살을 시도했으나 페스트 발생 후에는 오히려 삶의 활력을 누려 페스트 진압에 참여하지 않겠다고 한 등장인물.

⑮ 페스트로 죽은 사람. ≒사망인.

⑯ 소설의 배경이 된 알제리의 도시.

인물 추적도 — 등장인물을 파악해 보아요

인물	설명	직업/역할
리유	오랑시의 보건대에 참여하여 마지막까지 환자들을 돌보았던 검사의 아들. 아버지가 법정에서 사형을 구형하는 모습에 충격을 받아 사형 제도 폐지 운동에 앞장섬.	의사
랑베르	취재차 오랑에 왔다가 졸지에 애인과 생이별하게 된 이방인. 도시 폐쇄 초기에는 도시를 탈출하려고 시도했으나 결국 도시에 남아 보건대 활동을 함.	하급 관리
타루	진찰실 층계참에서 처음으로 죽은 쥐를 발견했고 이 책의 이야기를 이끌어 가는 서술자. 아내를 요양 보내고 페스트 환자를 정성껏 돌보며 헌신함.	기자
그랑	페스트는 신의 진노이자 심판이라고 설교했던 신부. 그러나 아무 죄도 없는 어린아이가 페스트로 죽어 가는 모습을 지켜보고 기도하는 신앙인으로 변함.	시민운동가
파늘루	페스트로 인해 사법권이 정지되고 체포가 유예되자 재앙 속에서 오히려 삶의 활력을 누림. 페스트 극복이 달갑지 않아 보건대 일에 참여하지 않음.	판사
카스텔	생활고로 아내가 떠난 이후에 글쓰기에 전념함. 페스트 상황에서도 자기만의 삶을 가꾸면서 전염병을 퇴치하는 일에도 참여함. 페스트에 걸렸다가 기적적으로 살아남.	범죄자
코타르	아들이 페스트에 걸리고 가족이 격리되는 바람에 아들의 죽음을 지켜보지 못했던 인물. 격리 수용소에서 나온 뒤 다시 자진해서 수용소로 돌아가 사무원으로 봉사함.	성직자
오통	페스트의 전염 경로를 파악하고 끊임없이 혈청 연구에 몰두함. 그동안 연구했던 혈청을 죽어 가던 어린아이에게 주입하여 실험함.	

해석적 발문 — 다양하게 생각해 보아요

1 거리 여기저기서 쏟아져 나오는 쥐들에 대해 떠들어 대던 신문은 오히려 사람들이 죽어 가는 상황에 대해서는 아무런 보도가 없습니다. 언론이 오직 거리에서 일어나는 일만 보도하는 이유는 무엇일까요?

2 오랑시에 퍼진 전염병이 '페스트'라는 말이 떠도는데도 시민들은 현실을 제대로 파악하지 못했습니다. 책 속의 서술자는 아무런 대비책을 세우지 않는 오랑시 사람들이 '휴머니스트'가 되었다고 표현합니다. 그가 오랑시 사람들을 빗댄 휴머니스트와 여러분이 생각하는 휴머니스트는 어떻게 다른가요?

서술자가 생각하는 휴머니스트	내가 생각하는 휴머니스트
오랑시 사람들이 재앙에 대비하기보다는 현재의 삶을 영위하는 것이 인간적이라고 생각하는 것	

3 그랑은 퇴근 후에 글쓰기 연습을 꾸준히 하지만 첫 문장 이후로는 진척이 없습니다. 그래서 만나는 사람마다 첫 문장을 읽어 주며 어떻게 바꾸는 게 좋을지 묻곤 합니다. 여러분은 그랑이 이토록 글쓰기에 정성을 들이는 이유가 무엇이라고 생각하나요?

4 그랑은 시청의 하급 직원이 되면서 곧 정식 발령이 날 것으로 기대했습니다. 그러나 그를 채용한 국장이 오래전에 죽은 데다 자신조차 정식 발령을 약속받았던 사실을 정확히 기억하지 못했습니다. 그랑은 이런 자신의 처지를 권리, 약속, 호의, 청원, 감사 등의 단어로 표현합니다. 여러분이 그랑의 처지를 대변하는 단어를 골라 준다면 어떤 것이 적당하다고 생각하나요?

단어	
이유	

5 리유의 요청으로 소집된 보건 위원회에서 나온 의견입니다. 인물 중 한 사람을 선택하고 역할과 직무상 책임을 고려하여 그들의 주장에 동의 또는 반박하는 글을 적어 보세요.

인물	직책	주장	동의 및 반박 내용
도지사	도지사	보건 위원회에서 페스트임을 공인해야 행정적으로 조치할 수 있다.	
리유	의사	설령 페스트가 아니더라도 그에 준하는 예방 조치가 취해져야 한다.	
카스텔	의사	페스트라는 사실이 공인되면 가혹한 조치들이 뒤따를 수밖에 없으므로 동료 의사들이 사태 직면을 주저하면 페스트가 아니라고 말해 줄 수도 있다.	
리샤르	오랑 의사 협회 회장	전염성도 증명되지 않았고 내가 돌보는 환자의 가족들도 무사하므로 분석과 통계 상황을 기다려 보자.	

6 랑베르는 취재하러 오랑시에 왔다가 페스트 때문에 오도 가도 못하게 되었습니다. 그래서 안면이 있던 리유를 찾아가 오랑시를 떠날 수 있게 도와 달라고 하지만 거절당합니다. 속이 상한 랑베르는 리유가 말은 이성적으로 하면서 몸은 추상의 세계에 살고 있다고 합니다. 랑베르가 말한 '추상의 세계'란 어떤 의미일까요?

추상: 사물이나 개념에서 공통되는 특성이나 속성을 파악하여 뽑아내는 것.

7 오랑시의 시민 대부분이 페스트에 갇힌 삶을 사는 동안에도 해수병 노인은 묵묵히 자기만의 삶을 영위하고 있습니다. 그는 침대를 벗어나지 않는 단조로운 생활에서 식사 시간을 가장 중요하게 여깁니다. 그리고 냄비에 가득 채운 완두콩을 다른 냄비로 옮겨 담으면서 시간을 보냅니다. 무료해 보이는 해수병 노인의 삶이 책 속에서 가지는 의미는 무엇일까요?

8 파늘루 신부의 설교 이후에 사회 전반적으로 심각한 공포가 발생합니다. 거리는 미친 사람이 내는 것 같은 신음과 이성을 잃고 시외로 탈출하려는 발소리로 가득 찼습니다. 분위기가 변한 것인지 사람들의 마음이 변한 것인지 분명하지 않습니다. 오랑시에 공포가 점점 짙어지는 이유는 무엇일까요?

9 취재차 오랑시에 왔다가 애인과 생이별을 하게 된 랑베르는 도시 폐쇄 초기부터 그 도시를 탈출하려고 애를 썼습니다. 합법적으로 증명서를 발급받으려고 했지만 거절당하자 급기야는 뒷거래를 통해 탈출을 시도합니다. 오도 가도 못하는 상태에 처한 랑베르의 심정이 어떨지 〈감정 낱말 모음집〉에서 단어를 한 개 고르고, 그 이유를 말해 보세요.

10 폐쇄된 오랑시의 식당은 손님들로 넘쳐 납니다. 식사 문제를 간단히 해결하려는 이유 외에도 최고급 와인과 비싼 안주까지 경쟁적으로 소비합니다. 오랑 시민들의 씀씀이가 페스트로 인해 커진 이유는 무엇이라고 생각하나요?

11 랑베르는 호시탐탐 오랑시를 벗어날 기회를 노립니다. 그러나 리유의 아내가 오랑시에서 멀리 떨어진 요양소에 있다는 말을 듣고는 마음을 바꿉니다. 랑베르가 리유와 함께 페스트에 맞설 결심을 하게 된 근본적인 이유는 무엇이라고 생각하나요?

12 타루는 인구 밀집 지역의 예방 보조 작업을 위한 보건대를 편성합니다. 보건대를 만드는 일에 발 벗고 나서는 이유는 그가 마땅히 해야 할 일로 여겼기 때문입니다. 이로 미루어 보아 타루의 삶에서 드러나는 가치관은 무엇이라고 생각하나요?

13 오랑시의 문이 폐쇄되고부터 페스트는 사회 전체의 문제가 되기 시작합니다. 이후에 일어난 다양한 현상 중에서 사람들을 가장 힘들게 한 것은 무엇이라고 생각하나요?

14 페스트가 절정에 치닫자 도시는 더욱 혼란스러워집니다. 간결하게라도 치렀던 장례식은 환자와 가족이 격리되면서 즉시 매장하는 것으로 바뀝니다. 그러나 시간이 지날수록 이마저도 지켜지지 못하고 쓰레기 처리되듯 구덩이에 매립됩니다. 한계 상황에 이른 때에도 인간으로서 지켜 내야 할 최소한의 도리가 무엇이라고 생각하나요?

15 페스트가 창궐하기 전 자살 시도를 할 만큼 삶에 공포를 가졌던 코타르는 페스트 상황에서 오히려 여유로워집니다. 여러분은 오랑 시민과 코타르가 느끼는 공포가 어떻게 다르다고 생각하나요?

오랑 시민의 공포	코타르의 공포

16 오랑에 순회공연을 왔다가 페스트 때문에 발이 묶인 오페라단은 매주 1회 공연을 열기로 협의합니다. 전염병이 창궐한 상황에서도 공연을 계속하기로 한 이유는 무엇일까요?

17 노부인의 집에서 생활하던 파늘루 신부는 어느 날부터 앓기 시작해 점차 병색이 짙어집니다. 그러나 의사를 부르자는 노부인의 말은 완강히 거절합니다. 결국 '병명 미상'으로 사망한 파늘루 신부가 끝까지 의사의 진료를 거부한 이유는 무엇이라고 생각하나요?

18 타루는 해수병 노인을 진찰하러 가는 리유를 따라나섭니다. 그리고 그동안 마음속에 품고 있던 이야기를 꺼내 보입니다. 어린 시절 보았던 아버지의 재판정 모습과 사형 집행 과정은 내내 그를 괴롭혔으며, 그로 인해 누구나 어느 정도는 페스트 환자라는 생각을 품게 되었습니다. 병에 걸린 것을 지칭하는 것만은 아닌, 타루가 말한 '페스트 환자'의 의미는 무엇이라고 생각하나요?

19 페스트에 걸린 오통 판사의 아들 필리프에게 혈청을 주사했지만 결국 죽음을 막진 못했습니다. 필리프가 죽어 가는 과정을 지켜본 리유, 카스텔, 타루, 파늘루 신부는 참담함을 느꼈습니다. 필리프의 죽음이 주요 등장인물에게 미친 영향을 구체적으로 정리해 보세요.

인물	영향
리유	
카스텔	
타루	
파늘루	

20 일상을 기록해 놓은 타루의 수첩은 시간에 관한 이야기로 끝이 나 있습니다. 전쟁 같은 페스트 상황에서도 타루는 기록을 멈추지 않았습니다. 여러분은 타루가 꼼꼼하게 일상을 기록해 나간 이유가 무엇이라고 생각하나요?

21 페스트로부터 해방되기 직전 타루는 페스트에 걸려 죽음을 맞이합니다. 페스트 종식에 앞장섰던 타루의 죽음이 어떤 의미가 있다고 생각하나요?

22 페스트가 종식되었다는 발표가 나고 오랑시의 문이 다시 열렸습니다. 대부분 축제 같은 분위기를 즐기는 것과 달리 코타르는 경찰과 대치하면서 총격전을 벌입니다. 타루는 그가 저지른 다른 범죄를 이해할 수 있지만, 어린아이와 인간을 죽이는 죄악은 절대 용서할 수 없다고 합니다. 코타르에 대해서 타루가 한 말은 어떤 의미가 있다고 생각하나요?

23 페스트는 오랑 시민들의 삶을 바꾸었습니다. 그들은 두려움과 공포를 겪었고 그것을 이겨 내고자 연대를 맺기도 하였습니다. 여러분은 페스트가 오랑 시민들에게 남긴 의미가 무엇이라고 생각하나요?

선택적 발문 — 입장을 정해 보아요

1 오랑시는 페스트 사태를 선언하고 도시로 통하는 문을 모두 폐쇄합니다. 그 결과 가족이나 연인 간의 돌발적인 이별이 속출했고 급기야 전염의 매개물이 될 수 있다는 이유로 서신 교환까지 금지되었습니다. 감염병을 이유로 도시를 봉쇄하는 것에 대해 어떻게 생각하나요?

☐ 공감한다.   ☐ 공감하지 않는다.

이유:

2 리유의 집을 방문한 타루는 점점 심각해지는 재앙에 맞서기에는 관리들의 상상력이 부족하다며 한탄합니다. 책 속에서 언급된 인물들의 대응 방안 중에서 여러분이 가장 공감하는 것은 무엇인가요?

☐ 관리 1: 일반 구조 작업에 건강한 남자들로 구성한 민간 봉사대를 강제로 동원한다.
☐ 관리 2: 페스트 진압과 같이 험한 일에는 죄수를 쓰는 것이 낫다.
☐ 타루: 자원봉사자로 구성된 자원 보건대를 만들자.

이유:

3 파늘루 신부는 페스트에도 나름의 이점이 있어서 사람을 각성하게 하고 생각하게 만든다고 했습니다. 여러분은 페스트, 코로나와 같은 전염병에 이점이 있다고 생각하나요?

☐ 이점이 있다.   ☐ 이점이 없다.

이유:

4 리유는 페스트가 시작된 이후에 보건대를 조직하여 페스트 종식에 힘을 씁니다. 그가 그렇게 행동한 것은 영웅주의와 상관없이 성실성이 유일한 방법이라고 생각했기 때문입니다. 리유가 말한 성실성 외에 페스트와 맞서 싸울 한 가지를 더한다면 어떤 것을 추가하겠습니까?

☐ 전문성   ☐ 체계성   ☐ 인내성   ☐ 노딕싱   ☐ 그 외(   )
이유:

5 우여곡절 끝에 랑베르는 오랑시를 떠날 기회를 얻었습니다. 그러나 혼자서만 행복한 것은 수치스러울 것이라는 마음으로 결국 오랑시에 남기로 합니다. 만약 여러분이 랑베르의 입장이라면 어떤 선택을 하겠습니까?

☐ 오랑을 떠난다.   ☐ 오랑에 남는다.
이유:

6 오랑시에 페스트가 창궐했다가 사라지기까지의 과정에는 다양한 사회 모습이 담겨 있습니다. 그중에서 여러분에게 가장 인상적인 모습을 선택하여 이유를 말해 보세요.

☐ 직장이 문을 닫자 거리와 카페에 사람들이 넘침.
☐ 외출 금지령 이후 방화가 빈번해짐.
☐ 오페라 공연이 열림.
☐ 기존 종교보다는 미신과 예언에 맹목적이 됨.
☐ 레인코트가 등장하여 유행함.
☐ 겉으로는 평화스러우나 산책길에 미묘한 분위기가 감돎.
☐ 그 외(   )
이유:

> **사색적 발문** 생각을 넓혀 보아요

1 오랑시에서 발생한 기이한 사건의 연대기는 '쥐'로부터 출발합니다. 죽은 쥐가 한두 마리 발견되다가 쓰레기통마다 쥐의 사체가 넘쳐 나자 시민들의 불안도 커집니다. 개인적으로나 사회적으로 어떠한 큰일로 번지기 전에 '쥐'와 같은 낌새가 있기 마련입니다. 여러분이 느낀 '쥐'와 같은 낌새에는 어떤 것이 있나요?

2 타루는 오랑시에 정착한 이후 시내 중심가에 있는 큰 호텔에서 살고 있습니다. 그는 오랑시에서의 생활을 수첩에 메모하면서 시간에 관한 이야기도 기록해 두었습니다. 아래의 본문을 참고하여 여러분이 '시간을 낭비하지 않으려면 어떻게 해야 하는가?'라는 질문을 받는다면 어떻게 답할지 생각해 보세요.

> 질문 시간을 낭비하지 않으려면 어떻게 해야 하는가?
> 답   시간을 그 길이 전체로 경험할 것.
> 방법 치과 대기실의 불편한 의자에 앉아 여러 날을 보낼 것. 일요일 오후를 자기 집 발코니에서 보낼 것. 모르는 언어로 진행되는 강연을 들을 것. 길고 불편한 철도 노선을 골라 입석으로 여행할 것. 공연장 매표소에 줄을 서고 표는 사지 말 것.

> 질문 시간을 낭비하지 않으려면 어떻게 해야 하는가?
> 답
> 방법

3 시청에서 비정규직으로 일하는 그랑은 자신의 처지를 표현할 마땅한 단어를 생각해 내지 못합니다. 그래서 리유를 만날 때마다 자신을 잘 표현하는 방법을 배울 수 있으면 좋겠다고 말합니다. 여러분은 자신을 어떻게 표현하고 싶은지 자주 쓰는 문구류에 비유해 보세요.

> 예시) 나는 지우개이다. 왜냐하면 할 일이나 숙제를 자주 깜빡 잊기 때문이다.
> 나는 _____이다.
> 왜냐하면

4 스페인 노인은 왕진 온 리유에게 자신이 페스트에 걸린 것인지 묻습니다. 리유는 노인이 페스트에 걸린 것이 아니니 신문과 라디오의 말들을 모두 믿지 말라고 합니다. 아직 보건 위원회에서 정확한 병명을 발표하지 않았음에도 언론은 정확하지 않은 정보를 퍼트리고 있습니다. 언론이 가진 역할을 생각하여 이를 통해 따져 보아야 할 언론의 문제점을 이야기해 보세요.

언론의 역할	언론의 문제점

5 코타르는 오랑시에 닥친 페스트 재앙이 오히려 삶의 활력이 된 인물입니다. 이야기 초반에 자살을 시도했다가 리유에 의해 가까스로 살아난 코타르는 페스트가 창궐하는 동안 배급 물자의 암거래에 손을 대고 랑베르의 탈출을 위한 뒷거래를 합니다. 코타르처럼 다른 사람의 불행을 이용하여 자신의 이익을 취하는 사례를 생각해 보세요.

6 리유는 페스트를 앓는 환자들을 치료하고 격리하는 일을 맡아 하면서 점차 지쳐 갑니다. 그리고 몇 주 뒤, 더는 동정심에 맞서 싸울 필요가 없다는 것을 깨닫습니다. 직업상 감정을 배제하면 임무가 수월해짐을 알게 되었기 때문입니다. 여러분이 희망하는 직업이나 진로 중에서 일과 감정을 구분해야 할 상황은 언제일 것으로 짐작하는지 생각해 보세요.

7 파늘루 신부가 설교하는 곳에 공포와 희망으로 가득한 군중이 셀 수 없을 정도로 많이 모였습니다. 파늘루 신부는 이 군중에게 애굽 왕이 겪었던 심판을 예로 들며 그동안 저지른 죄에 대해 반성하라는 메시지를 전합니다. 여러분은 페스트가 창궐한 시기에 종교가 가진 역할이 무엇이라고 생각하나요?

8 오랑시의 사람들은 자기 역할에 충실하며 필사적으로 페스트와 싸우고 있습니다. 카스텔은 임시변통으로 구한 재료로 혈청을 제조하고, 그랑은 보건대의 서기 역할을 맡아 페스트와 관련된 등록이나 통계 작업을 합니다. 타루는 보건대를 조직했고, 리유는 환자 돌보기에 여념이 없습니다. 여러분이 알고 있는 감염병의 위기를 극복한 사람의 이야기를 소개해 주세요.

9 페스트와 코로나 등의 감염병으로 많은 사람이 목숨을 잃기도 했습니다. 죽음을 앞두고 겪는 반응이 서로 다른데 스위스 출신의 정신의학자 엘리자베스 퀴블러로스는 인간이 죽음

을 앞두고 겪게 되는 다섯 단계에 관해 설명했습니다. 그가 말한 부정, 분노, 타협, 우울, 수용 중에서 자신이 코로나 상황에서 겪은 감정이 있다면 소개해 주세요.

부정	아니야, 그럴 리 없어. 검사가 잘못된 거겠지.
분노	다른 사람은 다 멀쩡한데 왜 나만 이렇게 되냐!
타협	이번 한 번만 살려 주시면 앞으로 착하게 살게요.
우울	하루 종일 멍한 표정으로 있거나 울기도 한다.
수용	차분하게 자신의 상황과 감정을 정리한다.

10 오랑시의 사람들은 가족이나 주변인의 죽음으로 슬픔에 잠깁니다. 그러나 시간이 지나면서 식량 보급이 어려워지자 물질적 어려움을 더욱 크게 느낍니다. 여러분은 인간이 삶을 영위하는 동안 가장 크게 영향을 받는 것이 무엇이라고 생각하나요?

11 페스트가 유행하는 동안 식당과 술집은 오히려 이득을 보았습니다. 그러나 누군가는 페스트로 인해 사랑하는 사람과 이별하는 슬픔을 겪기도 했습니다. 이처럼 득과 실, 선과 악으로 구분되는 양면성이 드러나는 일에는 어떤 것이 있을까요?

12 페스트의 기세가 꺾이지 않자 도시를 봉쇄했던 조치는 급기야 외출 금지령으로 더욱 좁혀집니다. 이 조치에 대해 일종의 약자 학대라고 생각하는 사람들이 있는가 하면 자신보다 더 부자유한 사람이 있다는 생각으로 위안 삼는 사람들도 있습니다. 여러분은 자신에게 부당한 일이 생겼을 때 어떻게 생각하는 편인가요?

13 랑베르는 오랑시를 떠날 기회를 얻었지만 결국 남기로 합니다. 도의와 사랑 사이에서 고민하는 랑베르에게 리유는 행복을 우선시하는 것은 절대 부끄러운 일이 아니라고 합니다. 위기의 순간이나 선택의 기로에서 여러분이 가장 중요하게 생각하는 기준은 무엇인가요?

14 페스트가 종식되었다는 도청의 발표 후 불안해하던 코타르는 타루에게 사실을 확인합니다. 타루는 일상으로의 복귀가 임박했다고 하면서 그것은 영화관에 새 영화가 들어온다는 말이라고 합니다. 여러분이 생각하는 감염병의 종식 선언, 즉 일상으로의 복귀는 무엇인가요?

15 감염 통계 수치가 낮아지고 곧 봉쇄가 풀릴 것이라는 도청의 발표가 있었습니다. 타루는

페스트가 도시를 바꾸기도 했고 바꾸지 못하기도 했다고 생각합니다. 페스트가 오랑시에 영향을 준 것처럼 감염병이 우리 생활에 미친 영향을 이야기해 보세요.

16 페스트의 상황 속에서도 오랑 시민들은 삶을 이어 갑니다. 그 모습은 우리가 겪은 코로나 팬데믹 상황과 비슷합니다. 팬데믹 상황에서의 양상 중에서 책 속 상황과 비슷하게 여러분이 경험했던 것을 모두 선택하여 소개해 주세요.

- ☐ 어차피 죽게 될 테니 쾌락을 즐기자.
- ☐ 전염병 발생 지역을 탈출하자.
- ☐ 담담하게 자기 일을 지속해 가자.
- ☐ 전염병을 극복하려고 애써 보자.
- ☐ 새로운 부와 이익을 찾아 보자.
- ☐ 페스트의 기세가 꺾일 때까지 기다리자.
- ☐ 그 외 (   )

17 『페스트』는 서술자의 시선으로 인물을 관찰하는 것처럼 이야기가 전개됩니다. 이러한 전개 방식은 주인공이 직접 자신의 이야기를 해 가는 것과 어떻게 느낌이 다른가요?

18 페스트는 흑사병이라고도 부르는 유행성 감염 질환을 의미합니다. 인류 역사상 수많은 재난이 있었지만, 사망자 수만 본다면 중세 유럽에서 유행했던 흑사병이 가장 큰 규모의 재앙이었습니다. 이 질환은 1347년부터 1351년 사이, 약 3년 동안 2천만 명에 가까운 희생자를 냈습니다. 이 외에도 세계사에 등장하는 다양한 감염병 중에서 한 가지를 선택하여 조사해 보세요.

감염병	조사 내용

19 세계화로 인해 감염병 또한 급속도로 퍼지는 위험이 커졌습니다. 새로운 감염병이 계속해서 발생하는 가운데 『페스트』는 꼭 읽어 보아야 할 고전 중 하나입니다. 고전을 어렵다고 생각하거나 읽기 싫어하는 친구에게 보낼 〈페스트 일독 추천서〉를 작성해 보세요.

『페스트』 일독 추천서			
추천 책	『페스트』	작성자	
추천 이유			
간단 소개			

20 작가는 이 작품의 제목을 처음에는 '수인(囚人)들'로 지었다가 그다음에는 '헤어진 사람들'로 바꾸었으며 최종적으로 '페스트'로 정했다고 합니다. 만약 여러분이 제목을 바꾼다면 페스트 외에 어떤 제목을 붙이고 싶나요?

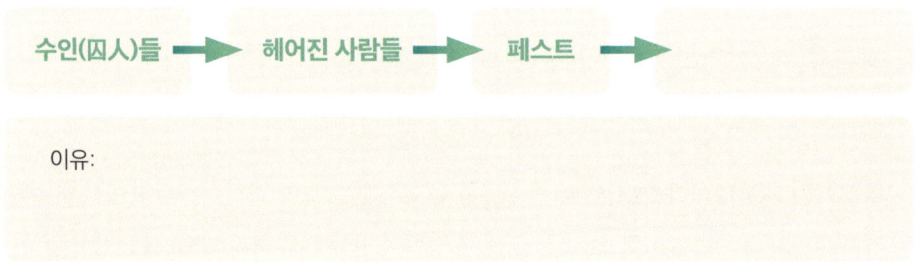

이유:

21 『페스트』를 연구한 학자들은 이 작품에 담겨 있는 대표적 철학으로 '반항'을 꼽습니다. 반항은 한계 상황을 극복하려는 의지이며 그것은 성실성을 전제로 합니다. 여러분은 등장인물 중에서 '반항'의 의미를 가장 잘 드러낸 인물이 누구라고 생각하나요?

인물	
이유	

22 오랑시를 공포로 몰아넣었던 페스트는 어느 날부터 환자의 수가 감소하기 시작해 급작스럽게 종식됩니다. 페스트가 사라진 이유는 무엇일까요?

북돋움 활동 1

1 『페스트』는 20세기 실존주의 문학을 대표하는 알베르 카뮈의 작품입니다. 작품이 쓰인 배경과 저자에 관해 조사해 보세요.

작품 배경	
작가 조사	1.
	2.
	3.

2 '고전'이란 오랫동안 많은 사람에게 널리 읽히고 모범이 될 만한 문학이나 예술 작품을 일컫는 말입니다. 이 작품이 쓰였던 당시와 오늘날은 차이가 있지만 『페스트』가 시대를 넘어 오늘날에도 의미 있는 작품으로 꼽히는 이유는 무엇일까요?

북돋움 활동 2

카드 뉴스는 주요 이슈를 이미지와 간략한 텍스트로 정리한 것입니다. 이 형식을 활용하여 『페스트』와 관련된 내용으로 제작해 봅시다.

카드 뉴스 무료 제작 사이트
- 미리 캔버스 www.miricanvas.com
- 망고보드 https://www.mangoboard.net
- 타일 https://www.tyle.io
- 캔바 https://www.canva.com/ko_kr
- 픽토차트 http://piktochart.com

예시)
주제: 『페스트』의 주요 사건과 흐름(미리캔버스 활용)

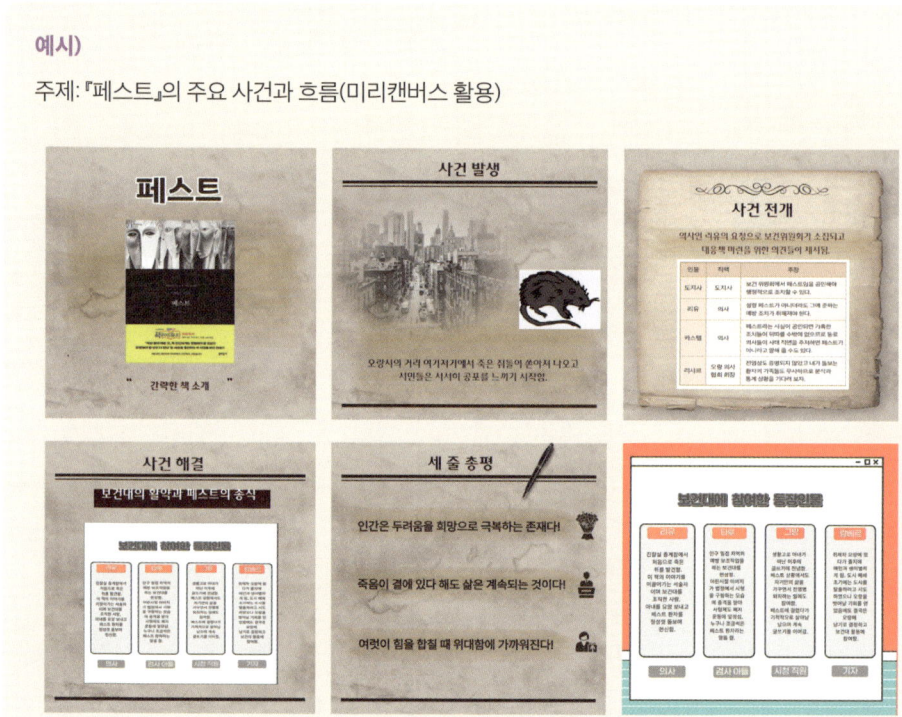

활동)
주제:

에필로그

'팬데믹'은 코로나 감염병 이전에 우리 사회에서는 생소했던 용어입니다. 미디어 매체를 통해 발표되는 정부의 정책이나 전문가들의 해설을 들어도 팬데믹 상황을 정확히 이해하기가 쉽지 않습니다. 팬데믹의 발생부터 종식까지의 과정을 쉽게 이해하는 방법을 고민하던 중, 활용할 수 있는 보드게임을 알게 되었습니다. 그것은 페이션트 제로를 추적하여 전염병을 통제하는 〈팬데믹〉 보드게임입니다. '페이션트 제로 patient zero'는 최초의 감염자를 뜻하는 말로 전염병을 푸는 열쇠가 됩니다. 이 보드게임은 참여자가 질병 통제 관련의 다양한 역할을 맡아 임무를 수행하는 방식이며, 게임 참여자끼리 경쟁하여 승패를 가르는 여느 보드게임과는 달리 미션을 완수하기 위해 참여자 모두 협력하는 것이 특징입니다.

우리는 실제 팬데믹 상황에서 사회 구성원이 각자의 역할을 충실하게 수행하고 서로 긴밀하게 협력하는 것이 얼마나 중요한지 경험했습니다. 이러한 경험은 보드게임 〈팬데믹〉 보드 판 위에서 그대로 이루어집니다. 치료제와 백신 개발을 서둘러야 하는 점, 전염병 근절을 목표로 하여 방역에 신경 써야 하는 점, 치료제를 개발하느라 전염병 확산을 방관하면 안 되는 점, 확산 방지에 치중하느라 치료제 개발을 더디게 하면 안 되는 점 등이 현실 세계와 닮았습니다. 이 게임을 하는 동안 전염병을 퇴치하고 근절하는 과정의 긴박감과 공포감을 생생하게 느낄 수 있었습니다.

게임 후 어떤 아이는 자신이 질병 퇴치의 중대한 임무를 지닌 요원 같았다고 하고, 또 다른 아이는 보드게임으로 팬데믹 상황을 간접 체험하고 나니 『페스트』의 등장인물들이 보건대를 조직해서 고군분투했던 심정이 생생하게 이해되었다고 합니다. 또 어떤 아이는 작가가 말하고자 한 부조리가 무엇이었는지까지 짐작할 수 있을 것 같다고 합니다. 팬데믹 상황을 맞아, 막연히 낙관만 하지 않고 페스트와 맞선 의사 리유와 주변 인물들이 비로소 생생하게 다가온 것입니다. 보드게임으로 팬데믹을 실감하고 나니 『페스트』에 묘사된 인물의 심경과 사회적 정황이 비로소 확실히 보이는 효과가 있었던 것이지요. 이렇게 책의 내용이 오롯이 이해되자 현재의 우리에게 페스트의 의미가 전염병만은 아닐 것이라는 생각이 들었습니다. 인류의 영원한 화두이기도 한 '진정한 인간'이란 무엇인지 고민하게 하는 것들이 페스트의 또 다른 이름이 아닐까 생각합니다.

발문에 따라 달라지는
활동지 유형

수업에 바로 쓰는 활동지의 핵심은 발문입니다. 어떤 발문을 어떻게 조합하느냐에 따라 다양한 활동지가 만들어질 수 있습니다. 고전 수업도 마찬가지입니다. 책 속의 발문을 맛있게 차려진 뷔페 음식이라고 바꿔 생각해 보세요. 무엇을 먹고 싶은가요? 자, 이제 음식을 '활동 주제'라는 접시에 골라 담기만 하면 됩니다.

첫 번째, 소설의 구성 단계를 골고루 포함하는 방법입니다. 발단, 전개, 위기, 절정, 결말에 해당하는 발문을 골라 활동지를 만들면 이야기의 전체 흐름을 정리할 수 있습니다.

두 번째, 소설 구성의 3요소(인물, 사건, 배경)에 집중하는 방법입니다. 분량이 많거나 읽기 어려운 책일수록 이해하기가 쉽지 않은데, 이럴 때 소설의 구성 요소 중 등장인물이나 사건에 집중해 활동지를 만들면 내용 파악이 수월하여 책에 대한 흥미를 높일 수 있습니다.

세 번째, 차시별로 나누어 읽은 부분에 해당하는 발문만 선택하는 방법입니다. 온 책 읽기처럼 긴 시간 동안 읽은 후에 활동지 한 장으로 마무리하면 앞 내용을 잊어버리는 경우가 있습니다. 이럴 때는 차시별로 읽은 부분에 대해 활동지를 작성하면 세세한 내용까지 기억할 수 있습니다.

네 번째, 3단계 발문(해석적-선택적-사색적 발문)을 골고루 구성하는 방법입니다. 책을 읽고 다양한 시각으로 생각해 보고, 입장을 정하여 주장도 해 보고, 자신의 문제나 사회 현안과 연결하여 사고를 확장하는 등 다양한 경험을 할 수 있습니다.

다섯 번째, 학생들이 원하는 발문으로 활동지를 스스로 구성하게 하는 방법입니다. 교사는 준비한 발문을 모두 보여 주고, 학생은 그중에서 발문을 선택하여 나눠 준 활동지 양식에 적습니다. 활동지는 개인별 또는 모둠별로 작성할 수 있습니다. 스스로 선택한 발문이니 적극적인 참여를 끌어내기 좋습니다.

앞서 『수업에 바로 쓰는 독서토론 길잡이』와 『수업에 바로 쓰는 진로독서 길잡이』를 출간하고 나서 '발문으로 활동지 만드는 법'에 관한 문의를 가장 많이 받았습니다. 어렵게 생각지 마시고 뷔페에 차려진 음식을 골라 먹듯, 원하는 주제 구성으로 발문을 담아 보세요.

다음은 조지 오웰의 『동물농장』을 예시로 위에 소개한 유형별 발문을 골라 활동지로 만든 것입니다.

독후 활동지 1. 소설의 단계별(발단-전개-위기-절정-결말) 발문으로 구성한 활동지

독후 활동지 2. 소설의 구성 요소(인물, 사건, 배경)에 집중하여 구성한 활동지

독후 활동지 3. 차시별 쪽수에 해당하는 발문으로 구성한 활동지

독후 활동지 4. 3단계 발문(해석적-선택적-사색적 발문)을 골고루 구성한 활동지

독후 활동지 1

『동물농장(조지 오웰)』-소설의 구성 단계별(발단-전개-위기-절정-결말) 발문으로 만든 활동지

학번		이름	
1. 반란에 성공해 농장의 새 지도자가 된 돼지들은 맨 먼저 농장 이름을 바꿉니다. 〈메이너 농장〉을 〈동물농장〉으로 바꾼 것은 어떤 의미일까요?		2. 풍차 붕괴를 자백한 돼지들이 처형당하자 암탉과 거위도 스노볼과 내통했다고 자백하고 처형당했습니다. 돼지들의 처형을 보고서도 그들은 왜 자백했을까요?	

3. 풍차 건설을 주장하는 스노볼과 반대하는 나폴레옹의 의견은 팽팽하게 맞섰습니다. 여러분이 동물농장에 살고 있다면 스노볼의 〈주 3일 노동에 투표를〉과 나폴레옹의 〈충분한 여물통에 투표를〉 중에서 어느 쪽에 투표할 것이며 그 이유는 무엇인가요?

☐ 스노볼: 주 3일 노동	☐ 나폴레옹: 충분한 여물통
이유 ① ② ③	이유 ① ② ③

4. 프레데릭에게 목재 판매 대금으로 가짜 돈을 받은 것이 드러나고, 동물농장은 도리어 프레데릭 일당의 공격을 받습니다. 동물들은 용감히 맞섰으나 '외양간 전투'와 같은 승리를 거둘 수 없었습니다. 프레데릭 일당과의 싸움에서 동물들이 승리를 얻지 못한 이유는 무엇일까요?	5. 한동안 농장의 외진 곳에 가 있던 양들이 돌아온 후 동물들은 돼지들이 두 발로 걷는 모습을 보았습니다. 그리고 그때 양들이 일제히 '네발은 좋고 두 발은 더 좋다!'라고 목청을 높여 외쳤습니다. 돼지들은 왜 두 발로 걷기 시작했을까요?

독후 활동지 2

『동물농장(조지 오웰)』-소설의 구성 요소(인물, 사건, 배경)에 집중한 활동지

학번		이름	
주제	'인물'로 살펴본 『동물농장』		

1. 스노볼과 나폴레옹의 주도권 싸움 중에 스노볼은 풍차 건설의 장점을 설명합니다. 그러자 동물들의 마음은 스노볼 쪽으로 기울었습니다. 그 순간 나폴레옹은 자신이 비밀리에 키운 아홉 마리의 개를 풀어 스노볼을 공격합니다. 이러한 점으로 미루어 보아 나폴레옹의 성격을 한 단어로 표현하고 그 이유를 정리해 보세요. 단어: 이유:	2. 겨울철 공사는 가혹했으나 동물들은 열심히 일했습니다. 그 와중에 스퀼러는 봉사의 기쁨과 노동의 존엄성에 대해 연설합니다. 그러나 동물들은 스퀼러의 유창한 연설보다 '내가 더 열심히 하면 돼.'라는 복서의 슬로건에서 더 큰 힘을 얻습니다. 동물들이 복서에게 마음이 기운 이유는 무엇이라고 생각하나요? 이유:
3. 동물들을 처형했던 그날의 공포가 잠잠해졌지만 몇몇 동물들은 일곱 계명 중 '어떤 동물도 다른 동물을 죽여서는 안 된다.'라는 제6계명을 기억했습니다. 분명히 계명에 어긋난 행동을 했다는 것을 감지했지만 누구도 대놓고 돼지들에게 말하지 못합니다. 글을 읽지 못하는 클로버가 벤자민에게 제6계명을 읽어 달라고 부탁하지만 벤자민은 자신이 그런 일에 끼어들고 싶지 않다며 거절합니다. 여러분은 클로버의 부탁을 거절한 벤자민의 행동에 대해 어떻게 생각하나요? ☐ 공감한다.　　☐ 공감하지 않는다. 이유:	4. 동물들은 일주일에 60시간씩 풍차 건설을 위해 노예처럼 일했습니다. 하지만 10월이 되자 나폴레옹은 일요일 오후에도 일할 거라고 발표했습니다. 만약 나폴레옹이 아니라 스노볼이 지도자가 되었다면 동물들의 삶은 어떻게 바뀌었을까요?

독후 활동지 3

『동물농장(조지 오웰)』-차시별 쪽수에 해당하는 발문으로 구성한 활동지

학번		이름	
읽은 페이지	7쪽 - 36쪽(1장 - 3장)	읽은 날짜	

1. 동물농장의 메이저는 동물의 종 중에서 돼지입니다. 그는 인간의 횡포로 비참한 삶을 사는 동물들에게 단결하고 투쟁해서 정당한 권리를 찾아야 한다고 연설합니다. 작가는 왜 다른 동물들을 일깨우는 선구자로 돼지라는 동물을 선택했을까요?	2. 메이저가 예언한 반란은 생각보다 빠르고 싱겁게 성공을 거두었습니다. 동물들의 반란이 성공할 수 있었던 가장 큰 이유가 무엇이라고 생각하나요? 앞 사람이 발표한 내용과 겹치지 않도록 새로운 이유를 이야기해 보세요.
3. 농장을 차지한 동물들은 인간을 떠올리게 하는 것들을 모조리 파괴합니다. 그들이 새롭게 정비한 것 중에서 '동물주의' 완성에 가장 중요하다고 생각하는 한 가지를 선택하고 그 이유를 정리해 보세요.	4. 메이너 농장에 사는 동물들은 현명하고 위엄 있는 수퇘지 메이저의 연설을 들으려고 헛간에 모였습니다. 다양한 동물 중에서 나와 가깝다고 느껴지는 동물을 고르고, 그 이유는 무엇인지 이야기해 보세요.

☐ 동물들에게 두 배 분량의 먹이를 배분한 것
☐ 「잉글랜드의 짐승들」 노래를 일곱 번 떼창 한 것
☐ 존즈 씨에게서 빼앗은 목초지를 확인한 것
☐ 존즈 씨의 집을 정리하고 차지한 것
☐ 그 외 (   )

이유:

책 속 등장인물	동물의 종	나와 가깝다고 느낀 동물 선택 & 이유
메이저	늙은 수퇘지	
블루벨, 제시, 핀처	세 마리의 개	
복서, 클로버	짐 운반하는 말	
뮤리엘	흰 염소	
벤자민	당나귀	예) 아는 것이 많지만 아무 데서나 나서지 않는다.
몰리	흰색 암말	예) 다른 것보다 외모와 패션을 가꾸는 것에 더 관심이 많은 점이 나와 닮았다.
모지즈	까마귀	

독후 활동지 4

『동물농장(조지 오웰)』-3단계 발문(해석적-선택적-사색적 발문)을 골고루 구성한 활동지

학번		이름	

1. 해석적 발문: 자유롭게 생각하기

스노볼과 나폴레옹의 주도권 싸움 중에 스노볼은 풍차 건설의 장점을 설명합니다. 그러자 동물들의 마음은 스노볼 쪽으로 기울었습니다. 그 순간 나폴레옹은 자신이 비밀리에 키운 아홉 마리의 개를 풀어 스노볼을 공격합니다. 이런 점으로 미루어 볼 때 나폴레옹의 성격을 한 단어로 표현하고 그렇게 표현한 이유를 설명해 보세요.

나폴레옹의 성격:

설명:

2. 선택적 발문: 입장을 정하여 주장하기

동물들을 처형했던 그날의 공포가 잠잠해졌지만 몇몇 동물은 일곱 계명 중 제6계명을 기억했습니다. 글을 읽지 못하는 클로버가 벤자민에게 제6계명을 읽어 달라고 부탁하지만 벤자민은 그런 일에 끼어들고 싶지 않다며 거절합니다. 클로버의 부탁을 거절한 벤자민에 대하여 어떻게 생각하나요?

☐ 공감한다.   ☐ 공감하지 않는다.

이유:

3. 사색적 발문: 나의 문제 또는 현 사회와 연결하여 창의적으로 재구성하기

글자를 배운 돼지들은 동물주의 원리를 '일곱 계명'으로 요약하여 헛간 벽에 써 놓았습니다. 그 계명은 동물농장에서 지켜야 하는 법률이 됩니다. 일곱 계명에 한 가지를 더 추가한다면 여러분은 어떤 내용을 넣고 싶은가요?

일곱 계명

1. 두 발로 걷는 자는 누구든지 적이다.
2. 네발로 걷거나 날개를 가진 자는 모두 우리의 친구다.
3. 어떤 동물도 옷을 입어서는 안 된다.
4. 어떤 동물도 침대에서 자서는 안 된다.
5. 어떤 동물도 술을 마셔서는 안 된다.
6. 어떤 동물도 다른 동물을 죽여서는 안 된다.
7. 모든 동물은 평등하다.
8.

이유:

경쟁 토론을 위한 활동지

경쟁 토론에서는 제시된 논제에 대해 6단 논법으로 입론서를 먼저 작성합니다. 논제가 제시된 토론뿐만 아니라 자신의 주장을 담은 글을 쓸 때도 사용하면 좋은 형식입니다. 6단 논법의 순서를 『노인과 바다』를 활용하여 살펴보겠습니다.

1단계: 논제

찬성과 반대가 서로 맞설 수 있는 주제로 중립적이고 구체적으로 명시합니다. 토론은 기존의 질서를 바꾸고자 하는 것이 목적이므로 현재 상황 또는 작가가 내린 결론과 반대되는 점을 하나의 문장으로 제시합니다.

예) 노인은 어부로서 성공한 인생이라고 할 수 있는가.

2단계: 주장

논제에 대해 찬성 또는 반대의 주장을 제시합니다. 반대 측은 변화를 바라는 쪽이며, 찬성 측은 현 상태를 유지하려는 입장입니다.

예) 찬성 측: 노인은 어부로서 성공한 인생이다.
　　반대 측: 노인은 어부로서 실패한 인생이다.

3단계: 이유

자신이 선택한 주장에 대한 이유를 작성합니다. 이유는 논제와 관계가 있어야 하며, 다양한 의견을 포괄하는 상위 개념으로 정리해야 그에 따른 설명을 풀어내기가 쉽습니다.

예) 찬성 측: 노인은 어부로서 꾸준하고 성실한 자세를 보여 주었다.

4단계: 설명

자신의 주장에 대한 이유를 다양한 자료를 제시하여 설명합니다. 실험 결과, 통계 인용, 언론 기사 제시, 전문가 의견 등을 제시하기도 하고, 어떤 신념이나 비교 또는 비유, 경험, 사례 등을 언급하기도 합니다. 독서 토론에서는 책 속에 제시된 문장이나 상황 등을 활용하면 좋습니다.

예) 찬성 측: 노인은 84일째 한 마리도 잡지 못했는데 그다음 날에도 바다로 나갔다.

5단계: 반론 꺾기

반대 측에서 제시한 이유를 예상하고, 그에 따른 문제점과 모순을 찾아내어 밝힙니다. 이 과정에서 자신의 의견만 주장하는 자세에서 한발 물러나 상대방의 입장도 짐작해 보아 폭넓은 시야를 경험할 수 있습니다.

예) 찬성 측: 물론 노인이 물고기를 잡은 횟수나 양으로 볼 때는 어부로서 성공한 것이 아니라고 할 수도 있지만, 노인은 그보다 더 중요한 어부의 자세를 실천했다.

6단계: 정리

자신의 주장을 종합하여 최종 정리합니다. 토론하면서 알게 된 상대방의 의견을 자신의 최종 정리에 수용하는 것으로 토론 과정을 완성할 수 있습니다.

예) 찬성 측: 노인이 어부로서 자세를 유지할 수 있는 데는 주변 인물들의 돕는 손길이 있었다. 그것 또한 노인이 어부로서 성공한 결과라고 할 수 있다.

학번		이름		희망 진로	
도서명			저자명		

논제:

주장	
이유1	이유: 설명:
이유2	이유: 설명:
이유3	이유: 설명:
반론 꺾기	
정리	

폐지를 활용한
책 띠지 만들기

　책 표지의 일부를 감싸고 있는 띠지는 작품 전체를 관통한 주제 요약이 잘 나타나는 장치입니다. 어떤 책들의 띠지는 최종 표지 디자인을 마무리하는 것으로 사용하기도 하지만 대부분은 광고 마케팅을 위해 제작합니다. 그래서 독자들은 책을 살 때 참고하는 경우가 많습니다. 최근 기후 위기에 대한 경각심이 높아지면서 책 띠지를 제작하지 말라는 의견이 대두되고 있습니다. 플라스틱 어택 운동(Plastic Attack. 불필요한 플라스틱 사용을 줄이기 위해 물건을 구매할 때 과대 포장된 플라스틱이나 비닐 등을 분리하여 돌려주고 오는 운동)이 책 띠지 어택 운동으로 번지고 있는 것이지요. 여러분도 다른 사람들이 책 내용이 궁금하여 읽고 싶어지도록 환경을 고려하여 '폐지를 활용한 책 띠지'를 완성해 보세요.

준비물
- 폐지: 재활용할 종이라면 아무것이나 상관없어요.
  → 신문지, 택배 봉투, 서류 봉투, 잡지, 이면지 등 재활용 가능한 종이류
- 띠지에 넣을 문장이나 창의적인 광고 문구
- 가위, 자, 여러 가지 필기구나 꾸밈 재료

책 띠지 도면

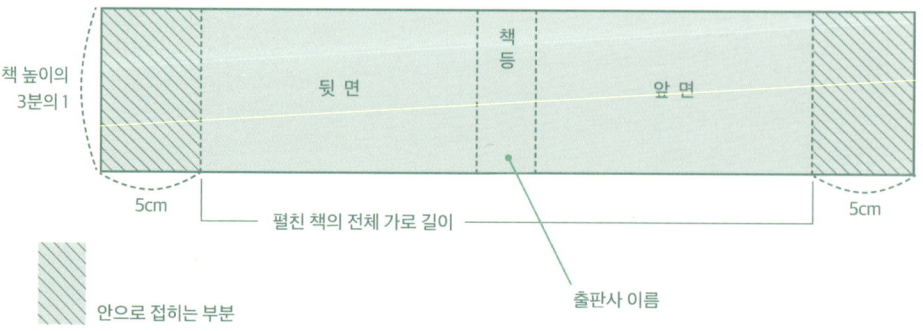

폐지를 활용한 책 띠지 예시

서류 봉투 재활용

신문지 재활용

택배 상자 재활용

책 띠지 활동지

대상 도서명	
주요 홍보 대상	
활용한 폐지 종류	
디자인 콘셉트	
앞면 문구	
뒷면 문구	

고전 깊이 읽기를 도와주는
생각노트

생각노트는 주제 도서 한 권을 일정대로 읽고 기록하는 활동지입니다. 수업 시간에 활용한다면 차시로 구분하고 한 달 프로그램으로 활용한다면 날짜로 구분하여 작성하게 합니다. 온라인과 오프라인을 결합한 함께 읽기 방법으로 활용할 수 있습니다.

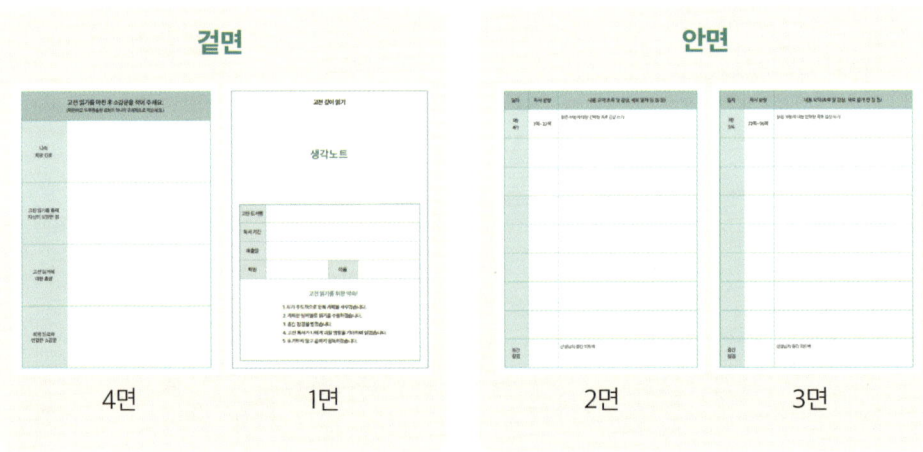

A4 한 장에 양면 인쇄 후, 반으로 접어 사용

1면

고전 깊이 읽기

생각노트

고전 도서명	
독서 기간	
제출일	
학번	이름

고전 읽기를 위한 약속!

1. 자기 주도적으로 완독 계획을 세우겠습니다.
2. 계획한 날짜별로 읽기를 수행하겠습니다.
3. 중간 점검을 받겠습니다.
4. 고전 독서가 나에게 미칠 영향을 기대하며 읽겠습니다.
5. 포기하지 않고 끝까지 완독하겠습니다.

2, 3면 (같은 내용을 좌우에 배치)

일자	독서 분량	내용 요약(초록 및 감상, 새로 알게 된 점 등)
예) 4/1	7쪽~22쪽	읽은 부분에 대한 간략한 독후 감상 쓰기
중간 점검		선생님의 중간 피드백

4면

	고전 읽기를 마친 후 소감문을 적어 주세요.
	(막연하고 두루뭉술한 표현이 아니라 구체적으로 적으세요.)
나의 희망 진로	
고전 읽기를 통해 자신이 성장한 점	
고전 읽기에 대한 총평	
희망 진로와 연결한 소감문	

감정 낱말 모음집

책에 등장한 인물이나 사건 등에 대하여 자신이 느끼는 감정을 선택할 수 있도록 〈감정 낱말 모음집〉을 수록했습니다. 출력하여 나누어 주거나 각 감정 낱말을 카드 형식으로 만들어 발표자가 한 장씩 들고 사용하도록 해도 좋습니다.

가혹하다	감격스럽다	감미롭다	감탄하다	갑갑하다	강렬하다
개운하다	거북하다	걱정스럽다	겁먹다	격분하다	경멸하다
경악하다	계면쩍다	고맙다	골나다	공포스럽다	관대하다
괴롭다	권태롭다	귀엽다	귀찮다	그립다	근사하다
기대하다	기막히다	기쁘다	기운차다	기죽다	끔찍하다
나쁘다	낙심하다	낯설다	노하다	놀라다	늠름하다
다정하다	당당하다	당황스럽다	두근거리다	두렵다	든든하다
따뜻하다	따분하다	딱하다	막막하다	만족하다	망설이다
멋지다	명랑하다	무기력하다	무참하다	뭉클하다	민망하다

믿음직하다	믿다	반갑다	벅차다	부끄럽다	부담스럽다
분노하다	불쾌하다	불편하다	비관하다	비참하다	뿌듯하다
산뜻하다	상냥하다	상큼하다	서먹하다	서운하다	선하다
설레다	섬뜩하다	성나다	성질나다	소심하다	수치스럽다
시원하다	신나다	신바람 나다	심술부리다	씩씩하다	아늑하다
아쉽다	안심하다	안쓰럽다	안타깝다	암담하다	애매하다
애석하다	애처롭다	애틋하다	야속하다	얕보다	어리둥절하다
어이없다	어질다	억울하다	얼떨떨하다	역겹다	열렬하다
예쁘다	온화하다	외롭다	용감하다	우습다	울적하다
움츠러들다	원망하다	위축되다	유감스럽다	유쾌하다	의기소침하다
의기양양하다	의젓하다	자랑스럽다	자상하다	자포자기하다	재미있다
절망하다	정겹다	조급하다	조마조마하다	존경스럽다	주의 깊다
주저하다	즐겁다	증오하다	질투하다	짜릿하다	짜증스럽다
짠하다	찝찝하다	참담하다	창피하다	처량하다	초조하다
충만하다	측은하다	친절하다	침통하다	쾌활하다	통쾌하다
편안하다	평온하다	하찮다	한심하다	행복하다	허무하다
허전하다	허탈하다	혼란스럽다	홀가분하다	화나다	황홀하다

수업에 바로 쓰는 고전 토론 길잡이

1판 1쇄 발행 2023년 3월 2일

지은이	김길순, 김윤진, 박혜미
펴낸이	한기호
책임편집	여문주
교정	박사례
편집	서정원, 박혜리, 이선진
본부장	연용호
마케팅	하미영
경영지원	김윤아
디자인	김경년
인쇄	예림인쇄
펴낸곳	(주)학교도서관저널
	출판등록 제2009-000231호(2009년 10월 15일)
	주소 04029 서울시 마포구 동교로 12안길 14(서교동) 삼성빌딩 A동 3층
	전화 02-322-9677
	팩스 02-6918-0818
	전자우편 slj9677@gmail.com
	홈페이지 slj.co.kr

ISBN   978-89-6915-139-1   03370
ⓒ 김길순, 김윤진, 박혜미 2023

· 이 책은 저작권법에 따라 보호를 받는 저작물이므로 무단 전재와 무단 복제를 금합니다.
· 책값은 뒤표지에 있습니다.